동양 사상의 이해

동양사상의 한국적 전개

이희재 지음

신아사

머리말

동양사상이란 중국과 인도를 중심으로 해서 주변국에서 형성된 사상을 말한다. 흔히 동양사상의 중요한 주제를 유 · 불 · 선으로 표현하는데 여기서 유교와 도교는 중국을 바탕으로 해서 형성된 것이고 불교는 인도에서 발행하여 중앙아시아를 통해 중국으로 들어와 발전한 사상이다.

한국은 고대로부터 주로 중국의 사상을 영향을 받았다. 유교사상의 경우 특히 성리학의 경우는 중국보다도 오히려 한국에서 깊이 논의되어 발전되었으며, 조선시대에는 교육의 중심에 성리학이 자리잡고 있었다. 불교와 도교의 경우도 마찬가지로 한국의 고유사상이 중국을 통해 수입된 불교와 도교와 습합하여 독특한 한국사상을 형성시켰다.

필자는 1982년 교단에 선 이래 동양사상과 한국사상을 지속적으로 강의하고 연구해 왔다. 이 교재는 30년이 넘는 강단생활에서 얻은 결실이라고 할 수 있다. 대부분은 학회에서 논문으로 발표하여 논의를 거친 것이지만 어떤 부분은 교재를 위해 자료를 모아 발표한 것이 대부분이다. 필자가 발표하고 논의한 학회는 범한철학회, 대동철학회, 한국종교교육학회, 한국공자학회, 유교학회, 한국불교학회, 한중인문학회 등이었다.

동양사상은 고전을 바탕으로 오늘에도 영향력을 주고 있는 사상이다. 역사는 하루아침에 무엇이 이루어지고 무엇이 없어지는 그런 것과 다르다. 오랫동안 한 민족과 한 사회는 익혀온 문화와 사상을 배경으로 항상 새로운 것을 받아들이는 것이다. 새로운 것은 실은 새로운 해석인 것이다. 오랜 고전이지만 새로운 해석이 나올 때 새로운 탈바꿈을 하게 되는 것이다. 그러므로 그 기본인 고전이야말로 시대를 초월해서 중요한 교재라고 할 수 있다.

동양사상은 한국의 문화와 한국의 사회에 깃들어 있는 철학적 배경이다. 이를 이해하지 못하고서는 한국의 새로운 문화를 창조하기가 어려운 것이다. 한국이 일류국가가 될 수 있는 것은 새로운 문화만 있기 때문이 아니라 오랜 역사 속에 이어져 내려온 동양의 전통사상과 새로운 서구문화가 결합되었기 때문에 가능한 것이다.

2014년 갑오년 여름

저자 이희재

목차

1장 유교사상

2장 주자학과 한국

3장 실학사상

4장 불교사상

5장 도교사상

1장

유교사상

I. 지구윤리로서의 유교

1. 서 론: 지구적 위기와 지구윤리의 모색

우리는 일찍이 경험하지 못한 지구화(혹은 세계화)[1]를 실감한다. 정보화 시대의 상징인 인터넷의 구축은 국경 간의 거리를 좁히고 서로 다른 문화간의 소통을 가능케 하고 있다. 교통의 발달로 인해 외국과의 무역과 교류가 보편화되고 있다. 한국의 TV드라마가 동아시아 사람들의 안방에서도 인기를 끌고 있고, 이웃 나라의 처녀들이 한국의 농촌으로 시집을 오고 있고, 공단에는 외국인 노동자로 채워지고 있다. 우리들의 삶의 풍속도가 바뀌고 있는 것이며 세계화 혹은 지구화를 설명하는 것이다.

세계가 좁아지고 지구촌화되면서 인류는 한편으로 풍요로움을 누리면서도 한편으로는 핵무기의 확산 혹은 테러와의 전쟁 또 환경오염이나 인간생명의 경시 등 지구적 위기를 실감한다. 여기에서 종교와 철학의 역할은 이러한 위기를 해소하는 데 도움이 되기보다는 자민족의 가치, 자민족의 이해관계에 매몰되어 위기를 가중시키고 있는 실정이다. 이런 상황에서 제기된 것이 양심 있는 종교지도자들의 지구윤리의식이라고 할 수 있다.

> "세계는 지금 고통 속에 있다. 그 고통은 너무 광범위하고 급박하여 우리는 그 고통의 뿌리가 얼마만큼 깊은 것인지 분명하게 드러나도록 하지 않으면

---

1) Globalization을 세계화라고 할 수 있으나 지구화라는 말이 자연스럽다. 중국에서는 全球化로 번역한다.

> 안 된다. 지금 평화는 우리를 교묘하게 피해하고 있고, 지구는 파괴되고 있으며, 우리 이웃은 공포 속에 살고 있고, 남녀는 서로가 소외되고 있고, 많은 어린아이들이 부당하게 죽어가고 있다."[2)]

전(全)지구적으로 그동안의 '근대성'에 대한 회의가 강하게 일어나고 있다. 생태적 관심의 부각, 여성주의적 감수성, 종교적 다원성에 대한 열망 그리고 보편적 윤리에 대한 모색이 일어나 있다. 이러한 것들은 인류가 공통적으로 경험하고 있는 전(全)지구적 사건이다.[3)]

지구윤리에 대한 문제제기는 독일의 한스 큉(Hans Kng)과 미국 템플대학의 레오나르드 스위들러(Leonard Swidler)에 의하여 중점적으로 거론되어 왔는데, 문화상대주의 종교다원주의를 전제로 그 출발점은 '인간이 인간답게 대우받아야 된다'는 인간의 존엄에 근거하고 있다.

1993년 9월 4일 시카고에서 열린 세계종교회의의 대표들은 종교 역사에 있어서는 처음으로 "지구윤리선언(Declaration Toward a Global Ethics)"을 채택하였다.

이 선언을 요약하면 모든 종교가 거부하지 않고 도덕적 의문이 없는 보편적 지구윤리를 채택한 것인데 거기에는 지구촌의 장래에 대한 위기의식이 전제가 된다.

> "양차 대전후에, 파시즘과 나치즘, 공산주의 그리고 식민주의가 몰락하고 냉전이 종식되고, 인간주의가 역사의 새로운 모습으로 등장했다. (…) 우리 시대는 일찍이 없었던 위대한 기술의 진보를 경험해 오고 있다. 그러나 우리는 아직도 세계적인 빈곤, 기아, 유아사망, 실업에 직면해 있고, 궁핍과 자연의 파괴는 줄어지기는커녕 더욱 늘어만 가고 있다. 많은 사람들이 경제적 궁

---

2) 한국종교인평화회의, 아시아종교인 평화회의 서울평화교육센터, 『21세기를 향한 종교간 이해와 지구윤리; 한국종교의 대응』 서울: 서울평화교육센터, 1993. p.88.

3) 투웨이밍, 이승환, 「현대사회에서 유교의 역할」. p.82.

핍과 사회적 난맥, 정치적 소외와 국가적 몰락으로 위협받고 있다."[4)]

이러한 위기의 세계에서 종교의 역할이 기대되는데 그것은 모든 종교의 보편적 가치인 황금률이라고 말한다. 말하자면 지구윤리를 기초하는 근본원리는 수천년 동안 많은 종교와 윤리적 전통에서 주장되어온 가치이다. '당신이 스스로 원치 않는 것을 다른 사람에게 행하지 말라' 혹은 적극적인 말로, '당신이 스스로 원하는 것을, 다른 사람에게 행하라' 이 규칙은 자신의 가족과 친구 공동체 그리고 국가를 위해 필요할 뿐만 아니라, 다른 개인, 가족, 공동체, 국가, 전 세계, 우주를 위한 것이라는 것이다.

> "확실한 인간의 자세를 위하여 우리는 특히 황금률의 마음을 요한다. 황금률은 많은 종교에서 또한 수천년의 윤리적 전통에서 발견되고 그리고 유지되어 왔다; 당신이 스스로 원하지 않는 것을, 다른 사람에게 하지 말라. 혹은 적극적으로 당신 스스로 하고 싶은 것을, 다른 사람에게 행하라! 이것은 최종적인 것이 되어야 한다."[5)]

이런 황금률에 어긋나는 것은 이기주의이며 그것은 모두 자신을 구하는 것이다. 개인적이든 집단적이든, 인종주의나 민족주의 혹은 성차별주의 차별을 불식시켜야 하며 이런 차별은 진정한 인간의 실현을 막는다고 한다. 동시에 이 선언에서는 인간만이 아니라 모든 생명체와 그들의 환경이 보호되어야 한다고 주장한다.

> "인간은 한없이 고귀하며 그리고 조건 없이 보호되어야 한다. 그러나 우리와 함께 사는 동물이나 식물의 생명도 또한 보호하고 보존하고 보살펴야 할 가치가 있다. 인간의 존재처럼 우리는 미래세대를 위하여 또한 공기와 물 그리고 땅을 위해 책임을 가져야 한다. 자연과 우주에 대한 인간성의 우월은

---

4) http://astro.temple.edu/~dialogue/Center/declarel.htm p.3.

5) http://astro.temple.edu/~dialogue/Center/declarel.htm p.4.

> 퍼지지 말아야 한다. 그러나 자연과 우주와의 조화하는 삶은 육성되어야 한다."[6]

그 밖에도 '지구윤리의 보편적 선언'에서는 개인의 존엄성 곧, '모든 인간은 신성하고 불가양의 존엄을 지닌다; 개인들, 국가들, 그리고 다른 사회적 존재들은 각 개인의 존엄을 존경하고 보호할 의무를 가진다'고 선언한다. 그러나 이것이 인간중심을 이야기하지 않고 인간과 자연의 조화를 보편적 가치로 간주한다. '인간은 자연의 일부이며, 자연과 분리되어 있지 않다; 윤리적 관심은 인간을 넘어서 지구로 우주로 확대된다. 간단히 이 선언은, 실재의 영향이며, 인류중심이 아니라 우주 · 인류 · 중심이다'라고 정리한다.[7]

또 개인의 준법의 책임, 양심과 신앙의 책임, 언어와 정보의 책임, 결정의 참여에 대한 책임, 남녀 간의 관계에 대한 책임, 재산에 대한 책임, 노동과 일에 대한 책임, 어린이와 교육에 대한 책임, 평화에 대한 책임, 자연과 환경의 보전에 대한 책임 등 구체적 행동 지침도 제안하고 있다. 비폭력의 문화, 연대성의 문화, 평등의 문화, 관용의 문화의 형성을 구체적으로 제시하고 있다.

과거에 볼 수 없었던 지구화 혹은 세계화 현상에서 뜻있는 사람들은 인류의 미래를 걱정하고 인류보편의 윤리를 재조명한다는 점에서 이 의식은 긍정적이다. 그러나 지구화가 의미하는 것은 서구자본주의가 중심이 된 기독교 문명의 세계화를 의미하는 것이 아닌지 우려되기도 한다. 인류의 역사를 볼 때, 종교의 이름으로 수많은 전쟁이 자행되었으며 현재의 중동사태도 기독교와 이슬람의 충돌로 보는 사람도 있다. 말하자면 종교

---

6) http://astro.temple.edu/~dialogue/Center/declarel.htm p.5.

7) http://astro.temple.edu/~dialogue/Center/declarel.htm p.2.

의 보편적 황금률이 적용되는 것이 아니라 자(自)문화 위주의 가치관으로 상대를 적대시하는 것이다. 지구윤리선언은 이러한 독선적인 태도를 벗어날 것을 요구하고 종교 간의 상호존중을 바탕에 깔고 있다고 볼 수 있다.

지구화가 서구화를 의미하는 것이 아니라 지구공동체적 윤리인 것이므로 그러한 보편적 가치를 서구에서 찾는 것이 아니라 한국인들이 익히 익숙해 있는 유교의 정신에서도 충분히 찾을 수 있을 뿐만 아니라 새로운 대안으로 재조명할 수 있을 것이다. 이 장에서는 원시유교의 인(仁)과 충서(忠恕) 그리고 중용의 정신을 주요한 지구윤리적 보편가치로 제시하지만, 이 밖에도 '공정', '평등', '인도(人道)', '관용', '신임', '충성', '의무', '책임', '자기약속', '생명존중' 등등[8]도 지구윤리로서 중요한 의의를 가진 덕목들이다.

그동안 유교는 마치 폐지되어야 할 유습처럼 일방적으로 비판의 대상이 되기도 했다. 근대 이래로 서구문화의 영향은 유교문화권 곳곳에 영향을 미쳤고 유교문화는 생활의 공간 속에서 점점 소실되었고, 특히 중국에서는 문화혁명 등을 통해 통렬한 비판이 되어 왔다.

그러나 유교문화권인 아시아의 여러 나라 특히 우리나라와 일본의 그리고 대만, 홍콩, 싱가폴 등의 경제성장은 이 문화를 다시 보도록 했다. 공산주의의 퇴락과 더불어 유교의 고향인 중국에서부터 그 보편적 가치를 재조명하는 움직임이 일어나고 있는 것은 역시 세계화가 반드시 현대화나 서구화를 의미하는 것이 아니라 동시에 지역화와 전통계승을 의미할 수 있다는 점을 시사하는 것이다.

---

8) 杜維明,『人文精神與地球倫理』,『人文論叢』武漢大學出版社. 1999. p.33.

2. 인(仁)의 윤리

지구윤리로서의 유교사상은 먼저 인(仁)을 빼놓고는 설명하기 어려울 것이다. 그것은 기독교의 사랑이나 불교의 자비와 마찬가지로 동서고금을 일관하는 보편적 가치로서 의미가 있다. 임어당(林語堂)[9]은 인(仁)을 'human', 'humane', 'humanitarian'에 해당한다고 하고, 'humanity'로 해서 사람과 관련된 인(仁)으로 해석한데 비해, 토마스 베리[10]는 인(仁)을 'love', 'benevolence', 'affection' 등으로 번역하고, '인(仁)'은 감정적 · 도덕적인 용어일 뿐만 아니라 우주와 지구 그 자체의 구조 안에서 지배적인 친밀성과 동정의 특성을 발견할 수 있다고 보았다.[11]

논어에서는 인(仁)이라는 단어가 107회로 가장 많이 등장한다.[12] 인(仁)

---

9) 林語堂 저, 閔丙山 역,『孔子의 思想』, 현암사, 33쪽.

10) The Dream of the Earth, (San Francisco: Sierra Club Books, 1988) p.20.

11) 김세정,『양명학 인간과 자연의 한몸짜기』, 문경출판사, p.243.

12)『논어』에 나오는 몇가지 仁에 대한 기록을 살펴보면 다음과 같다.「學而」'汎愛衆而親仁'「里仁」'里仁爲美 擇不處仁 (…) 不仁者 不可以久處約 (…) 仁者安仁 知者利仁' '唯仁者 能好人 能惡人' '苟志於仁矣 無惡也' '君子去仁 惡乎成名' '君子無終食之間違仁' '我未見好仁者 惡不仁者 好仁者 無以尙之 惡不仁者 其爲仁矣 不使不仁者加乎其身' '觀過 斯知仁矣'「公冶長」'不知其仁也' '未知 焉得仁'「雍也」'回也 其心三月不違仁' '仁者先難而後獲 可謂仁矣' '仁者樂山' '仁者靜' '仁者 雖告之曰 井有仁焉?' '夫仁者 己欲立而立人 己欲達而達人'「述而」'求仁而得仁 又何怨?' '仁遠乎哉 我欲仁 斯仁至矣'「泰伯」'民興於仁' '仁以爲已任' '人而不仁 疾之已甚亂也'「子罕」'利與命與仁' '仁者不憂'「顔淵」'克己復禮爲仁' '克己復禮 天下歸仁焉' '仁者其言也 訒' '色取仁而行違' '問仁 子曰愛人' '不仁者遠矣'「子路」'樊遲問仁 子曰 居處恭 執事敬 與人忠 雖之夷狄 不可棄也' '剛 毅 木 訥 近仁也'「憲問」'可以爲仁矣? (…) 仁則吾不知也' '仁者必有勇' '君子而不仁者有矣夫 未有小人而仁者也' '未仁乎? (…) 如其仁' '仁者不憂'「衛靈公」'志士仁人 無求生以害仁 有殺身以成仁' '子貢問爲仁 子曰工欲善其事 必先利其器 居是邦也 事其大夫之賢者 友其士之仁者' '當仁不讓師'「陽貨」'能行五者於天下 爲仁矣 (…) 恭 寬 信 敏 惠' '好仁不好學 其蔽也愚' '巧言令色 鮮矣仁'「微子」殷有三仁焉'「堯曰」'雖有周親 不如

이 없는 유교란 거의 무의미한 윤리라고 할 정도로 인의 정신을 강조하고 있는 것이 원시유교의 사상이라고 할 것이다.

'사람이 인이 없다면 예(禮)는 어찌하며, 사람이 인이 없다면 악(樂)은 어찌할까?'[13]라고 말하듯 사람에게 인이 없다면 예악을 실천할 수도 없는 것으로 보고 있다. 여기에서 우리는 예악이 중심이 아니라 인이 예악의 중심에 있어야 함을 깨달을 수 있다.

이와 같이 원시유교의 핵심은 인(仁)이고 이 인은 인간성이자 인간애이며, 인간에게만 국한된 가치가 아니라 동물을 비롯한 여타의 생태환경에 대해서도 적용할 수 있는 생명존중의 가르침이다. 이러한 인(仁)의 실현은 가족으로부터 시작되어 인류에 이르는 것이기 때문에 유교에서는 가족의 가치를 그 어떤 가치보다 우선적으로 본다. 나라고 하는 개인보다는 가족공동체 속의 구성원으로서의 '우리'가 고려되어야 할 대상이다. 물론 여기에서 인(仁)이 가족에만 머무는 것이 아니라 결국 '수신제가(修身齊家)'를 바탕으로 '치국평천하(治國平天下)'로 나아가는 지구윤리적 차원임은 물론이다.[14]

문제는 이러한 인(仁)이 인간 상호 간에만 적용되는 인간중심의 윤리가 될 때는 자연이나 환경에까지 미칠까에 대한 의문이 있다. 예컨대 불교에 있어서 자비의 윤리는 인간 이외의 생명체에도 적용되는 것이지만 유교의 인(仁)은 인간에게만 적용된다고 우리는 상식적으로 생각한다.

여기서 우리는 인(仁)이 인간 위주이기는 하지만 결코 다른 생명에 대한 살생을 찬미하는 것은 아니라는 것을 알아야 한다. 예컨대 생태계에

仁人' '欲仁而得仁 又焉貪?'

13) 『논어』「八佾」'人而不仁 如禮何? 人而不仁 如樂何?' '知及之 仁不能守之' '民之於仁 (…) 未見蹈仁而死者也'

14) 이희재,「유교의례와 생명윤리」p.5.

서 풀과 나무 등의 식물은 동물의 먹이가 되지 않을 수 없다. 풀과 나무 등의 식물을 음식으로 먹지 않는다면 동물은 생존할 수 없다. 사람은 풀 등의 식물은 물론 동물을 먹이로 삼지 않을 수 없다. 식물과 동물이 음식이 되지 않는다면 사람이 생존할 수 없기 때문이다. 식물과 동물 그리고 인간의 차별은 이상한 것이 아니다. 또 인간의 사랑이 인류애로 바로 나아가는 것은 현실사회에서 불가능하다. 인(仁)을 실천하는 대상은 가장 가까운 가족에서부터이다. 좋은 아버지와 어머니 좋은 아들과 딸이 되는 일이야 말고 인(仁)의 실천의 근본이다. 인류를 걱정하기 전에 나의 가족을 우선 걱정하는 것은 자연스러운 것이다. 가족은 내가 부양해야 하는 식구이기 때문에 이웃보다도 먼저 배려하지 않을 수 없다. 이러한 차별은 어쩔 수 없는 것이다.[15]

그러나 유교의 인(仁)이 가족에 머무는 것이 아니다. 인(仁)은 평천하(平天下)에 이르는 것이기 때문에 결코 가족의 집착을 의미하는 것이 아니다. 말하자면 가족을 사랑하는 마음으로 다른 가족을 사랑하는 것이므로 가족애는 출발에 불과한 것이다.

그러므로 인(仁)의 윤리는 충서(reciprocity)라고 하는 배려의 윤리로 나아가는 것이고 그것이 진정한 인(仁)으로서 소위 말하는 황금률이다. 공자는 '나의 도는 하나로 관통하고 있다(一以貫之)'고 했는데 그것을 증자는 충서라고 했다. 이것은 소극적으로는 '자기가 원하지 않는 것은 타인에게도 행하지 않는 것'이고 적극적으로는 '자기가 원하는 것은 타인도 이루게 하는 것'이라고 할 수 있다.

정자(程子)는 서(恕)를 '추기급물(推己及物)'이라고 하고 인(仁)을 '이기급물(以己及物)'이라고 하여 인(仁)과 서(恕)를 하나로 보았다. 공자의 일

---

15) 이희재, 앞의 논문. p.8.

관지도(一貫之道)는 결국 인(仁)의 도리이며, 충서의 도리며 이것은 나아가 자하(子夏)의 '사해지내 개형제야(四海之內 皆兄弟也)'의 박애주의, 인류애사상의 원천인 것이다.[16)]

유교의 예(禮)의 정신도 단순한 겉치레나 형식 따위가 아니고 인간의 내면에 깃들인 인(仁)이라는 덕이 밖으로 나타난 모습이다. 그러므로 안회가 인을 물었을 때, 공자는 한마디로 '극기복례위인(克己復禮爲仁)'이라고 했다.[17)] 예가 내면적 양심과 선량함을 상실한 채 의례에 치우치게 된 것은 본시의 인(仁)의 구현과 멀어진 것이다.

3. 충서(忠恕)의 윤리

공자는 '서(恕)'로써 인(仁)을 정의했을 뿐만 아니라, '서(恕)'야말로 그의 모든 가르침을 일관하는 중심이라고 말했다. '서(恕)'라는 글자는 '심(心)'자와 '여(如)'자의 결합으로 되어 있다.[18)]

> "밖에 나가 사람을 사귈 때에는 큰 손님을 만난 듯이 경건히 하고, 백성을 부릴 때에는 큰 제사를 모시듯 신중히 할 것이며, 내가 원하지 않을 것을 남에게 시키지 않는 것"[19)]

---

16) 정종, 『공자와 논어』 원광대학교 출판국. 1985. p.20. 여기에서는 '己所不欲 勿施於人'을 공자교의 황금률이라고 말함. 원시유교의 핵심은 바로 인이며 충서라고 규정.

17) 정종, 앞의 책. p.133.

18) 『논어』, 「里仁」, '子曰 吾道 一以貫之 曾子曰唯 子 出 門人 問曰何謂也 曾子曰 夫子之道 忠恕而已矣' 이에 대한 주석으로 '盡己之謂忠, 推己之謂恕 (…) 或曰 中心爲忠 如心爲恕 於義亦通.'

19) 『논어』, 「안연」 '仲弓 問仁 子曰 出門如見大賓 使民如承大祭 己所不欲 勿施於人' 『논어』 「위령공」 '子貢 問曰 有一言而可以終身之者乎 子曰其恕乎 己所不欲 勿施於人' 『중용장구』 '忠恕違道不遠 施諸己而不願 亦勿施於人.'

풍우란은 '기욕립이립인 기욕달이달인(己欲立而立人 己欲達而達人)'[20]은 충(忠)에 해당되고, '기소불욕 물시어인(己所不欲 勿施於人)'은 서(恕)에 해당된다고 규정하였다. 이러한 해석은 '충서(忠恕)'를 모두 추기급인(推己及人)'이라는 하나의 원리로 귀결시키는 것이니 일관지도(一貫之道)에도 잘 부합된다고 볼 수 있다.[21]

인의 실천원리로서의 충서는 나와 타인의 마음을 동일한 것으로 여기는 자기동일성의 확대이다. 이에 따라 자신의 부모에 대한 사랑의 마음을 다른 사람의 부모와 자식에 대한 마음으로까지 확대해 나가는 '친친이애인(親親而愛人)'[22] 정신은 인간의 가장 본능이자 본성을 인정하면서 시작한 이웃에 대한 사랑의 실천원리이다.

우리 집 노인을 공경할 줄 안다면 다른 집 노인을 존중할 줄 알 것이고, 우리 집 어린이를 사랑할 줄 안다면 다른 집 어린이를 사랑할 수 있다는 이야기는, 먼저 우리 집의 노인과 어린이를 사랑하는 것이 요청된다.

> "내 노인을 노인으로 섬겨서 남의 노인에게까지 미치며, 내 어린이를 어린이로 사랑해서 남의 어린이에게까지 미친다면 천하를 손바닥에 놓고 움직일 수 있다. (…) 은혜를 바꿔 생각하면 족히 세상을 보호할 수 있고 은혜를 바꿔 생각하지 못하면 처자도 보호할 수 없는 것이다."[23]

반대로 내가 다른 가족에게 해로운 일을 했을 때 우리 가족의 안전과 평화가 보장될 수 없다. 내가 다른 가족의 형제에게 살인을 행했을 때 이

---

20) 『논어』, 「옹야」 '夫仁者 己欲立而立人 己欲達而達人.'

21) 이상익, 「유교의 忠恕論과 자유주의」 p.13.

22) 『맹자집주』, 「양혜왕」 '老吾老 以及人之老' 註 '親親推之 然後 及於人民 (…) 皆由近以及遠 自易以及難.'

23) 『맹자집주』, 「양혜왕」 '老吾老 以及人之老 幼吾幼 以及人之幼 天下 可運於掌 (…) 故推恩 足以保四海 不推恩 無以保妻子.'

미 내 형제의 살해는 예고될 수 있는 것이다.

> "남의 아버지를 죽이면 남도 또한 내 아버지를 죽이고, 남의 형을 죽이면 남도 또한 내형을 죽인다. 그렇다면 자기가 직접 부형(父兄)을 죽인 것은 아니지만, 거기서 거기인 것이다."[24)]

이러한 충서의 정신은 '혈구지도(絜矩之道)'로도 표현된다. 이것은 인간관계에서 철저히 입장을 바꿔서 생각해 보는 여유를 요구한다. 이것은 인간관계에 있어서 상호배려의 따뜻한 세상을 위한 하나의 잣대이다.

> "윗사람에게 싫었던 것을 아랫사람에게 시키지 말며, 아랫사람에게서 싫었던 것을 윗사람을 모시지 말며, 앞사람에게 싫었던 것을 뒷사람에게 가하지 말며, 뒷사람에게서 싫었던 것을 앞사람에게 행하지 말며, 오른쪽에서 싫었던 것을 왼쪽에서 사귀지 말며, 왼쪽에서 싫었던 것을 오른쪽에서 사귀지 말라. 이것을 일러 구(矩)로 재는 도라고 한다."[25)]

충서(忠恕)와 '혈구지도' 는 호혜성이라는 유교의 일관된 인의 실천원리라고 할 수 있을 것이다. 한 개인이 자기와 비슷한 상황에 처한 다른 사람의 입장을 배려하는 것이기 천편일률적 적용이 아니라, 어떤 상황 속에서 상대방의 입장을 헤아려 소통의 행위이다.

그러므로 유교의 인과 그 실천원리로서의 충서는 한 개인의 윤리가 아니라 사회적 윤리로도 혹은 보편적 지구윤리로서 그 가치를 갖는 것이다.

---

24) 『맹자집주』, 「진심장」 하, '殺人之父 人亦殺其父 殺人之兄 人亦殺其兄 然則非自殺之也 一間耳.'

25) 『大學章句』 '所惡於上 毋以使下 所惡於下 毋以事上 所惡於前 毋以先後 所惡於後 無以從前 所惡於右 毋以交於左 所惡於左 毋以交於右 此之謂絜矩之道.'

4. 중용의 윤리

공자에 의하면 군자는 그 인격의 원만함이 '주이불비(周而不比)'[26]하고 '긍이부쟁 군이부당(矜而不爭 群而不黨)'[27]하며 '화이부동(和而不同)'[28]하며 '문질빈빈(文質彬彬)'[29]하니 곧 '무과불급(無過不及)'[30]의 중용을 지키는 사람을 말하고 있다.[31] 중도 혹은 중용이 유교의 윤리 중 얼마나 큰 위치를 차지하고 있는지를 잘 말해주는 구절들이다.

인과 충서가 지구적 보편윤리로서의 가치가 있는 것과 마찬가지로 이 중용의 윤리는 유교의 윤리일 뿐만 아니라 동서고금의 보편적 윤리이며 황금률이다. 서양의 아리스토텔레스는 인간의 덕의 덕됨을 한마디로 중용이라고 했으며, 불교에서는 중도를 진리로 간주한다. 그런데 유교의 중용은 어떤 특색을 가졌을까?

유교의 중용을 지키고 실천하는 것이 중화(中和)요 조화이다. 중화(中和)는 화해(和諧)와 통합이 이루어진 이상의 경지라고 할 수 있다. 중용은 우선 '알맞음'이라고 할 수 있다. 알맞다고 하는 것은 위치적으로 중간을 의미하는 것이 아닌 상황의 윤리라고 할 수 있다.

"중이란 지나침도 없고 모자람도 없는 것을 말함이다. 용은 공평하고 떳떳

---

26) 『논어』,「위정」君子周而不比 小人比而不周.

27) 『논어』,「위령공」君子矜而不爭 群而不黨.

28) 『논어』,「자로」君子和而不同 小人同而不和.

29) 『논어』,「옹야」質勝文則野 文勝質則史 文質彬彬 然後君子.

30) 『중용』 4장. '공자께서 말씀하시기를 도가 행해지지 않는 까닭은 내가 알았다. 지혜로운 자는 지나치고 어리석은 자는 부족하다. 도가 밝지 않는 이유를 알았다. 어진 자는 지나치고 어질지 않는 자는 부족하다.'(子曰 道之不行也 我知之矣 知者 過之 愚者 不及也 道之不明也 我知之矣 賢者 過之 不肖者 不及也)

31) 정종, 앞의 책, p.134.

> 한 것이다. 정자가 말하기를 치우치지 않은 것이 중이요, 바뀌지 않은 것이 용이다. 중이란 천하의 바른 길이요, 용이란 천하의 정한 이치다"[32]

중용의 윤리는 어떤 상태가 지나침은 상태가 부족한 것과 마찬가지로 나쁘다고 보는 것이다. 그러나 경전에서의 중용의 설명은 꼭 지나치거나 부족함이 없는 알맞음을 인간의 마음에서 찾으면, 인간의 조화로운 감정을 표현하는 것이기도 하다.

> "희로애락(喜怒哀樂)이 아직 드러나지 않은 것이 중(中)이고, 드러나서 모두 절도에 맞는 것이 화(和)이다. 중(中)은 천하의 모든 것의 근본이고 화(和)는 천하의 모든 일을 달성시킨다"[33]

기쁨과 성냄, 슬픔과 즐거움이라는 인간으로서의 자연적 감정이 생겨나지 않은 것을 중이라고 한다는 것은 무엇일까? 감정이 아직 발(發)하지 않은 상태가 중(中)이라는 것은 형이상학적 차원이 아닐 수 없다. 현실생활에서 인간은 희로애락(喜怒哀樂)이라는 감정 속에 처한다. 그렇다면 이런 감정이 나오기 전의 상태가 중(中)인 셈이다. 자신의 사리사욕이 개입되지 않은 순수한 마음이 중(中)이고, 이것이 생활 속에 나오는 것이 용(庸)으로서 조화라고 할 수 있다.

문제의 핵심은 중용이 조화로운 마음이라는 것이다. 개인의 조화로운 마음이 사람과 어울리면서 인간과 인간의 조화로 더 나아가 인간과 자연의 조화로 나아가는 것이라고 생각할 수 있다.

중용은 또한 공정함과도 관련이 있다. 이는 중용이 어느 한편에 쏠림

---

32) 『논어』, 「옹야」, 집주 "中者無過無不及之名也 庸平常也 程子曰 不偏之謂中 不易之謂庸 中者天下之正道 庸者天下之定理."

33) 『중용』 "喜怒哀樂之未發 謂之中 發而皆中節 謂之和 中也者 天下之本也 和也者 天下之達道也." 또 '致中和 天地位焉 萬物育焉.'

이 없이 여러 다른 개체와 가치가 서로 어우러지는 것이기 때문이다. 고정된 것이 아니라 음양의 생성원리로 살아 움직이며, 한쪽으로 치우침이 없는 균형감각을 존중하는 것이다.

> "군자는 두루 친하되 편당적이지 않고, 소인은 편당적일 뿐 두루 친하지 못한다."[34)]

여기에서 군자는 그 마음이 공평무사하여 편당적이지 않고, 소인은 그 마음 씀이 간사하여 편당을 지어 공평성이 결여될 수 있다는 것이다. 군자는 흑백논리를 따라 외길을 걸어가는 극단의 자세를 취하는 것을 경계하는 사람이다.

군자에게 중요시되었던 것은 이처럼 중용의 실천임을 알 수 있다. 공자도 '중용의 덕은 지극하다'[35)]고 하듯 중용의 덕을 강조한다. 훌륭한 인품의 전형으로 '온화하면서 엄숙하고, 위엄이 있으면서도 사납지 않으며, 공경스러우면서도 편안하다'[36)]라고 표현한 것 역시 성숙한 태도로서의 중용의 덕을 묘사한 것이라 하겠다.

중용의 원리는 상생의 원리이기도 하다. 서양의 이원론적 논리와는 유가의 조화의 원리는 상보적이다. 말하자면 음양의 관계는 '둘이면서 하나이고 하나면서 둘'(二而一 一而二)인 상보적 관계이기 때문에 음양의 차별은 절대적으로 고착화된 차별이 아닌 것이다. 음양의 개념자체가 고착되고 결정적인 차이가 아니라 언제나 상대적이라는 점을 잊어서는 안 된다. 다시 말해서 어머니는 아버지에 대해서 음이지만, 아들에 대해서는 양인 것이며, 나는 부모나 선배에 대해서는 음이지만 자식이나 후배들에

34) 『논어』,「위정」"子曰 君子周而不比 小人比而不周."
35) 『논어』,「옹야」"中庸之爲德也 其至矣乎 民鮮久矣."
36) 『논어』,「술이」"子溫而厲 威而不猛 恭而安."

게는 양으로 변화하는 가변적인 개념인 것이다.

이러한 조화는 또한 '문질빈빈(文質彬彬)'으로도 표현할 수 있다. 여기서 문(文)은 형식이며 제도이고 질(質)은 실질이며 자연상태라고 볼 수 있다. 지나치게 인위적인 제도가 형식화될 때 역시 문제가 생긴다고 본다. 음양을 이분화시켜 양을 존귀하고 음을 비천한 것으로 간주한다면 음양의 의미와 달라지는 것처럼, 문화(문)와 자연(질)을 이분화시켜 문화를 존귀한 것으로 보고 자연을 비천한 것으로 보는 것은 문제가 있다. 음양과 존비가 절대적이 아니라 항상 상대적이듯 문질의 경우도 그 조화와 균형이 필요하다는 것이다.

이처럼 대립이 아닌 상보적 상생적 관계가 다름 아닌 중용이나 중화의 조화의식이기 때문에, 인간과 인간의 유대 혹은 인간과 자연의 조화는 세계 평화에 대한 가르침이며 지구윤리적 의의를 갖는 것이다. 개인 속에 전체가 들어 있고 전체 속에 하나가 있으며(一卽多,多卽一) 혹은 '둘 아님(不二)'의 조화정신은 다양성을 인정하는 관용의 태도이기 때문에, 인류 공영에 중요한 미덕이 될 것이다.

5. 맺는말

우리는 지구윤리로서의 유교를 살펴보면서 대체적으로 동서양의 다른 사상과 유사한 가치로서 충서와 중화를 중심으로 그 의의를 조명했다. 그렇다면 유교의 인(仁)에 바탕한 충서가 다른 종교사상과 반드시 같은 것일까? 여기에는 물론 그렇지 않은 면이 있음을 간과해서는 안 된다.

예컨대 유교의 윤리는 절대자의 존재를 상정하는 것이 아닌 인간중심의 윤리다. 또한 초세속적인 윤리가 아니라 세속적인 가치라는 것을 잊어서는 안 된다. 다른 여타의 사상이 절대자에 대한 귀의나 세속적인 가치를 낮게 보는 데 비해 유교의 인(仁)이나 충서는 철저히 세속에서 성(聖)스러움을 구하는 것이라고 할 수 있다.

중용의 경우도 서양의 중용은 특정한 중용의 덕목, 정의, 절제, 용기와 같은 것을 거론하지만, 유교윤리로서의 중용은 시중(時中)의 중용이다. 또 불교의 중도사상이 대립적인 이원론을 초월한 불이(不二)이면서 동시에 무집착의 공(空)을 지향하는 데 비해 유교윤리는 분명한 선악의 개념이 있다. 선도 악도 아닌 것이 중용이 아니라, 선이 중용이라는 것이다. 그러므로 영원한 윤리로서 오상(五常)과 같은 것이 제시되는 것이다.

나와 타인의 마음을 동일한 것으로 여기는 자기동일성의 확대가 충(忠)에서 서(恕)의 덕목이 되었다. 내 부모에 대한 사랑의 마음을 다른 사람의 부모에 대한 마음으로까지 확대해 나가는 '친친이애인(親親而愛人)' 정신은 인간의 가장 본능이자 본성을 인정하는 것이다. 이는 인간의 본성이 얼마든지 소위 혈연, 지연, 학연 등의 연고주의나 집단이기주의로 흐를 수 있음을 역으로 말해주는 것이다.

유교의 보편적 가치가 드러나지 못하고 차별의식이나 가족주의, 당파주의로 오해되는 것은 유교 본래의 모습이라고는 볼 수 없다는 것을 우리는 인(仁)의 실천원리로서의 서(恕)의 전통을 조명함으로써 알 수 있었다.

또한 유교는 선악을 분명히 구별함으로써 화해적이지 않고 비타협적인 것으로 오해되기도 했다. 서구에 대해 폐쇄적인 정책을 쓰고 서구문명에 대해 양이(洋夷)로 보는가 하면, 조선후기 천주교 등의 탄압이 비타협적 유교의 인상을 주기도 했다. 그러나 이러한 비타협적이고 보수적인 태도가 바로 유교의 윤리라고 생각하는 데서 문제가 생긴다. 그것은 나라가 누란의 위기에 처했을 때 시중(時中)의 논리로 극단적인 투쟁을 필요로 할 수 있는 것이다. 그러나 그것은 상도(常道)라기보다는 어쩔 수 없는 권도(權道)로 보아야 하는 것이다. 유교의 상도는 비타협적 투쟁과 당파적 대립이 아니라 사람 사이의 조화와 화해의 정신에 있다고 본다.

지구윤리로서의 유교의 인(仁)과 인의 실천원리인 충서 그리고 중용의 원리는 황금률로 인류 공동의 가치관념으로 훌륭한 효용이 있다. 이 원리는 항상성과 보편성을 갖춘 것으로, 고대에서뿐 아니라 현대에도 적용된다. 동양에서만 적용되는 것이 아니라 세계에 적용되는 것으로 진정한 유교의 정신이며 윤리라고 할 것이다.

II. 유교의 아동교육

1. 서 론

우리나라의 전통아동교육은 거의 유교의 가치를 구현하는 교육이었다고 해도 과언이 아니다. 이러한 유교교육은 공식적으로는 서당, 서원, 향교 등에서 행해졌지만, 아동교육의 경우는 가정에서도 수행되었다. 남아들과 여아들의 차별이 있어서 여아들은 10세가 넘으면 서당교육 등에는 참여하지 않았고, 가정에서 가사와 예절 등과 더불어 문자교육도 받았다.

유교의 아동교육에 대한 연구는 지속적으로 진행되고 있는데, 주로 조선시대의 아동용 도서를 중심으로 연구가 이루어지고 있다. 아동을 위한 연구자료 가운데 이덕무의 『사소절(士小節)』이 가장 많이 인용되는 책자이다. 이 책에서는 어린시절 아동들이 지켜야 할 사소한 예절과 습관에 대해 상세히 기술하여 당시의 이상적 인간상이나 이상적 예절에 대해 잘 알 수 있다. 그러나 『사소절』은 정작 아동을 위한 책이라기보다는 아동교육에 대한 이덕무의 견해를 밝힌 것이라고 하는 것이 더 적절할 것이다. 아동들이 읽기에는 한문의 수준이 높다.

오히려 박세무의 『동몽선습(童蒙先習)』이 중요한 교재였는데, 사소절에 비해 내용은 단순명료하여 교육사상을 피력되어 있지는 않다. 아동이 알아야 할 오륜에 대한 기술과 역사상식을 기술한 것이다.

유교의 아동교육에 대한 접근은 오히려 서적이 아니라 유교에서 보는 아동의 개념 그리고 유교가 가진 이상적 인간상이 무엇인지를 밝히고 이를 위해 어떻게 가정과 사회에서 아동들에게 어떤 방법으로 교육했는가를 밝히는 것이 더 적절한 방법이라고 생각한다.

2. 아동의 개념

조선 사회에서의 아동은 동몽(童蒙)이라고 불리었다. 동몽(童蒙)이란 작고 어리석으며 약한 자로 가르침을 받아서 성(性)을 온전히 해야 하는 어린이를 말한다. 동자(童子)라고도 하는데 이는 주로 10세 이후의 아동에게 쓰는 경향이 있다. 여기에 비해 아(兒)는 나이가 조금 어린 아동을 지칭한다.

> '처음 낳은 자는 영아라고 하고, 세 살부터는 소아라고 하고, 열 살부터는 동자라고 한다. (初生曰嬰兒, 三歲曰小兒, 十歲曰童子) 동의보감'

이 기준에 의하자면 처음 태어나 얼마 되지 않은 아이를 영아(嬰兒), 3세까지를 소아(小兒), 10세까지를 동자(童子), 15세까지를 성동(成童)이라 구분하였다. 동몽이란 3세 이상 15세까지를 이른 말임을 알 수 있다.

주역의 몽(蒙)괘에 대한 설명에는 산 아래가 험하여 나아가지 못하고 그침이 있는 것이라[37]고 하고 '어린이를 바른 도리로써 양육하는 것이 성인을 만드는 공정이다(蒙 養以正聖功也)'고 하였다. 산 아래에 샘이 흐르는 것을 몽이라고 하고 물이 흐르듯 행해지고 덕을 기르는 것이다.

아동이란 가능성은 있지만 훈육이 필요한 존재라고 보고 있다.

---

37) 『周易』'蒙 山下有險 險而止.'

"사내아이는 흔히 조급하고 부박한 버릇이 있다. 모든 행실이 완전하지 못하고 온갖 일이 견고하지 못한 것은 모두 이것에 연유한 것이다."[38)]

아이들은 여러 가지 면에서 부족한 존재이기 때문에 단계적으로 눈높이에 맞추어 교습해야 하는 그런 존재인 것으로 안정되지 못한 상태에 있다고 보는 것이다.

"어린아이가 무슨 침착하고 안정함이 있는 자이겠는가? 혼약(昏弱)하지 않으면 반드시 번조(煩躁)할 것이니, 만일 고묘(高妙)한 문의(文義)를 말해준다면 하품하고 기지개를 켜며 '네, 네' 할 뿐이다. 뛰어 일어날 마음이 있으면 정의(情義)가 이로 해서 막힌다."[39)]

그러나 어린이의 본성을 긍정적으로 보는 견해도 있다. 주자가 아닌 왕양명의 경우는 '무릇 예를 익히고 시를 노래하는 것은 모두 항상 어린이의 마음을 보존하여, 즐겁게 익히고 싫어하지 않아서 사특한 것에 미칠 겨를이 없게 하려는 것이다'[40)]라고 하여 예를 익히고 시를 노래하는 것이 모두 '어린이의 마음(童子之心)'을 보존하기 위한 것이라고 하는데 지나치게 엄격하게 그런 순수한 동심을 저해하는 간섭을 피해야 한다고 했다.

따라서 아동의 훈육에 있어서 가혹한 벌을 주는 것은 바람직한 것이 아니지만, 무조건적인 사랑만이 아니라 매를 때리고 벌을 주어서 적절한 균형을 잡으려고 했다.

"오로지 사랑하기만 하고 가르침이 없다면 자라서 어진 사람이 되지 못하나

---

38) 『士小節』 卷8. 「動止」 '童子類多輕躁 浮淺之習 百行之不完全 萬事之不堅固 皆有於此故.'

39) 『士小節』 卷3. 「教習」 '小兒何嘗有沈重安靜者哉 非昏弱則必煩燥 若說與高妙文意 只欠伸唯唯而已 有躍起之心情義以之阻隔.'

40) 『傳習錄』 '凡習禮歌詩之類 皆所以常存童子之心 使其樂習不倦 而無暇及於邪辟 教者知此 則知施.'

니, 자식이 함부로 제 뜻대로만 행하지 못하게 하며, 방종할 때에는 엄하게 꾸짖어야 한다. 또한 악함을 덮어주지 말아야 하며, 한번이라도 고개를 쳐들면 매질을 하여야 한다."[41]

율곡은 『격몽요결(擊蒙要訣)』에서 아동이라 하더라도 성인을 모델로 해서 공부하면 성인이 될 수 있는 존재라고 하여 아동 때부터 성인의 되는 일에 확고한 뜻을 세우고 공부하면 훌륭한 인간이 될 수 있다고 하여 아동의 가능성을 이야기하고 있다. 동시에 바람직한 행동을 하지 않을 때는 엄격한 벌을 가해서 나쁜 습관으로 벗어나도록 훈육이 필요함을 강조했다.

유교의 아동은 성인의 가능성을 가짐과 동시에 훈육이 필요한 존재라고 하겠다.

3. 아동교육의 특징

1) 기본적 문자교육

유교교육의 교재는 한자를 가르치는 것으로 이는 사회생활을 하는 데 필수적인 문자교육이 하나의 목표였고 그 문자란 한자를 의미했다. 한자(漢字)는 자형(字形), 자음(字音), 그리고 자의(字義)의 세 가지 요소로 이루어지는데, 한자를 배울 때는 이 세 가지를 모두 익혀야 한다. '천자문'으로 설명하면, '천(天)·지(地)·현(玄)·황(黃)' 등을 큰 글씨로 자형(字形)을 제시하고, 자음(字音)에 자의(字義)를 적시하고 '하늘 천, 따 지, 검을

---

41) 『內則』弟5.「母儀章」'(…) 有愛無教 長遂不仁 毋徇其意 稍縱모 輒束 毋護其惡 一起 輒撲.'

현, 누루 황' 등을 한글로 작게 써서 가르치고 외우게 했던 것이다.

조선시대의 문자교육을 위한 교재는 '천자문(千字文)', '유합(類合)', '훈몽자회(訓蒙字會)', 문자 겸 교양교재로는 '사자소학(四字小學)', '추구(推句)', '계몽편(啓蒙編)', '동몽선습(童蒙先習)', '격몽요결(擊蒙要訣)', '명심보감(明心寶鑑)', '소학(小學)' 등이 있다.

일반 서당에서의 교육과목은 강독, 제술(製述), 습자의 세 가지였다. 강독은 천자문을 비롯한 교재를 배우는 것이고, 제술은 일반적으로 오언절구, 칠언절구, 사율(四律), 십팔구시(十八句詩), 작문까지 가르쳤으며, 습자는 처음 해서를 많이 연습시켜 어느 정도 익숙해지면 행서, 초서를 익히게 했다.[42]

글은 소리 내어 강독하게 했는데, 글을 읽는 소리는, 깔깔한 소리로 읽는 것도 글 뜻을 잘 이해하지 못하고, 미끈한 소리로 읽는 것도 글 뜻을 잘 이해하지 못하니, 모름지기 온아하고 자상하고 원활하고 분명하게 읽도록 했다.[43] 작문은 주의를 요했는데, '다만 경서를 배우고 글 외우는 것을 가르칠 것이지 글을 짓게 하여서는 안 된다'[44]고 하여 우선 작문에 큰 비중을 두지 않았다.

습자를 할 때는 반드시 정자로 정하게 쓰게 하였고, 거칠게 갈겨쓰거나 처음에는 차분히 쓰다가 나중에 게으르게 흩어지지 않도록 했다.[45] 이것은 글자를 쓰는 것이 단지 실용뿐만 아니라 차분하고 바른 인격훈련이기도 한 것임을 알 수 있다.

---

42) 이희재, 「조선시대 蒙學교재의 분석과 현대교육적 활용방안」(공주대학교 교육대학원 석사논문,) 2007. 7쪽.

43) 『士小節』 卷8. 「教習」.

44) 『小學』, 「嘉言」 '只教以經學念書 不得令作文字.'

45) 『士小節』 卷8. 「教習章」 '凡習字必精整 方楷不可浮率 以草書始勤終怠.'

7, 8세가 되면 가숙(家塾)이나 서당에서 수년간 초학교재들을 배운 다음은 주 · 군 · 현 등 지방에서는 향교를 통해서, 수도 한양에서는 사학(四學)을 통하여 경술(經術), 문학을 이수함하고 진사 · 생원의 시험을 거쳐 성균관에 입학하고 최종적으로 과거에 응시하였다.[46]

특히 『천자문(千字文)』과 『유합(類合)』 등을 익혔는데, 이 익히는 방법은 외우는 것임은 물론이다.

> "왕세자의 서연에서 '천자문(千字文)』의 강의를 마친 다음 이어서 강의할 책자에 대하여 사부와 빈객에게 문의하였던 바, 모두들 『효경(孝經)』 · 『소학(小學)』 · 『동몽선습(童蒙先習)』 등의 책 중에서 진강(進講)하여야 한다고 아뢰었습니다' 하자, 『효경』을 이어서 강의하라고 명하였다."[47]

이런 교육과정은 왕실에서뿐만 아니라 일반 가정에서도 마찬가지였다. 유희춘의 미암일기에 나온 기록에서도 아들 교육을 나이 10세가 되던 해에 먼저 『천자문』과 『유합』을 통해 글자를 가르쳤다는 내용이 있다. '천자문'과 달리 '유합'은 조선에서 자체적으로 편찬한 아동교육서 중에 가장 먼저 편찬된 것으로 1512자를 4자씩 하나의 구로 만들어 모두 378구를 만들어졌다. 추구(推句) 또한 아동용 기초교재인데, 오언(五言)으로 된 좋은 구절들을 뽑아 엮었기 때문에 아동용 문자교재서로 널리 읽고 익히던 책이다. 추구는 사자소학의 경우와 마찬가지로 저자와 간행시기가 미상이고 필사본으로만 전래되었다.

『유합(類合)』에서는 일상생활과 관련된 한자어를 숫자의 범주에서부터 사물의 범주까지 체계적으로 제시하는데 그 범주는 다음과 같다.

---

46) 조한미, 「이덕무 아동교육사상 연구」 (한국교원대학교 교육대학원 석사논문, 2000) 13쪽.

47) 『순조실록』 17 14/03/20(신해) / 시강원에서 왕세자의 서연에 대해서 아뢰다.

수목(數目, 24) 천문(天文, 104) 중색(衆色, 16) 지리(地理, 56) 초훼(草卉, 48) 수목(樹木, 16) 과실(果實, 24) 화곡(禾穀, 16) 채소(菜蔬, 24) 금조(禽鳥, 48) 수축(獸畜, 48) 린개(鱗介, 16) 충편(蟲扁, 24) 인륜(人倫, 40) 도읍(都邑, 48) 권속(眷屬, 24) 신체(身體, 56) 실옥(室屋, 40) 포진(鋪陳, 40) 금백(金帛, 24) 자용(資用, 24) 기계(器械, 64) 식찬(食饌, 28) 의복(衣服, 32) 심술(心術, 64) 동지(動止, 416) 사물(事物, 148)

이러한 내용은 기존의 천자문과 달리 생활 속의 한자를 제시하는 점이다. 예를 들자면 보통 숫자는 '일(一), 이(二), 삼(三)' 등이 소자(小字)가 사용되었으나, 실제의 생활에서 혹은 중요한 문서의 날짜, 금전과 곡식의 수량에 관한 숫자는 '일(壹), 이(貳), 삼(叁)' 등 이른바 대자(大字)를 사용함이 관례였으므로 '유합'에서는 실생활에서의 한자 사용을 쓸 수 있도록 배려한 책인 것이다.

문자교육용으로 천자문은 중국에서 유래한 전통적인 한자교재이고, 유합은 한국의 실제 생활속에 쓰이는 한자교육 교재라고 할 수 있는 것이다. 이외에도 최세진의 『훈몽자회(訓蒙字會)』나 정약용의 『아학편(兒學篇)』 등이 있지만 널리 보편적으로 보급된 것은 아니다.

문자교육이 어느 정도 달성되면 비로소 이 문자들을 활용해서 경전교육이나 예절교육 등의 과정으로 나아가게 되는 것이며, 다른 교재 역시 문자를 익히는 기본목표를 유지하는 것은 물론이지만, 기계적으로 암송해야 하는 '천자문'이나 '유합'보다는 훨씬 생생한 인문학적 교양이 포함되어 있어 아동들의 흥미를 유발시킬 수 있었다.

2) 예절교육

아동의 문자교육은 사회생활을 위한 가장 기초적인 교육인 동시에, 문자교육과 함께 예절교육이 이루어진다. 그 시점은 거의 동시라고 할 수 있다. 이러한 예절교육의 상징적 교재가 『소학』이라고 할 수 있는데, 거의 모든 아동교육의 예비교재는 소학을 읽기 위한 예비서라고 할 정도로 소학이 중시되었다.

소학의 내용을 간략히 사자로 편찬한 『사자소학』의 내용을 보면 효행(孝行) 총 104구, 충효애민(忠孝愛民)이 총 8구, 부부지형륜(夫婦之兄倫)이 총 8구, 형제우애(兄弟友愛)가 총 48구, 사사권학(事師勸學)이 총 16구, 장유유서(長幼有序)가 총 16구, 교우택린(交友擇隣)이 총 36구, 인의예지(仁義禮智)가 총 4구, 삼강오륜(三綱五倫)이 총 4구, 구용구사(九容九思)가 총 20구, 행실용모(行實容貌)가 총 16구, 향약(鄕約)이 총 8구, 수신(修身)이 총 24구로 되어 있다.[48)]

이 분석으로 보자면 부모에 대한 효행이 압도적인 비중을 차지하고 있음을 알 수 있다. 아동의 예절교육 가운데 가장 큰 비중을 차지하는 것이 부모에 대한 예의를 가르치고 다음에 형제와의 우애를 가르친다고 하는 것은 의미있는 것이다.

> "효제(孝悌)는 온갖 행실의 근본이니 천자로부터 서인(庶人)에 이르기까지 모두 이를 앞세워야 하나, 특히 임금은 더욱 중하게 여겨야 합니다. 삼대(三代) 이전에는 학교를 중시하고 효제를 숭상하여, 사람이 나서 8세가 되면 소학에 입학시키고 15세에는 대학에 입학시켜, 효제와 몸을 닦고 사람을 다스리는 도리로 교도했기 때문에 인재가 많이 배출되고 풍속과 교화가 아름

48) 이희재, 「조선시대 蒙學교재의 분석과 현대교육적 활용방안」 (공주대학교 교육대학원 석사논문, 2007) 25쪽.

다웠습니다. 그런데 요사이는 간혹 『소학』을 배우려는 사람이 있더라도 경박한 무리들이 다투어 서로 비웃기 때문에, 도리어 꺼리고 강습하지 않습니다. (…) 지금은 겨우 총각을 면하면 모두 시(詩) 부(賦)만 익혀 『소학』에는 전연 힘쓰지 않고 과거만 중하게 여기니, 어느 틈에 마음을 다스려 효제를 하겠습니까?"[49]

왕실에서 세자에게 소학을 가르치라는 건의문인데 역시 효제야 말로 예절교육의 본질임을 거론하면서, 이러한 교육이 소홀히 되려는 풍토를 비판하고 있다. 명리를 얻기 위해서 하는 교육이 아닌 인격교육과 예절교육이야말로 아동에게 필요하다는 것이다.

"여섯 살이 되면 그에게 수(數)와 방(方)의 이름을 가르쳐 줄 것이다. 일곱 살이 되면 남아와 여자는 자리를 같이 하지 않고, 식사를 함께 하지 않게 할 것이다. 여덟 살이 되면 문을 드나들 때와 나가 음식을 먹을 때는 어른을 뒤따르게 하여 비로소 그에게 사양하는 예절을 가르칠 것이다. 아홉 살이 되면 날짜(日數) 계산하는 법을 가르칠 것이다. 남자가 열 살이 되면 외부의 스승에게로 내보내 밖에 거처하며 글씨 쓰기. 셈하기를 배우게 하고, 옷은 비단 바지저고리를 입지 아니하게 하고, 예절은 처음 가르치는 대로 따르게 하고, 아침저녁으로 어려서 할 예의(幼儀)를 배우게 하되 간편하고 쉽게 알 것을 청하여 익히게 할 것이다.[50]

유의(幼儀)란 여섯 살 이후 유아에게 시켜야 할 사람으로서의 사람다움을 일깨우는 예절교육이라고 할 수 있다.

어린 아이를 가르치는 데는 먼저 마음가짐과 몸가짐을 안정하고 상심하고 공순하고 공경하게 할 것이다. 만약에 예절교육이 없다면 자제가

---

49) 『중종실록』 26 11/11/04(신사).

50) 『小學』, 「立敎」 '內則 (…) 六年 敎之數與方名. 七年 男女不同席 不共食. 八年 出入門戶 及卽席飮食 必後長子 始敎之讓. 九年 敎之數日. 十年 出就外傳 居宿於外 學書計 衣不帛襦과 禮帥初 朝夕 學幼儀請肄簡諒.'

되어서는 물 뿌리고, 쓸고, 응하고, 대답하는 도리를 즐길 수 없고, 벗을 접대하는 데 있어서는 벗에게 잘 공순하지 아니하고, 관장이 되어서는 다른 관장에게 잘 공순하지 아니하고, 재상이 되어서는 세상의 어진 사람에게 잘 공순할 수 없을 것이다.[51]

구체적인 효제에 대한 예절이란 오륜을 익히는 교육이었다. 아동교육의 주요교재였던 『동몽선습』은 그것을 다음과 같이 말하고 있다.

> "천지 사이에 있는 만물의 무리 중에서 오직 사람이 가장 귀하니 사람이 귀한 까닭은 다섯 가지 인륜이 있기 때문이다. 그러므로 맹자께서 말씀하시기를, 어버이와 자식은 친함이 있고, 임금과 신하는 의리가 있으며, 남편과 아내는 분별이 있고, 어른과 어린이는 차례가 있으며, 벗끼리는 믿음이 있다 하시니, 사람으로서 이 오상(五常)을 알지 못하면 그 날짐승과 길짐승에 다름이 멀지 않다. 그러니 어버이는 인자하고 자식은 효성스러우며, 임금은 의롭고 신하는 충성스러우며, 남편은 온화하고 아내는 순하며, 형은 사랑하고 아우는 공경하며, 벗은 인(仁)을 도운 연후에야 바야흐로 사람이라 할 수 있다."[52]

박세무에 의해 편찬된 『동몽선습』은 왕실에서부터 서민에 이르기까지 널리 쓰인 예절교육의 독본인데 그 내용은 인간의 도리인 오륜의 실천에 많은 비중을 두고 있으며 영조 때 한글로도 간행되었다. 역사를 기록하면서 중국의 요임금 때 우리나라에 단군조선이 있었다는 내용도 특별하다.

이 예절교육 가운데 남녀유별의 예절은 유교 아동교육의 특징 중의 하

---

51) 『小學』, 「嘉言」 '敎小兒 先要安詳恭敬 (…) 只依舊爲子弟 則不能安灑掃應對 接朋友 則不能下朋友 有官長 則不能下官長 爲宰相 則不能下天下之賢.'

52) 『童蒙先習』, 序文 '天地之間萬物之衆 惟人最貴 所貴乎人者 以其有五倫也. 是故孟子曰 父子有親 君臣有義 夫婦有別 長幼有序 朋友有信 人而不知有五常卽其違禽獸不遠矣. 然卽父慈子孝 君義臣忠 夫和婦順 兄友第恭 朋友輔仁然後 方可謂之人矣.'

나라고 할 것이다. 남아는 10세 이후에 밖에서 배우지만 여아의 경우는 외출을 삼가고 집안에서 시집갈 준비를 한다.

> "여자는 열 살이 되면 밖에 나가지 아니하고, 여선생의 가르치는 말과 행실을 유순히 따르며, 삼을 삼고 누에를 쳐 실을 뽑고 명주를 짜고 길쌈을 하여 여자의 할 일을 배워서 의복을 장만하고, 제사를 보살펴 술과 초장과 변두(籩頭)와 김치와 젓(葅醢)을 담아 들여 예로써 제사 지내는 일을 돕도록 할 것이다."[53]

여아에게는 학교에서의 문자교육이나 과거준비는 없고, 수신제가의 이념을 생활화함으로써 대소가의 의식주 경제생활과 가족 간의 화목을 위해 착한 성품과 후덕한 여인이 되는 교육을 가정에서 실시했다.

『소학』이나 『격몽요결』 혹은 『사소절』에 등장하는 교육내용은 세속적 명리를 추구하는 출세지향적인 내용은 거의 없다. 성인을 본받아서 모든 행동거지가 예의에 입각해야 한다는 것으로 오늘의 입장에서 보자면 유교적 예절교육인 셈이다. 『명심보감』의 경우는 탈속적인 양생법도 많이 등장하는 것으로 보아 심신수양에 필요한 내용은 도교서의 것이라 할지라도 이를 채용했다.

유교에서 아동에 대한 예절교육은 문자교육을 외우게 하듯 교재의 내용을 외우게 하고 일상생활에서 실천하도록 하였다. 그래서 배운 자란 단지 문자만을 이해하는 사람이 아니라 이를 실행하는 사람이 배운 자로서 자격을 가졌다고 생각했다. 다시 말해서 배움과 행동이 괴리되지 않는 것을 이상으로 생각했다는 것이다.

---

53) 「小學」, 「立敎」.

3) 바람직한 인간상의 제시

아동은 언제나 아직은 부족한 훈육의 대상이고 미숙한 존재라는 것이 몽(蒙)이라는 뜻에서도 이미 함축되어 있다. 그러나 아동은 모든 가족에 있어서 그들의 미래이며 가능성이기 때문에 무시되는 존재는 아니다. 그래서 아동들이 어린시절부터 뜻을 세워 이상적인 인간을 세우고 그 목표를 향해 노력하는 교육이 필요했다.

집안의 어른들이나 교사나 관리들은 모두 모범이 될 만한 행동을 함으로써 아동들에게 귀감이 되어야 했으므로 특별한 교육 프로그램이 없다 하더라도 성인(成人) 그 자체가 존경의 대상이 되도록 한 것이 유교 아동교육의 특징 중의 하나이다. 맹자의 어머니가 아들의 교육을 위해 세 번 이사했다는 이야기는 널리 알려진 이야기이고, 부모 스스로 어른으로서의 모범이 되는 언행을 했다는 것은 유교아동교육에 있어서 중요한 시사점이다.

> "맹자가 어릴 때 묻기를 '동쪽 집에서 돼지를 잡는 것은 무슨 까닭입니까' 하니, 어머니는 말하기를 '너를 먹이려고 잡는다' 하였다. 그렇게 말하고서 곧 뉘우쳐 말하기를 '내 들으니 옛날에는 아이를 배면 태교가 있었다고 한다. 지금은 마침 보아서 알고 있는데 그를 속이면 이는 가르쳐도 믿지 않을 것이다'하고, 곧 돼지고기를 사다가 그를 먹었다. 그는 자라서 학문의 길로 나아가 드디어는 위대한 유학자가 되었다."[54]

가정에서 부모가 좋은 사표가 될 뿐만 아니라 지역사회 역시 그 사회가 요구하는 이상적 성현(聖賢)을 제시하였다. 그래서 향교나 서원에는 나라와 지역사회에서 존중하는 인물을 제사하는 것이 교육과정 중의 하나였다.

---

54) 『小學』, 「稽古」, '孟子幼時 問東家殺猪 何爲? 母曰欲啖汝 旣而悔曰吾聞古有胎教 今適有知而欺之 是 教之不信 乃買猪肉 以食之 旣長就學 遂成大儒.'

향교에서는 공자를 위시한 중국의 유교 성인과 한국의 소위 동방 18현이 사범이 되었으나 학교에 입학하지 않은 아동들에게는 그런 제사 참여는 면제되었다. 그러나 집안에서 돌아가신 조상을 기리는 기제사 등이야말로 부모를 존중하고 조상을 섬기는 하나의 살아있는 교육적 과정 중의 하나가 되었다. 제사일이 다가오면 경건하게 몸과 마음을 추스르고 음식과 술을 준비해서 어른 섬기는 법을 자연스럽게 터득하도록 했던 것이다.

> "어린 나이로 공부하는 선비는 먼저 꼭 인품의 상하를 분별할 것이니, 어떤 것이 곧 성현들의 하던 일이며, 어떤 것이 곧 어리석은 사람들이 하던 일인지를 분별하여 성현들이 한 좋은 일로 향하고 어리석은 사람들이 한 나쁜 일을 배반하여 저 나쁜 것을 버리고 이 좋은 것을 취하는 것이 곧 어린 나이로 공부하는 선비가 마땅히 숭상할 것이다."[55]

선악에 대한 유교의 개념은 확실한 선악이원론이라고 할 수 있다. 군자와 소인의 개념이 확실하며 정통과 이단이 분명하고 선과 악이 공존할 수 없다. 그러므로 어린시절부터 선악의 개념과 군자와 소인의 차이를 교육받는 것이다.

『해동소학(海東小學)』과 같은 교재는 거의 모든 내용이 역대 인물로 구성되어 있고, 효행 등의 풍습을 널리 알리고자 하는 취지에서 간행한 『삼강행실도』를 보자면, 우리나라와 중국 서적에서 군신(君臣), 부자(父子), 부부(夫婦) 등 삼강에 모범이 될 만한 인물들을 다시 말해서 충신, 효자, 열녀를 각각 35명씩 모두 105명을 뽑아 그 행적을 그림과 글로 소개하고 있다.

---

55) 『小學』, 「嘉言」 '陳忠肅公 曰幼學之士 先要分別人品之上下 何者是聖賢所爲之事 何者是下愚所爲之事 向善背惡 去彼取此 此 幼學所當先也.'

이 교재는 바람직한 인간의 모범으로 칭송한 책이라고 할 것이다. 이것은 아동을 비롯해서 국민교육을 위한 윤리 교과서라고 할 수 있다. 그 후에도 이 책은 1481년(성종 12)에 한글로 번역하여 간행되었고 후대에 중간되어 도덕서로 활용되었다. 이와 같은 종류의 저술로 『이륜행실도』와 『오륜행실도』가 있는데 역시 이야기와 그림이 있는 교화용 도서로서 아동을 포함해서 누구나 쉽게 알아볼 수 있도록 매 편마다 그림을 곁들어 글과 그 의미를 형상화하고 있다.[56]

문자교육과 지식교육 이전에 인간이 가야 할 도덕적 모범을 이와 같이 교재 속에서 동시에 가정과 사회의 생활 속과 삶 속에서 자연스럽게 보여주도록 했던 것이다.

4. 맺는말

유교의 아동교육은 6세 이상이 되면 문자를 터득하도록 교육했다. 우리나라에서는 가장 먼저 천자문과 유합이 문자교육의 교재로 사용되었다. 그 단계를 넘으면 문자교육과 동시에 예절교육이 요구되었으며, 10세가 넘으면 남아는 서당 등의 학교교육을 받았고 여아의 경우는 가정에서만 교육을 받았고 주로 살림하고 순종하여 집안을 화합시키는 역할을 할 수 있도록 하였다.

아동교육은 문자와 교재를 외우는 주입식 교육이지만, 글을 읽는 태도나 글을 쓰는 태도 등도 중시했다. 그러므로 자연스럽게 예절교육을 익

56) 하수경, 「조선시대 가정교육과 문자도」 『종교교육학연구』 17권. (서울: 한국종교교육학회. 2003) 234쪽.

히도록 했으며, 교재의 내용은 오륜을 비롯한 인간관계에서 마땅한 태도를 교습했다. 또 중요한 것은 특별한 스승만이 아니라 가정에서부터 부모가 도덕적 모범이 되도록 하여 성인(成人)들이 행동을 본받을 수 있도록 했고, 효행 등의 선행을 닦은 모범을 제시하여 국가사회가 요구하는 도덕성을 익히도록 했다.

그리고 가정에서든 학교에서든 성현을 존숭하는 적절한 의례를 거행했는데, 공식학교였던 향교나 서원에서는 우선 성현을 모시는 사당이 반드시 있어서 그 제사를 지내게 했으며, 가정에서는 제사의식을 통해 존선조(尊先祖))의식을 자연스럽게 갖도록 했다. 학교에서건 가정에서건 경건한 재계를 통해 이루어지는 이러한 유교의례 속에서 사람을 공경히 대접할 줄 아는 것을 스스로 터득하도록 했던 것이다.

오늘날 한국의 유교 아동교육의 전통 가운데 남은 것은 한자를 가르치는 문자교육의 전통뿐이며 그 문자교육도 글을 외우는 태도나 바르게 글자를 쓰는 교육은 생략되고 있음을 알 수 있다. 부모에게 효도하고 이웃을 공경하는 예절교육 역시 중시되지 않고, 공동체의 의례나 가정의례도 간소화되고 생략됨으로써 유교 아동교육은 제 역할을 수행하지 못하고 있음을 알 수 있다.

2장

주자학과 한국

I. 중국 송조육현(宋朝六賢)의 문묘배향과 그 위상

1. 서 론

조선에서 문묘에 향사되는 공자 이하의 위차(位次)는 고려조의 국자감과 향학에서 시행된 것을 습용(襲用)하였다. 대성전의 정위(正位)에는 공자 곧 '대성지성문선왕(大成至聖文宣王)'을 봉안하고 안자 · 증자 · 자사 · 맹자 등 사성(四聖)을 배향하였으며, 십철(十哲)과 주돈이 · 정호 · 정이 · 소옹 · 장재 · 주희 등 제현을 전내에 종향하였고, 동 · 서무에는 70자를 비롯한 역대 유현 등 110위를 종사했다. 그 중 동국의 18현 중 정몽주 이하 15현은 조선조에 들어와서 유림들의 상소에 의해 동 · 서무에 종향되었던 것이다.

본격적으로 주자학을 숭상하였던 조선조는 조선의 선비들보다도 훨씬 이전부터 중국 송나라시대의 주자학자들을 공자의 학을 계승한 정통으로 보고 향사하였다. 조선 선비들의 문묘종사는 상당한 논의를 거치면서 진행되었는데 고종 때까지 소위 동방 18현이 확정되었다.

그러나 송조육현은 숙종시대부터 문묘종사의 대상으로 확정되었다. 그럼에도 이들의 위상은 조금씩 달랐다. 이 장에서는 조선시대에 진행된 송조육현의 문묘종사와 그들의 위상에 대해서 고찰하고자 한다.

2. 송조(宋朝) 육현(六賢)은 누구인가?

주자학을 통치이념으로 한 조선조는 주자학의 중심인물인 송조육현의 저술과 도덕적 인품을 모델로 삼았다. 문묘의 제사의 대상이 되었던 중국의 송조육현은 다음과 같다.

1) 주돈이(周敦頤, 1017-1073)

영조때 『문묘향사록』에 의하면 주돈이에 대해 다음과 같이 설명하고 있다.

> "도국공 주돈이의 처음 이름은 돈실이고 자는 무숙(茂叔)이며 호는 염계(濂溪)였다. 송나라의 도주사람으로 관직은 지남강군사(知南康軍事)에 이르렀다. 57세에 『태극도』와 『통서』를 지었으며 영종 가정 경진년에 시호를 원리종(元理宗)으로 했으며 순후 신축년에 정이 장재 주희와 함께 여남백으로 봉해졌으며 우리나라에서는 숙종 갑오년에 정호 정이 장재 소옹 주희와 더불어 승배되었다."[57]

그는 성리학의 우주론의 이론을 체계적으로 질서정연하게 설명한 최초의 인물이다. 『태극도설(太極圖說)』에서 무극(無極) · 태극(太極) · 음양(陰陽) · 오행(五行)을 정리했으며 중정인의(中正仁義)를 중시했다.

그의 이론을 간단히 살펴보자면 무극과 태극, 태극이 동(動)해서 · 양(陽)을 낳는다고 한다. 동(動)이 극한에 이르면 정(靜)이 따르고 정(靜)이

57) 『文廟享祀錄』 p.21."道國公 周敦頤 初名惇實 字茂叔 號濂溪 宋道州人 官至知南康軍事 年五十七作太極圖 通書 寧宗 嘉定 庚辰 贈諡元理宗 淳祐 辛丑 封汝南伯與程頤張載朱憙從享我 肅廟甲午與程顥程頤張載邵雍朱熹陞配."

음을 낳는다. 정(靜)이 극한에 이르면 다시 동(動)이 된다. 이처럼 동(動)과 정(靜)은 번갈아 일어나며 서로 상대의 원인이 된다. 음과 양이 분할되어 양의(兩儀)가 선다. 양이 변하여 음과 합하면 오행(五行)을 낳는다. 이 오기(五氣)는 순조롭게 펴지고 사계절을 운행한다고 보았다.

건도는 남성을, 곤도는 여성을 이룬다. 이기(二氣)가 교감하여 만물을 화생(化生)시킨다. 만물은 계속 생성하고 변화는 무궁하다. 만물 가운데 사람만이 그 뛰어난 정수를 얻어 가장 지혜롭고 한다. 성인은 '중정인의(中正仁義)'로 자신을 바로 잡고 주정(主靜)이며 인간의 극치에 선다. 그의 해답은 주정(主靜)이며, 이 주정(主靜)은 무욕이라고 규정한다.

조선시대에 임금에게 경서를 강의할 때 주요한 책이『근사록』이었다. 조광조는 중종에게 근사록의 중요성을 다음과 같이 말라고 여기에서 주돈이의 태극도의 중요성을 설명한다.

> "전일 야대(夜對)에서『근사록』을 진강할 때 좀더 진강하도록 분부하셨는데, 대저『근사록』은 학문에 가장 긴절한 것이니 더 진강하도록 명하셨음은 지극히 좋은 일이십니다. 그러나 이 책에는 태극도(太極圖)가 갖추어져 있어, 궁리(窮理)하는 학문을 하지 않으면 능히 그 묘리를 탐구하지 못하게 되니, 마땅히 잠심하여 연구하셔야 합니다."[58)]

『근사록』 가운데서 첫머리에 나오는 주렴계의 태극도가 중요한 공부로 경연에서 행해지고 있었음을 알 수 있다. 성리학의 기초로서『근사록』에 있는『태극설』은 누차 강조되고 있다.

> "태극설은 비록 쉽사리 말할 수는 없으나, 또한 미묘하여 이름붙이기 어려

58) 『중종실록』, 중종 26권, 11년(1516 병자 / 명 정덕(正德) 11년) 10월 8일(병진) 6번째 기사, 검토관 조광조가 《근사록》은 잠심하여 연구해야 이치를 깨닫을 수 있다고 아뢰다.

운 것은 아닙니다. 사람의 한 몸에도 하나의 태극이 있고, 만물도 또한 각각 하나의 태극을 갖춘 것입니다. 사물(事物)에 접하게 될 때는 칠정(七情)이 비록 방탕해지기 쉬우나, 한가하고 적연(寂然)한 동안은 본성이 저절로 고요한 것이니, 근독(謹獨)하는 공부를 마땅히 이때 해야 하는 것입니다. 한가하고 고요하게 있으면서 사물에 접하지 않았을 때를 '신독(身獨)'이라 하고, 한가지 생각이 발동하여 나만이 알고 있을 때를 '심독(心獨)'이라 하는 것이니, 희로 애락(喜怒哀樂)이 발동하지 않았을 때 능히 존양(存養)을 다하고, 이미 발동하여서는 성찰(省察)을 지극하게 하는 것이 곧 근독하는 사람인 것입니다."[59]

이처럼 주돈이의 태극설은 임금의 수양요목으로도 중시되었고 특히 그의 태극도(太極圖)는 이학(理學)의 연원(淵源)이므로 중요한 강론과 문답의 소재가 되었다. 그리고 근사록과 태극도설의 공부목적은 존양성찰에 있다. 주돈이의 태극도설이 임금의 덕성을 기르기 위한 존양성찰의 교재였음을 알 수 있고 그의 송조육현으로서의 위치를 짐작할 수 있다.

2) 정호(程顥, 1032-1085)

『문묘향사록』에는 다음과 같이 정호에 대해 설명하고 있다.

"예국공 정호의 자는 백순이고 호는 명도이다. 송나라 하남인으로 태중향의 아들이고 주렴계의 제자이다. 진사에 합격했으며 관직은 송정시승(宋正寺丞)에 이르렀다. 54세에「명도문집」,「정씨 경설」,「유서」,「외서」등이 있다. 영종 가정 기사년에 순리종(純理宗)의 시호를 받았다. 가정 신축년에 하남

59) 『중종실록』, 중종 26권, 11년(1516 병자 / 명 정덕(正德) 11년 10월 13일(신유) 2번째기사, 임시 경연에서 사경 기준이『근사록』은 성리의 근본이니 강마하여야 한다고 아뢰다.

백에 봉해졌으며 우리나라에서는 숙종 갑오년에 승배되었다."[60]

그는 의서에 손과 발이 마비되는 것 불인(不仁)이라고 하듯 천지만물을 한 몸으로 여기지 못한 것을 병통으로 여겼다. 그는 장횡거의 『서명』을 크게 찬양했다. 만물이 하나라는 그 논지가 자기 철학의 중심사상이기도 했기 때문이다.

주돈이는 정호에게 언제나 공자와 안회의 행복이 어디에 있었는지, 그리고 무엇을 즐겼는지를 알아내라고 요구했다. 조선왕조에서 정호는 늘 교훈을 주는 성인으로 묘사되고 있다. 인조 때 정호의 『정성서(定性書)』 올바른 수신의 자료로써 인용되고 있다.

주돈이의 태극설이 중시되듯 정명도의 심성수양론도 역시 늘 통치자의 수양의 지침으로 교과서적인 지위를 차지하고 있었다.

> "정명도(程明道)의 정성서(定性書)에 '사람의 정(情) 가운데 쉽게 일어나고 제어하기 어려운 것은 오직 성냄이다' 하였습니다. (…) 인군의 역량이 보통 사람과는 다르지만 오랫동안 노기를 가져 한쪽으로 치우치면 심기를 손상시키지 않을 리가 있겠습니까."[61]

이러한 개인의 수양에서뿐만 아니라 정치의 지침으로서도 모범이 되었다. 예컨대, 인재등용의 요령도 정호의 언사가 인용된다.

> "사람을 뽑는 법에 대해서는 일찍이 명도 선생(明道先生)이 조정에서 아뢰기를 '예로써 근시(近侍)들에게 명하여 어진 유자(儒者)를 마음을 다해 찾

60) 『文廟享祀錄』, p.22. "預國公 程顥 字伯淳 號明道 宋河南人 太中向(本名 玉邊向字) 子周濂溪弟子 登進士 第官至宋正寺丞 年五十四 有明道文集 程氏經說 遺書 外書 寧宗 嘉定己巳 贈謚純理宗 淳祐 辛丑 封河南伯從享我 肅廟甲午陞配."

61) 『인조실록』, 인조 30권, 12년(1634 갑술 / 명 숭정(崇禎) 7년) 윤8월 9일(임진) 3번째 기사, 부호군 장현광이 태묘의 일로 상소하다.

게 하되 성행(性行)이 단아하고, 집안에서 효제(孝悌)하며, 예의와 염치가 있고, 학업에 통달하며, 치도(治道)에 밝은 자를 태학(太學)에 뽑아 올려 조석으로 서로 정학(正學)을 강명(講明)하게 해서 해마다 조정에서 어진이와 유능한 자를 평론하게 해야 한다'고 하였는데 이는 바로 삼대(三代) 때로부터 전해오는 선비를 가르치던 뜻인데, 두 정자가 자기 임금에게 말하여 그 조정에서 시행하고자 한 것입니다."[62]

이처럼 정호의 사상을 표준으로 삼아 수양과 정치의 도리로 삼았음을 알 수 있다. 우수한 인재란 먼저 갖추어진 사람이여야 하고 바른 학문을 익힌 사람이어야 한다는 것을 정명도의 어록을 통해 다시 강조하고 있음을 볼 수 있다. 이처럼 조선시대의 통치의 중심에 정호가 중요한 지위를 차지하고 있었던 것이다.

3) 정이(程頤, 1033-1107)

『문묘향사록』에는 다음과 같이 정이에 대해 설명하고 있다.

"낙국공 정이의 자는 정숙이요 호는 이천이다. 송나라 하남사람이다. 명도의 아우이며 주렴계의 제자이다. 관직은 직비각치사(直秘閣致仕)에 이르렀다. 나이 75세에 『춘추』, 『역전』을 지었고, 또 『이천문집』이 있다. 영종 가정 을해년 정리종(正理宗)으로 봉해졌다. 순우 신축년에는 이천백으로 봉해졌으며 우리나라에서는 숙종조 갑오년에 승배되었다."[63]

---

62) 『효종실록』,효종 13권, 5년(1654 갑오 / 청 순치(順治) 11년) 11월 16일(임인) 1번째 기사, 치국에 대한 대사헌 김익희의 상소문.

63) 『文廟享祀錄』, p.22. "洛國公 程頤 字正叔 號伊川 宋河南人 明道弟 周濂溪弟子 官至直秘閣致仕 年七十五 作春秋易傳 又有伊川文集 寧宗 嘉定 乙亥 贈謚正理宗 淳祐辛丑 封伊川伯從享我 肅廟甲午陞配."

정이는 이(理)개념을 명확히 한 성리학의 선구자이다. '형이상자 위지도(形而上者 謂之道) 형이하자 위지기(形而下者 謂之氣)'라고 하였고 '지극히 드러난 것은 사(事)보다 더한 것이 없고, 지극히 미묘한 것은 이(理)보다 더한 것이 없다'고 했다.

장재와 소옹(1011-1077)이 낙양의 지식인 계층에서 소외된 은둔자였다면 정호와 정이 두 형제는 제자들이 많았다. 조선조의 정치와 제도는 정이천의 저술과 언행이 항상 교과서적인 기준으로 사용되었다.

조선초부터 정이천은 늘 통치의 원리를 제공하는 원천이었다. 세종 때 제사에 있어서 사당과 신주 등의 제정원칙이 『근사록』과 『이천문집』에 기준하고 있음은 다음 글을 통해 알 수 있다.

> "요사이 『근사록(近思錄)』을 살펴보니, 이천 선생(伊川先生)이 말하기를, '집에는 반드시 사당[廟]이 있어야 하고, 사당에는 반드시 신주가 있어야 한다'고 하였으며, 주(註)에, '고조 이상은 곧 신주를 조(祧)하여야 한다. 신주의 형식은 문집(文集)에 보라'고 하였습니다."[64)]

성종때의 통치원리를 건의하는 글에서도 공공성을 중시하고 사적인 온정주의를 배격하라는 교훈을 정이천의 주역해석을 통해 설명하고 있다. 이러한 것도 당시 정이천의 위상을 보여주는 사례가 될 것이다.

> "『주역(周易)』의 태괘(泰卦) 구이(九二)를 상고하니, '구이(九二)'는 태(泰)를 다스림을 맡은 자이다' 하고, 주공(周公)이 상사(象辭)를 덧붙여서 말하기를 '벗을 잃는다[朋亡]' 하였고, 정이천(程伊川)이 이를 풀어 말하기를, '때가 이미 태평하면 법을 세우고 일을 결단(決斷)함에 인정(人情)에 이끌려서 마침내 행하지 못하는 것이 많다.'"[65)]

---

64) 『세종실록』, 세종 55권, 14년(1432 임자 / 명 선덕(宣德) 7년 1월 18일(무인) 2번째 기사, 원묘에 신주만을 모시기로 하다.

65) 『성종실록』 성종232권, 20년(1489 기유 / 명 홍치(弘治) 2년 9월 7일(임술) 2번째 기사.

또한 정책결정에 있어서도 광명정대하기 위해서는 환관이나 궁첩 등에 휩쓸리지 않고 사대부를 접하는 시간을 많이 갖도록 하는 시스템도 정이천의 저술에서 인용하여 말하는 것도 볼 수 있다.

> "옛적에 정이(程頤)가 말하기를, '임금이 하루 동안에 현명한 사대부(士大夫)들을 접하는 시간이 많고 환관(宦官)이나 궁첩(宮妾)을 친근하는 때가 적으면 자연히 기질(氣質)을 변화하게 되고 덕성(德性)을 훈도(薰陶)하게 되는 것이다' 하였는데, 이는 격언(格言)입니다."[66)]

> 또 "경연이란 것은 환관(宦官) 궁첩(宮妾)과 함께 있지 않고서 어진 사대부를 만나기 위한 것입니다. 그러므로 정이(程頤)가 '한추위나 한더위에도 경연을 폐지해서는 안 된다' 하였는데, 근일 연향(燕享) 등의 일 때문에 경연을 멈추니, 상체(上體)가 미령(未寧)하시다면 그럴 수도 있겠으나 그렇지 않다면 연향 때문에 경연을 폐지하는 것은 옳지 않은 듯합니다."[67)]

또한 인간과 동물 산천초목에 대해서도 어진 마음을 가지고 대하는 것에 대해서도 정이천의 가르침을 통하여 이야기함으로써 그의 권위를 짐작할 수 있다.

> "'계칩(啓蟄)을 죽이지 아니하며 한창 자라는 초목을 꺾지 않는다' 하였습니다. 송철종(宋哲宗)이 궁중에서 개미를 피하여 감히 밟지 아니하였는데,

---

66) 『성종실록』 성종 234권, 20년(1489 기유 / 명 홍치(弘治) 2년) 11월 12일(병인) 2번째 기사 대사간 이평이 김세적과 민영모를 벌할 것과 조하 조계를 거행하기를 청하다 『연산군일기』 연산 22권, 3년(1497 정사 / 명 홍치(弘治) 10년) 4월 19일(경인) 2번째 기사 "삼가 살피건대, 《역경(易經)》에서, 태(泰)에 처하는 도는 '붕당을 없애야 한다.' 고 하니, 정이(程頤)가 말하기를, '옛부터 법을 세우고 제도를 제작할 적에 인정에 끌리는 것은, 사치를 금하면 가까운 친척에 해가 되고, 전토 재산을 한정하면 귀가(貴家)에 방해가 되기 때문이다. 이런 것들을 크게 공정하게 결단하여 반드시 행한다면 붕비(朋比)에 끌리지 않는 것이다.' 하였습니다.

67) 『중종실록』 중종 29권, 12년(1517 정축 / 명 정덕(正德) 12년) 8월 12일(을묘) 1번째 기사, 《대학연의》를 진강하다가 김굉필 등의 문묘 종사에 관해 논의하다.

정이(程頤)가 강독(講讀)할 때 그 말이 사실이냐고 물으니, 사실이라고 대답하였습니다. 정이가 이에 말하기를 '이 마음을 미루어 사해(四海)의 백성에게 미치게 함이 가합니다' 하였습니다. 정이가 또 시강(侍講)할 때 철종이 난간에 의지하여 버드나무 가지를 꺾으니, 정이가 간하기를 '한창 봄이 되어 성장하는 때에 자라는 초목을 꺾어서는 안 됩니다' 하였습니다. 개미를 피하고 버드나무 가지를 꺾지 않는 것이 비록 소소한 일 같으나 관계되는 것은 몹시 큽니다."[68]

이처럼 정이의 위상은 바른 정치의 지침으로 혹은 바른 세계관으로서 임금을 위시한 모든 통치자 및 백성에 이르기까지 그 가르침이 인격수양과 통치철학의 기본사상이 되었던 것이다.

4) 소옹(邵雍, 1011-1077)

『문묘향사록(文廟享祀錄)』에 소옹은 다음과 같이 소개되고 있다.

"신안백 소옹의 자는 요수요 스스로 안락 혹은 무명공이라고 호를 붙였다. 송나라의 하남사람이며 이지재에게서 옛날의 학문과 주역을 배웠다. 관직은 영천단련추관(穎川團練推官)에 이르렀으며 나이 67세에 『황극경세서』를 저술하고 또 『격양집』이 있다. 철종 원우 강절도종이라는 시호를 받았다. 함순 정묘년에 사마광과 더불어 신안백으로 봉해졌다. 우리나라에서는 숙종 갑오년에 승배되었다."[69]

그는 북송시대 사람으로 그는 수(數)를 통하여 우주 만물을 해석했다.

---

68) 『중종실록』 중종 32권, 13년(1518 무인 / 명 정덕(正德) 13년) 2월 25일(갑오) 3번째 기사, 주강에서 백성을 구휼하는 것이 중요함을 논의하다.

69) 『문묘종사록』1765. p.22. 新安伯 邵雍 字堯夫 自號安樂 又稱無名公 宋河南人 古子學易於李之才 官至穎川團練推官 年六十七 著皇極經世書 又有擊壤集 哲宗 元祐贈諡康節 度宗 咸淳 丁卯 封新安伯與司馬光 從享我 肅廟甲午陞配.

우주와 자연 그리고 시간에 대한 그의 입장은 주역에 대한 해석에서 출발했다. 그는 주역을 통해 시간을 해석하는데, 복(復)괘의 첫째 즉 최하의 효는 건설단계의 시작을 보여주며, 건괘에서는 이 단계의 완성을 본다. 구(姤)괘의 효는 파괴 단계의 시작을 보여준다. 그리고 곤괘에서는 이 단계는 완성된다. 그 뒤 건괘와 더불어 문명의 황금시대가 도래한다고 했다. 그러나 곤괘와 더불어 전세계는 소멸한다. 그리고 나서 새로운 세계는 재생하는 복괘와 더불어 시작되고 그래서 이러한 전과정이 순환 반복된다. 이렇게 해서 창조되고 파괴되는 세계는 각기 12만 9천 6백년의 지속 기간을 가진다는 것이다.

송시열은 송조육현을 공자와 맹자의 전통을 계승한 인물들이라고 소옹은 근사록에 편입되지 않아 그렇지만 그는 소옹을 소자(邵子)라고 하면서 그를 높였다.

> "대역(大易)의 이치는 실로 만세(萬世) 도학(道學)의 커다란 근원인데, 소자(邵子)가 천만세(千萬世) 뒤에 태어나 제가(諸家)의 비루한 학설을 쓸어버리고 바로 복희씨(伏羲氏)의 심법(心法)을 계도(啓導)하였기 때문에 주자가 계몽(啓蒙)을 지으면서 한 차례 그의 학설을 인용하였으니, 그의 공이 어느 것이 이보다 크겠습니까?"[70]

소강절은 다른 육현에 비해 다소 위상이 낮았지만 송시열은 그의 주자학에서의 의의를 역학의 이치를 밝힌 데 있다고 하여 위상을 특별히 높여 주었다.

---

70) 『숙종실록』 숙종 12권, 7년(1681 신유 / 청 강희(康熙) 20년) 12월 14일(계사) 3번째 기사, 문묘 종사에 관한 송시열의 소.

5) 장재(張載,1020-1077)

『문묘종사록』에는 장재를 다음과 같이 소개하고 있다.

> "미백 장재의 자는 자후이고 호는 횡거이다. 송나라의 봉상사람으로 전중승적의 아들이다. 진사에 올랐으며 관직은 동지태상예원(同知太常禮院)에 이르렀다. 나이 58세에 『서명』, 『정몽』, 『역, 예, 악』의 이론, 『논어』, 『맹자』의 설 등을 저술했고 『문집』과 『어록』이 있다. 성리학의 선구자다. 순우 신축년에 미백에 봉해졌으며 우리나라에서의 종향은 숙종 갑오년에 승배되었다."[71]

그는 무(無)사상을 배척하고, 기(氣)를 중시했다. 장재에게 불가의 공(空)은 하나의 미망이며, 도가의 장생불사(長生不死)는 일종의 환상이다. 그가 보기에는 태극이란 다름 아닌 기(氣)에 불과한 것이다. 기(氣)는 부단히 모이거나 흩어진다. 그 응집은 구체적 사물의 형성을 초래하고 그 분산은 소멸을 초래한다.

『정몽』에서도 '서명'은 서재의 서쪽 벽에 새겨져 있었는데, 장횡거는 우주만물이 하나의 기로 구성되어 있으므로 사람들과 다른 사물들은 하나의 큰 몸의 일부에 불과하다고 주장한다. 우리는 건(乾)과 곤(坤)을 어버이 섬기듯이 섬겨야 하며, 모든 사람들을 형제처럼 보아야 한다고 했다.

태허는 기없이 있을 수 없고, 기는 모여서 만물이 되지 않고서는 있을 수 없다. 만물을 흩어져서 태허가 되지 않고서는 있을 수 없다. 이처럼 들고 나는 것은 모두 부득이해서 그런 것이다.

성인은 천지의 본질을 알기 때문에 '나(生)서 얻을 것도 없고 죽어서 잃을 것도 없다'는 것을 안다. 때문에 살아서는 사회의 일원으로서, 우주의

71) 『문묘종사록』 1765. p.23. 郿伯張載 字子厚 號橫渠 宋鳳翔人 殿中丞廸子 登進士筆官至同知太常禮院 年五十八 著西銘 正蒙 易禮樂 論語孟子說 又有文集 語錄 理宗 淳祐 辛丑 封郿伯從享我 肅廟甲午陞配.

일원으로서 자기의 의무를 다하다가 죽어서는 '쉬는 것'이다.

이런 성리학의 선구자로서 장재가 중시되고 문묘에 배향되었던 것이다.

6) 주자(朱子, 1033-1107)

주자에 대해서 『문묘종사록』에는 다음과 같이 기록한다.

> "휘국공 주희의 자는 원회이며 중간에 스스로 중회라고도 했다. 호는 회암(또 고정, 둔옹, 자양)이다. 무원에서 살았으며 이연평의 제자이다. 진사에 급제했으며 관직은 환장각대제(煥章閣待制)에 이르렀다. 나이 71세에 『주역본의』, 『계몽』을 저술했고, 『대학중용장구』, 『혹문』, 『논어맹자집주』, 『태극도』, 『통서』, 『서명해』, 『초사집주』, 『어맹집주』, 『맹자지요』, 『중용집략』, 『효경간오』, 『소학서』, 『통감』, 『강목』, 『본조명신록』, 『가례고금가』, 『제례』, 『근사록』, 『하남정씨유서』, 『이낙연원록』 또한 『주자대전』, 『어류』, 『유서』 등이 있다. 영종 가정 기사년에 문리종(文理宗)으로 시호를 받았다. 보경 정해년에 신국공으로 봉해졌으며 소정 경인년 휘국공으로 고쳤다. 순우 신축년 종향되고 우리나라에서는 숙종 갑오년에 승배되었다."[72]

주자학은 조선의 모든 영역에서 기준이 되었다. 벼슬하는 사람은 주자의 가례를 익혀야 했다. 공자보다도 오히려 주자의 위상이 더 강렬한 것이었다.

---

72) 『문묘종사록』 p.24. 徽國公 朱熹 字元晦 間自稱仲晦 號晦菴(又號 考亭遯翁紫陽) 世居 務源 後徒崇安韋齋松子 李延平弟子 登進士第 官至煥章閣待制 年七十一 著易本義 啓蒙 著卦考誤詩集 傳大學中庸章句 或問 論語孟子集註 太極圖 通書 西銘解 楚辭集註 語孟集義 孟子指要 中庸集略 孝經刊誤 小學書 通鑑綱目 本朝名臣錄 家禮古今家 祭禮近思錄 河南程氏遺書 伊洛淵源錄 又有朱子大全 語類 遺書 寧宗 嘉定 己巳贈諡文理宗 寶慶 丁亥 封信國公 紹定 庚寅 改徽國公 淳祐 辛丑 從享 我 肅廟甲午陞配.

> "그중에서도 주자는 모든 이의 장점을 다 모아 집대성을 하고 두고두고 후학들이 갈 길을 열어주었으니 그 공로가 더욱 큰 것은 당연하다. 불행히도 총령(蔥領) 일파들이 왕수인(王守仁) 육구연(陸九淵) 쪽으로 흘러 중국에서 명색이 유자의 관을 쓰고 유자의 복장을 한 자들 중에도 주자가 존경할 만한 분이라는 것을 혹 모르는 자도 있는 것이다."[73]

우리나라에서 주자의 위상이란 그야말로 압도적인 것으로 송조육현 가운데 사실 다섯 분의 현자는 주자의 선학으로서의 의의를 가질 뿐이라고 해도 과언이 아니다. 그러면 이러한 송조의 여섯 현인들이 조선의 문묘에서 어떻게 향사되었는지 살펴보기로 하자.

3. 송조육현 배향의 과정

조선시대에는 세종 때에 와서 많은 제도들이 정비된다. 문묘에 대한 것도 마찬가지인데 세종 때의 문묘 배향인물 가운데 송조의 육현은 48위에서 51사이에 배치되어 있어서 고위의 위상을 지닌 것은 아니었다.

> "예국공(豫國公) 정호(程顥)는 동랑의 49위, 신안백(新安伯) 소옹(邵雍)은 동랑의 50위, 도국공(道國公) 주돈이(周敦頤), 서랑의 48위, 낙국공(洛國公) 정이(程頤)는 서랑의 49위이며 미백(郿伯) 장재(張載)는 서랑의 50위이며 휘국공(徽國公) 주희(朱熹)는 서랑의 51위이다."

특이한 점은 세종은 단군의 신위를 설치하고 단군은 중국의 요임금과 같은 시기에 조선을 개국했다고 적시하고 있다. 또한 기자(箕子)와 고려

---

73) 『정조실록』 정조 53권, 24년(1800 경신 / 청 가경(嘉慶) 5년) 3월 28일(경진) 4번째 기사, 오위 장 김도유를 접견하다.

시조의 신위, 공민왕의 신위도 문묘에 설치했다.

성종 때에 이르면 단군, 기자, 고려시조, 공민왕 등은 문묘에서 빠지고 송조육현 중에서 장재와 소옹이 문묘종사의 대상에서 빠진다. 이 가운데 장재는 당시에도 장자(張子)라고 이름한 것으로 보아 특별하게 위상이 낮지는 않다. 그러나 소강절은 한 단계 낮게 평가되고 있다.

> "'도학이 행해지지 않는 것은 사도가 전해지지 않는 것에 근원한다'고 하였는데, 정자(程子) · 주자(朱子) · 장자(張子) 같은 이는 비로소 도학(道學)을 가지고 말할 수 있지만, 기타 사마공(司馬公) · 소강절(邵康節) 같은 이도 오히려 도학에 전일할 수 없었는데, 하물며 김종직이겠습니까?"[74]

중종 때도 주염계를 주자(周子)로 장횡거를 장자(張子)라고 높이지만 역시 소강절은 그 대열에 편입되지 못하고 있다.

> "주자(周子) · 장자(張子) · 정자(程子) · 주자(朱子)에게 각기 문도가 있었는데 그 문하에서 나온 자는 모두 명공석유(名公碩儒)로서 스승보다 더 나았습니다. (…) 주희(朱熹)는 무이정사(武夷精舍)를 짓고 백록서원(白鹿書院)을 설립했습니다. 이런 도가 우리나라에는 행해지지 않고 있으니, 먼 곳에 있는 유생들이 어디서 학문을 배우겠습니까."[75]

여기서는 주염계를 주자로 장재를 장자로 높인다. 그런데 중종 때도 소강절은 보이지 않는다. 선조 때도 장재와 소옹은 육현 가운데 제외되고 있다.

> "맹자가 죽은 뒤에 사도(斯道)가 끊어져서 천여 년을 내려오다가 송(宋)나

---

74) 『성종실록』 성종 273권, 24년(1493 계축 / 명 홍치(弘治) 6년) 1월 9일(을해) 3번째 기사, 의정부에서 김종직의 시호의 일로 봉상시를 국문하기를 청하다.

75) 『중종실록』 중종 98권, 37년(1542 임인 / 명 가정(嘉靖) 21년) 7월 27일(을해) 1번째 기사, 행 부사과 어득강의 상소문.

> 라 때 이르러서는 염계 선생(濂溪先生) 주돈이(周惇頤)가 있었는데 학문이 고명하여 저술로 '태극도(太極圖)'와 '통서(通書)'가 있습니다. 또 두 정부자(程夫子)가 나왔는데 형인 호(顥)는 호를 명도 선생(明道先生)이라 하여 저술로 '어록(語錄)'이 있고, 아우 이(頤)는 호를 이천 선생(伊川先生)이라 하여 저술로 '역전(易傳)'이 있습니다. (…) 주자는 이동의 제자로서 경서의 주(註)를 찬정(撰定)했는데 여러 유자(儒者)의 학설을 집대성했습니다. 삼대(三代) 이상은 위에서 몸소 실천함으로써 통솔했는데 후세에는 비록 큰 일을 한 업적도 있었으나 학자의 일을 하는 것에 지나지 않았습니다."[76]

송조육현이 문묘종사의 대상으로 정착된 것은 조선조 숙종 때에 와서이다. 숙종 초기만 해도 송조육현은 특별히 강조되지 않으며 소옹은 빠지는 경우가 있었다. 그러나 차츰 송조육현이 중시되어 가는 것은 바로 숙종조 때부터이다.

> "소옹(邵雍) · 사마광(司馬光)은 백정자(伯程子)보다 나이가 위이고, 장횡거(張橫渠)는 숙정자(叔程子)보다 나이가 위이며, 또 그 표숙(表叔)인데도 모두 그 밑에 자리하고 있습니다. 이는 반드시 도덕(道德)의 고하(高下)로 그 서열이 된 것이겠으나, 무(廡)에 있을 때에는 나이로 상하(上下)를 삼지 않을 수 없으니, 마땅히 여러 현인(賢人)을 전(殿)에 올릴 때에는 모두 차례를 바꾸도록 하소서."[77]

숙종대에 소옹과 장횡거가 정명도 정이천보다 더 높은 위상으로 자리해야 한다고 건의했다. 송시열도 소옹을 넣어 육현으로 종사하도록 하는 것이 시급한 일이라고 건의한다.

---

76) 『선조실록』 선조 1권, 즉위년(1567 정묘 / 명 융경(隆慶) 1년) 11월 17일(무진) 1번째 기사, 『대학』을 강했는데 이황 기대승이 진강하다.

77) 『숙종실록』 숙종 13권, 8년(1682 임술 / 청 강희(康熙) 21년) 5월 13일(경신) 1번째 기사, 문묘 상탁의 차례 및 하번 한림의 배례 등에 관한 논의.

> "송리종(宋理宗)이 주돈이(周敦頤) · 정호(程顥) · 정이(程頤) · 장재(張載) · 주희(朱熹) 등 다섯 유현(儒賢)을 추봉(追封)하여 선성(先聖)에 종사(從祀)토록 하였는데, (…) 그리고 또 그윽이 생각하건대, 주돈이(周敦頤) · 정호(程顥) 정이(程頤) · 장재(張載) · 소옹(邵雍)에서 주자에까지는 실로 공자와 맹자의 정통(正統)을 계승하였으니, 그 도학(道學)은 아주 위대하고 그 공적은 매우 융성하여 십철(十哲)의 반열에 두더라도 오히려 굽힌 것이라고 일컬을 터인데, 아직도 양무(兩廡)에 있어 뒤섞여서 최치원(崔致遠) 등과 서로 함께하게 하였으니, 이것이 매우 불가(不可)한 것의 큰 부분입니다. 성묘(聖廟)의 사전(祀典)은 심밀히 처치하여 지극히 삼가지 않아서는 안되겠으나, 이제 명의(名義)가 바른 것으로 논한다면, 대성(大聖) 이하의 위판(位版)을 고쳐 쓰는 것이 첫째 일이므로, 가장 먼저 해야 할 일인 것입니다. 주돈이(周敦頤) · 정호(程顥) · 정이(程頤) · 장재(張載) · 소옹(邵雍) · 주희(朱熹) 여섯 현인 [六賢]을 전내(殿內)에 승부(陞祔)하는 것을 어찌 조금이라도 늦출 수 있겠습니까?"[78)]

송시열은 송조육현의 위상은 우리나라의 최치원을 비롯한 선비들과 비교할 수 없는 큰 위상을 가졌다고 본다. 그래서 문묘배향을 함에 있어서 더 높은 위상을 가지도록 해야 한다는 것을 건의했었다.

이시대는 우리나라에 노론 소론이 분열되고 주자학을 벗어나려는 움직임도 있었다. 이러한 것이 역으로 작용하여 주자의 선학인 송조오현을 높이는 계기가 되었을 것으로 본다. 이것이 주자를 포함한 송조육현을 중시하여 문묘배향의 대상으로 확정하는 하나의 동기라고 할 것이다. 국가적 기강을 바로 잡기 위한 의리정신을 더욱 강조할 필요가 있었기 때문이다.

> "문묘(文廟)의 제도는 모두 황조(皇朝)의 전례(典禮)를 모방하여 사성(四

---

78) 『숙종실록』 숙종 12권, 7년(1681 신유 / 청 강희(康熙) 20년) 12월 14일(계사) 3번째 기사, 문묘 종사에 관한 송시열의 소.

聖)은 전(殿) 안에 종향(從享)하고, 십철(十哲)은 좌우에 나누어 배향하였는데, 이는 모두 공문(孔門)에서 친히 배워 승당입실(陞堂入室) 한 사람들로 예로부터 지금까지 감히 가감(加減)할 수가 없었던 것입니다. 동무(東廡)·서무(西廡)에 열향(列享)한 제현(諸賢)의 좌차(坐次)는 한결같이 세대(世代)의 선후를 따라 그 위차(位次)를 정한 것이니, 이 어찌 후대에 감히 의정(議定)할 바이겠습니까. 비록 '고사촬요(考事撮要)' 가운데에 기록된 바를 보더라도 정백자(程伯子)와 소강절(邵康節)은 한유(韓愈)의 아래에 있고, 주염계(周濂溪) 이하 사현(四賢)은 범영(范甯)의 뒤에 있으니, 도덕(道德)의 고하(高下)를 추론(追論)하여 위치를 변경할 수 없음이 명백합니다. 다만 이 육현(六賢)의 학문과 도덕은 십철(十哲)에 견주어 혹 말할 만한 등차(等差)가 있는 것은 아니겠으나, 모두 동무·서무에 배열(排列)하고 대성전 안에 오르지 못한 것은 어찌 세대(世代)가 현격하여 친히 성문(聖門)에서 배운 자와 차이가 있어 그런 것이 아니겠습니까. 성묘(聖廟)의 사전(祀典)은 지극히 엄중하여 오직 한결같은 마음으로 공경하고 옛 전장(典章)을 따를 뿐입니다."[79]

이러한 논의를 거쳐 숙종때 송조육현은 문묘의 대성전 안으로 승격되어 배향된다.

"송조육현(宋朝六賢)을 문묘(文廟) 대성전(大成殿) 안에 승배(陞配)하였다. 도국공(道國公)주돈이(周敦頤)는 위공(魏公)복상(卜商)의 아래에 봉안(奉安)하였고, 예국공(豫國公)정호(程顥)는 영천후(潁川侯)전손사(顓孫師)의 아래에 봉안하였으며, 낙국공(洛國公)정이(程頤)는 도국공 주돈이의 아래에 봉안하였다. 그리고 신안백(新安伯)소옹(邵雍)은 예국공 정호의 아래에 봉안하였으며, 미백(郿伯)장재(張載)는 낙국공 정이의 아래에 봉안하였고, 휘국공(徽國公)주희(朱熹)는 신안백 소옹의 아래에 봉안하였다. 전우(殿宇)는 개조(改造)하지 않고 상탁(牀卓)과 교의(交椅)의 제도를 약간 줄여서 추이(推移)해 봉안하였으며, 평명(平明)에 진하(陳賀)하고 반

---

79) 『숙종실록』 숙종 55권, 40년(1714 갑오 / 청 강희(康熙) 53년) 7월 22일(신유) 1번째 기사, 사과 이이만의 송조육현을 승배(陞配)하는 일에 대한 상소.

교(頒教)하였다."[80)]

그러나 이러한 과정에서 육현 가운데 장재와 소옹에 대한 문묘종사에 부정적인 의견도 있었다.

"송조유현(宋朝儒賢)으로 양무(兩廡)에 종사(從祀)한 사람은 다만 도국공(道國公) · 예국공(豫國公) · 낙국공(洛國公) · 휘국공(徽國公)네 분인데, 이제 육현(六賢)의 도덕이 서로 비등하다 하여 일체 승배(陞配)하는 거조가 있으니, 서울과 외방(外方)에서 일례로 거행함이 마땅할 듯합니다. 그런데 혹은 육현을 승배하고 혹은 사현을 승배한다면, 참차 부제(參差不齊)함을 면하지 못할 것이며, 만약 전일 양무(兩廡)에 종사(從祀)하지 않은 사람을 전내(殿內)에 추배(追配)한다면 다만 사체(事體)에 미안할 뿐만 아니라, 또한 조종조(祖宗朝)에서 작정한 전례(典禮)에 어긋남이 있을까 염려됩니다."[81)]

장재와 소옹이 부적절하다는 의견은 전부터 내려오던 4현의 승배를 바꾸는 것이고, 4현에 비해 위상이 같지 않음을 피력하고 있지만 그 이유가 무엇인지에 대해서는 언급하지 않고 있다. 장재와 소옹은 늘 다른 4현에 비해 다소 낮은 위상이었다고 생각된다. 숙종 때 송조육현으로 확정되지만 영조 때 또 다시 장재와 소옹이 추배되는 것으로 보아 그 중간에도 제외되었다는 것을 짐작할 수 있다.

영조 때는 문묘종사의 성인을 부자, 사성, 십철, 육현으로 확고히 하였다.[82)] 영조 때도 육현의 위상은 지속되었다. 그리고 성리학을 통치이념으

80) 『숙종실록』 숙종 55권, 40년(1714 갑오 / 청 강희(康熙) 53년) 8월 9일(무인) 2번째 기사.

81) 『숙종실록』 숙종 55권, 40년(1714 갑오 / 청 강희(康熙) 53년) 8월 6일(을해) 1번째 기사 강화 유수 김진규의 송조육현을 승배하는 일에 대한 논의. 이에 대한 예조의 복주(覆奏) 내용.

82) 『文廟從祀錄』 영조의 御製서문에 p.11. '夫子 四聖之座 十哲六賢之左右而敬體.'

로 하고 있기 때문에 근사록을 독서하는 것도 대단히 중요했다.

> "'사성(四聖)과 육현(六賢)의 휘(諱)는 이미 똑같이 휘를 하니, 육현도 오히려 그러한데 더구나 사성이겠는가? 아! 나이 칠십을 바라보며 성묘(聖廟)를 배알함이 옛날 사첩(史牒)에 어찌 있었겠느냐? 금번 문묘(文廟)의 작헌례(酌獻禮)를 행할 때에는 사성(四聖)에게도 함께 전작(奠酌)을 하고자 하나, 일이 의식(儀式) 절차에 관계가 되니, 입시한 예관(禮官)으로 하여금 서울에 있는 대신에게 물어서 아뢰도록 하라'하였다."[83)]

숙종조에 육현으로 문묘종사가 결정되었으면서도 지방에 따라 종래의 4현만을 두고 장재와 소옹을 제외한 경우가 있었던지 장재와 소옹 두 현인에 대해 4현에 추가하여 향배하도록 지시한 기록이 있다.

> "태학(太學)에서는 육현을 받들고 향교에서는 사현(四賢)을 받들었으니, 장재(張載)·소옹(邵雍)·양현(兩賢)이 애당초 승무(陞廡)되지 않은 일은 역시 이상하다."하고, 편집 낭청 조준(趙琝)에게 명하여 『문헌비고(文獻備考)』의 학교고(學校考)를 읽어 아뢰게 하고, 하교하기를, "현(縣)에 이미 십철(十哲)은 없고 사현만 승배(陞配)된 것은 바로 『대전속록(大典續錄)』의 뜻을 따른 것이나, 주(州)·부(府)·군(郡)에 이미 십철이 있는 이상, 양현을 어떻게 빼놓을 수 있겠는가?"하고, 드디어 금년 가을 석전(釋奠) 때부터 육현을 같이 승배할 것을 여러 도에 분부하라고 명하였다.[84)]

19세기에 『문묘종사지편(文廟從祀志篇)』[85)]을 보면 세종 때의 순서대로 문묘종사의 대상을 열거하는데 송조육현에 대해서는 동방 18현의 바로

---

83) 『영조실록』 영조 94권, 35년(1759 기묘 / 청 건륭(乾隆) 24년) 7월 13일(신유) 1번째 기사, 희정당에서 편차인과 예조 판서를 소견하고 사성에게 전작할 절차를 묻도록 하다.

84) 『영조실록』 영조 115권, 46년(1770 경인 /청 건륭(乾隆) 35년) 6월 13일(정해) 3번째 기사, 금년 가을 석전 때부터 육현을 같이 승배할 것을 여러 도에 명하다.

85) 정읍 충열사 간행, 1864년. 『東國文獻』의 한 편으로 된 것을 인쇄했다.

앞에 배치하고 소옹이 제외되고 여조겸이 들어 있다.

19세기가 되어 고종이 대한제국으로 국명을 바꾸고 황제가 되었을 때 고종 때 다시 육현에 대해 거론하면서 세종 때 거론되었던 단군의 의의를 강조한다. 중국의 요임금과 같은 시기의 우리나라 인물이라는 것을 강조하면서 배향하자라고 하는 저변에는 중화주의로부터 탈피하려는 시대적 흐름이 느껴진다.

송조육현 가운데 주자의 위상은 압도적이고 절대적이다. 이는 일반 서원의 배향인물로 보면 주자 이외의 인물을 모신 서원은 거의 없는 형편이다. 참고로 주자를 배향한 서원은 다음과 같다.

오봉서원(五峰書院)	1556년(명종 11)	공부자(孔夫子), 주희(朱熹), (송시열)	강원도 명주군 城山面 五峰里	현존
천곡서원(川谷書院)	1558년(명종 13) 1573년(선조6) 사액	정호(程顥), 주희(朱熹) 외 4인	경북 성주군 碧珍面 海平里	철폐
충현서원(忠賢書院)	1581년(선조 14) 1625년(인조 3) 사액	주희(朱熹) 외 8인	충남 공주군 반포면 공암리,	현존
신안서원(新安書院)	1588년(선조 21)	주희(朱熹) 외 8인	전북 임실군 임실읍 新安里	현존
신안서원(新安書院)	1628년(인조 6)	주희(朱熹), (송시열)	경북 영덕군 영덕읍 九美洞	철폐
삼천서원(三川書院)	1667년(현종 8) 1695(현종37) 사액	대상; (안자, 정호, 정이), 주희(朱熹), (제갈량)	전북 진안군 용암면 황산.	철폐
도동서원(道東書院)	1676년(숙종 2)	주희(朱熹), (안향)	전남 곡성군 悟谷面 悟枝里	현존
임장서원(臨漳書院)	1710년(숙종 36) 1713년(숙종 39) 사액	주희(朱熹), (송시열)	강원도 연천군 연첩읍 東幕里	철폐
주계서원(朱溪書院)	1725년(영조 1)	주희(朱熹), (송시열)	전북 무주군 무주읍 읍내리	철폐
자양서원(紫陽書院)	1726년(영조 2)	주희(朱熹), (송시열)	전남 함평군 해보면 上谷里	철폐
무이서원(武夷書院)	1788년(정조 12)	주희(朱熹) 외 3인	전북 순창군 팔덕면 청계리	철폐

남강서원(南康書院)	1804년(순조 4)	주희(朱熹), (송시열)	전남 강진군 강진읍	현존
삼성사(三星祠)	1681년(숙종 7) 1692년(숙종 18) 사액	주희(朱熹),	경기도 군포시 富谷洞	현존
집성사(集成祠)	1694년(숙종 20)	주희(朱熹), (송시열)	대전직할시 중구 鶴下洞	철폐
종회사(宗晦祠)	1697년(숙종 23)	주희(朱熹), (송시열)	대전직할시 동구 佳陽洞	철폐
도남사(道南祠)	1781년(정조 5)	정호(程顥), 정이(程頤),	전북 무주군 안성면 진도리	현존
모성사(慕聖祠)	1809년(순조 9)	공부자(孔夫子), 주희(朱熹) (안향, 안재)	강원도 철원군 東松邑 陽地里	철폐
집성사(集成祠)	1837년(헌종 3)	주희(朱熹)	경기도 이천군 장호원읍 梨黃里	현존
노산사(蘆山祠)	1864년(고종1)	주희(朱熹) (송시열, 이항로)	경기도 양평군 西宗面 蘆門里	현존
운동사(雲東祠)	1872년(고종 9)	주희(朱熹)	전북 완주군 비봉면 강천리	철폐
도통사(道統祠)	1889년(고종 26)	공부자(孔夫子), 주희(朱熹)(안향)	경남 진양군 대평면 하촌리	현존
덕은사(德隱祠)	1899년(고종 36)	주희(朱熹), 외 4인	경남 하동군 화개면 덕은리	현존
운곡사(雲谷祠)	1902년(고종 39)	주희(朱熹), 외 2인	전남장흥군 안양면 茅山里	현존
만세사(萬世祠)	1906년	공부자(孔夫子, 안자, 증자, 자사, 맹자, 주돈이, 장재) 주희(朱熹)(송시열)	강원도 춘성군 남면 柯亭里	현존

이 도표는 조선시대의 일반 서원과 사당에서 배향한 인물을 조사한 것인데 이 가운데 주돈이와 장재를 배향한 곳은 만세사 한 곳이며, 정호를 배향한 곳은 도남사 한 곳이며, 정이를 배향한 곳은 천곡서원과 도남사이며 소옹은 따로 배향한 곳이 없다. 송조육현 가운데 일반의 서원과 사당에는 이처럼 주희가 압도적임을 알 수 있다.

4. 맺는말

조선시대의 문묘란 종묘와 더불어 국가의 상징이었다. 그리고 임금을 비롯한 모든 백성들의 인생관과 세계관의 기준이 유교였으며 그 정점에 문묘배향의 중심인물인 공자가 있었다.

그러나 문묘에는 공자 한 사람만을 배향한 것이 아니라, 공자의 가르침을 계승한 제자들이 차례대로 배향되어 영원한 스승으로서의 존숭의 대상이 되었다.

조선시대는 유교 가운데 특별히 성리학이 국가통치의 이념이 되었는데, 그것은 단지 학문일 뿐만 아니라 정치, 경제, 사회, 문화의 모든 영역의 하나의 표준이 되는 이데올로기가 되었던 것이다.

숙종 이전까지는 송조육현 곧 송나라 시대의 성리학자인 주돈이, 정호, 정이, 장재, 소옹, 주희는 공자의 10대 제자처럼 대성전내에 봉안되지 못하고 대성전 밖에 있는 동무와 서무의 별도의 건물에서 배향되었다. 그러나 숙종대 이후는 이들의 위상이 높아져서 10대 제자와 같이 대성전내에 배향되는 위상을 갖게 된다.

이것은 임진왜란·병자호란 이후 나라의 기강이 문란해지면서 지도층이 노·소로 분열되고 성리학적 절의의 정신이 도전받는 시기와 맞물려 있다. 보수주의적 대의명분론으로 국가의 이끌려는 이들에게는 주자학을 벗어난다는 것은 혼란을 야기하는 것이기에, 역으로 주자학적 통치를 강화할 수밖에 없었던 것이다. 이것이 문묘에서 송조의 육현을 더 높이고 우리나라의 주자학적 의리의 선비들을 문묘에 배향하는 것과 궤를 같이 하는 것이다.

송조육현의 위상에서 가장 중심적 인물은 주자(朱子)라고 할 수 있지만, 그러나 주자의 선학들인 오현은 주자보다 더 높은 서열에 있다. 문묘에서의 주자의 지위는 다른 오현보다 오히려 낮은 위치인 것은 주자가 그 선인들을 스승으로 높였기 때문이다. 이 가운데 장재와 소옹은 육현 가운데 제외되는 경우도 있었다. 그리고 소옹은 역학의 대가로 오히려 민간에서 신비한 점술가로 묘사되는 경우도 있었다. 그럼에도 숙종 이후부터는 '송조육현'에 대한 이의제기는 없었다.

송조육현이 문묘에서는 완전히 종사의 대상으로 정착되었지만, 문묘가 아닌 서원에서는 주자의 위치는 절대적인 것이었다. 우리나라 서원에서 송조오현 가운데 주자를 배향하는 서원은 거의 절대다수라고 할 수 있다.

조선조의 통치는 성리학적 가치관을 표준으로 하였다. 성리학적 가치를 담은 경서는 주로 이들 송조육현의 저술이 항상 제시되어 나라를 이끌었으며, 송조의 육현은 주자학적 가치관을 구현한 선비들로 문묘에 배향되었다.

II. 조선시대 문묘종사에서 본 이상적 선비

1. 서 론

조선시대에 개인과 국가에 있어서 이상적 인물은 유교적 성인이었다. 이 유교적 성인은 공자를 필두로 하는 중국의 성인이 언제나 스승으로 추앙되었음은 재론의 여지가 없다. 그러던 것이 유교를 국가이념으로 하는 조선조에 들어와 한국의 성인으로 18현이 문묘에 제사의 대상으로 확정되었다. 이는 성인이 중국에만 있는 것이 아니라 이미 한국에도 중국에 뒤지지 않는 선비가 있음을 보여줌으로써 유교의 토착화를 의미한다. 또한 문묘종사의 논쟁을 통해 한국인이 선호해 온 이상적 스승의 기준을 파악할 수 있다.

이러한 문묘종사는 하루아침에 이루어지는 것이 아니라, 길면 100년이 걸리는 오랜 검증의 결과로 이루어진 것으로, 전통사회에서의 한국인의 모델이며 사표라고 볼 수 있는 인물들이다.

이러한 문묘종사가 이루어지기까지 수많은 논쟁이 이루어진 과정을 살펴보면서 거기에는 과연 어떤 기준이 있었는가를 알아보고자 하는 것이 이 장의 목표이다. 우선은 문묘의 의의를 조사해 보고 본론에서 문묘종사가 이루어지기까지의 과정을 조사하면서 조선시대의 이상적 선비상을 조명하고자 한다.

2. 문묘종사의 본질과 의의

1) 국가의례로서의 문묘의 위상

국가의례의 전통적인 분류체제로 제사 대상을 크게 천(天)·지(地)·인(人)으로 분류할 수 있다. 최고의 존재는 천(天)으로 중국의 황제만이 천단(天壇)에서 하늘에 제사를 올릴 수 있었다. 물론 일반인도 하늘과 별을 비롯하여 하늘에서 일어난다고 생각한 바람, 구름, 비 등을 천신(天神)으로 하여 숭앙할 수 있지만, 종법적 질서하에서는 황제만이 천(天)에 대한 공식적 의례를 거행할 수 있었다. 제후국의 국왕은 땅과 산천 등을 지지(地祇)로 하여 의례를 거행하고 일반인은 자신의 조상들인 인귀(人鬼)를 의례의 대상으로 했다.

오례는 천지산천과 종묘사직, 문선왕, 능묘 등에 대한 제사의례로서의 길례(吉禮)와, 왕실의 혼례, 각종 연회 등의 절차를 대한 가례(嘉禮)와, 외교사신 및 문서에 대한 응대 법식과 절차의 빈례(賓禮), 열병 향사 등의 군례(軍禮) 그리고 국장 등을 다루는 흉례(凶禮)로 구성되었다.

조선왕조 때의 우리나라의 유교적 국가의례는 토지신과 곡식신을 모시는 제사직의(祭社稷儀), 선왕의 신위를 모시는 향종묘의(享宗廟儀)가 중심에 있었다. 이 종묘와 사직은 대사로서 국가를 상징하며 최고의 지위를 차지한다.

그 밖에 풍운뢰우와 산천 및 성황을 모시는 사풍운뢰우(祀風雲雷雨), 성황의(城隍儀), 사영성의(祀靈星儀), 제악해독의(祭岳海瀆儀), 백성에게 농사짓는 일을 가르쳤다는 신농씨와 주나라 때 농사일을 맡은 후직의 신위를 모시는 향선농의(享先農儀), 잠신인 서릉(西陵)씨를 모시는 향선

잠의(享先蠶儀) 등이 있었다.

조선시대의 유교의례로는 문선왕(文宣王) 공자를 모시는 석전의(釋奠儀)를 들 수 있는데 이것이 바로 문묘의례라고 할 수 있다. '문묘(文廟)'라고 하는 제사영역을 갖추고 있는 이 공간 앞을 행차할 경우에는 말에서 내려야 하며, 감사가 군·현을 순방할 때 혹은 수령이 새로운 근무지에 도착했을 때 반드시 문묘참배를 했다. 뿐만 아니라 지방관은 석전제 때에 초헌관으로 참례했다. 향교에서는 춘추의 문묘의례(석전)와 삭망분향의 향사(享祀)를 통한 교화의 기능을 수행했으며, 유가적 규범을 보급했던 중요한 의례였다.

2) 향교의례로서의 문묘의례

유교의 성인들을 제사 지내고 공식적인 학교교육의 중심이었던 향교는 이 두가지 목적을 수행하기 위해 고려조부터 향교의 건물은 '묘학동궁(廟學同宮)'의 제도를 취하였다. 즉, 공자 이하 십철(十哲) 72현(賢)을 모신 대성전(공자묘)을 중심에 두고 그 앞의 동서로 무를 설치하여 제생(諸生)들이 거접(居接) 강독하게 하고 입구에 문을 설치하였다.

공자 이하 제현을 봉향하는 대성전은 애초에 화상을 봉안하였던 신라의 국자감을 이어받은 것으로 생각된다. 신라 진덕여왕 2년(648) 김춘추가 당의 국학에서 석전을 행하는 것을 보고 온 이후, 성덕왕 16년(717) 태감(太監) 수충(守忠)이 당으로부터 문선왕(文宣王)과 십철(十哲) 72제자의 화상을 가져와서 태학에 비치하게 한 일이 있었다.

고려 숙종 6년(1101) 국자감의 문선왕전에 새로 61자(子) 22현(賢)의 화상을 봉안하고 석전에 곧 문묘에 종사하게 한 제도는 각 지방에 그대로 통용되었다고 볼 수 없다. 여러 가지 기록에서 모이는 바로는 오성(五聖) 십철(十哲)만 향교에 모신 것을 나타나기 때문이다. 그 밖에 중앙의 성균관에서는 현종 11년(1011) 최치원을 문묘에 배향하였고, 13년(1103)에는 설총을 홍유후(弘儒侯)로 추증하여 종사하였으며, 충숙왕 6년(1319)에는 안향을 종사하게 하였는데, 지방의 향교에서도 그렇게 하였는지는 분명하지 않다.

이 문묘는 왕조의 교체와 관계없이 고려조의 향교가 조선조의 향교로 이어지면서 적어도 『동국여지승람』이 완성된 성종 17년(1488)까지는 전국에 일읍일교(一邑一校)의 체제를 갖추게 되었다.

비록 조선후기의 향교가 피폐했다고는 하지만 그 고유의 기능인 춘추의 문묘의례(석전)와 삭망분향의 향사(享祀)를 통한 교화의 기능은 그대로 유지하고 있었다. 특히 석전은 유가적 규범의 온존 및 보급의 차원에서 중요시되었을 뿐만 아니라 그 행사에 회동한 사람들이 일향(一鄕)의 공론을 조성했다.

3) 문묘의례(석전)의 유래와 대상

문묘의례를 석전(釋奠)이라고 말한다. 원래 '석(釋)'은 '놓다(舍)' 또는 '두다(置)'의 의미를 지닌 글자로서 '베풀다' 또는 '차려놓다'라는 뜻이다.
'두다(置)'의 의미를 지닌 글자로서 '베풀다' 또는 '차려놓다'라는 뜻이다.
또한 '전(奠)'은 일종의 상형문자로서 '酋'(오래된 술 추)와 '대(大)'의 합성자이다. 여기에서 '추(酋)'는 술병에 수를 담아 놓고 덮개를 덮어 놓은 형상으로, 빚은 지 오래된 술을 의미하며, '대(大)'는 물건을 얹어 두는 받침대의 모습을 상징한다. 따라서 이는 곧 정성스레 빚은 술을 받들어 올린다는 뜻이다.

이와 유사한 것으로서는 석채(釋菜)가 있는데 이는 나물 종류 등 만을 차려 올리는 단조로운 차림으로서 음악이 연주되지 않는 조촐한 의식이며, 이에 비해 석전은 생폐(牲幣)와 합악(合樂)과 헌수(獻酬)가 있는 성대한 제전이다.

문묘의례(석전)는 '정제(丁祭)' 또는 '상정제(上丁祭)'라는 별칭으로도 불리웠는데 이는 석전을 매년 봄과 가을에 걸쳐 2차례씩 음력 2월과 8월의 상정일(上丁日)을 택하여 봉행하여 온 데서 비롯된 것이다.

문묘종사의 대상이 되는 중국의 성인은 다음과 같다.

1. 대성지성문선왕(大成至聖文宣王) 공자(孔子) (기원전 551-478)
   당 현종 개원(開元; 739년) 27년 문선왕으로 추시(追諡)됨
   원 무종 대덕(大德) 11년 대성지성문선왕(大成至聖文宣王)으로 가봉

2. 사성위(四聖位)
- 복성공(復聖公) 안자(顔子) (기원전 521-490)
- 종성공(宗聖公) 증자(曾子) (기원전 505- 436) 증삼(曾參),
- 술성공(述聖公) 자사(子思) (기원전 483-402) 공급(孔伋)
- 아성공(亞聖公) 맹자(孟子) (기원전 372-289)

3. 10대 제자(孔門十哲)
- 민손(閔損) (기원전 507-?)
- 염경(冉耕) (기원전 544-?)
- 염옹(冉雍) (기원전 522-?)
- 재여(宰予) (기원전 522-458)
- 단목사(端木賜) (기원전 507-420)
- 염구(冉求) (기원전 522-489)
- 중유(仲由) (기원전 542-480)
- 언언(言偃) (기원전 506-?)
- 복상(卜商) (기원전 507-400)

• 전손사(顓孫師) (기원전 503-?)

4. 송조 오현

• 도국공(道國公) 주돈이(周敦頤, 1017-1073)
• 예국공(豫國公) 정 호(程 顥, 1032-1085)
• 낙국공(洛國公) 정 이(程 頤, 1033-1077)
• 신안백(新安伯) 소 옹(邵 雍, 1011-1077)
• 미백(郿伯) 장 재(張 載, 1027-1077)
• 휘국공(徽國公) 주 희(朱 熹, 1130-1200)

3. 고려시대 문묘종사의 대상이 된 한국의 선비

1) 문창후(文昌侯) 최치원(崔致遠, 857-?)

호는 고운(孤雲)이고 경주최씨의 시조이다. 신라 때의 인물이지만 고려 현종 11년(1020) 문창후로 봉해졌으며 문묘종사가 결정되었다. 그의 학문은 인간의 자기 존재를 구현하고자 하는 '위지지학(爲己之學)'에 있었음을 확인할 수 있다. 또한 고운이 지향한 정치적 이상은 인정(仁政)에 근거한 요순의 정치이며, 궁극적으로는 유교의 대동사회의 실현에 있었다.[86] 그는 1020년(현종 11, 경신) 8월 내사령(內史令)에 추증되고 문묘에 배향되었으며[87] 1023년(현종 14) 계해 3월 문창후에 추봉되었다. 고려 국가의 제

86) 오석원, 「최치원의 유교사상」, 『동양철학연구』 30집. p.6.

87) 김부식, 『삼국사기』, 「최치원열전」 "현종이 왕위에 계실 때 최치원이 조상의 왕업을 몰래 도왔으니 그 공을 잊을 수 없다고 하여 명을 내려 내사령을 추증하고 14년 태평 2년 임술 5월에 文昌侯라는 시호를 추증하였다. (확인필요)

도 정비는 최치원의 유교적 정치이념과 긴밀히 관련되었다.

2) 홍유후(弘儒候) 설총(薛聰, 650-740)

신라의 인물은 고승 원효대사의 아들이다. 고려 현종 13년(1022) 홍유후의 시호를 받고 문묘에 종사되었다. 설총은 강수, 최치원과 함께 신라 삼문장의 한 사람으로 불렸고,『삼국유사』에서는 경(經)과 사(史)에 두루 통달했다(博通經史)고 하여 신라 십현(十賢)의 한 명으로 칭했다. 중국의 경전을 우리식으로 읽은 현토라는 것은 중국이나 일본에는 없는 것으로, 우리나라만이 독특하게 한문을 읽는 방법으로 해석의 방법이다. 즉 현토하여 읽는 것만으로도 기본적으로는 우리말로 해석하는 것이 되기 때문이다.[88]

3) 문성공(文成公) 안향(安珦, 1243-1306)

유일하게 고려시대에 문묘에 종사된 고려시대의 인물이다. 고려 충렬왕 32년(1306) 문성이라는 시호를 받았고, 충숙왕 6년(1319)에 문묘에 종사되었다. 47세(1289) 원나라가 고려에 설치한 고려유학 제거(提擧)에 임명되어 국가의 유학진흥과 교육부문의 명예수장이 된다. 이를 계기로 같은 해 충렬왕의 원나라 행차에 수행하여 원나라의 수도(북경)에서 주자의 글을 접하게 된다. 그는 주자의 저술을 처음으로 접하게 되고, 주자의 사상을 마음속 깊이 찬동하게 되어 주자를 유학의 정통학맥으로 인정한다. 그리하여 전체 수행기간이 5개월 밖에 되지 않는 짧은 일정 속에서도

88) 조준하,「설총과 九經에 관한 고찰」p.105.

손수 주자의 책을 기록하고 공자와 주자의 초상화를 모사하여 이듬해 (1290) 봄에 귀국하였다.[89)]

55세(1297)에 사저에 정사를 지어 공자와 주자의 초상을 봉안하고, 조석으로 참배하여 그들의 정신을 이어 받으려 했으며, 마침내 자신의 호마저 주자를 경모하는 의미에서 주자의 호인 '회암(晦庵)'의 한 글자를 본떠서 '회헌(晦軒)'이라고 하였다.[90)] 56세(1298) 집현전 태학사 수문전 태학사의 관직에 있었다. 원나라 수도에서 문묘를 배알하고 원나라 학관들과 성리설을 변론하는 과정에서 회헌의 변론이 주자설과 합치된다고 하여, 원나라 학관들이 회헌을 '동방의 주자'라고 경탄하여 그의 초상화를 그려갔다는 기록이 전해진다.[91)]

62세(1304)에 대성전이 준공되었고, 섬학전을 설치하여 국학을 일으킨 공로로 사후(1319)에 문묘에 배향된다. 성리학의 선각자이나 고려국학의 부흥자라고 할 수 있을 것이다.

---

89) 윤원현, 「회헌 안향의 행적과 사상에 대한 비판적 검토」『동서철학연구』 35호. p.287.

90) 앞의 논문, p.288.

91) 앞의 논문, p.288.

4. 조선시대에 문묘종사에서 본 이상적 인물

1) 정몽주(鄭夢周), 의리정신의 사표

정몽주(鄭夢周. 1337-1392)가 문묘종사의 인물로 추천된 것은 중종 때이다. 첫 번째 추천 이유는 성리학의 출발이 정몽주로부터 시작되었다는 것이다. 정몽주는 동방이학의 으뜸인 바, 그 이유는 상례를 정리하였다고 중시되었다. 그래서 최치원, 설총 안향과 더불어 충분히 문묘종사될 자격이 있다고 하여 최초로 종사를 청했다.[92)]

그러나 가장 중요한 것은 그의 왕조에 대한 의리정신이다. 조선왕조를 반대했지만 오히려 조선왕조에서는 그에게 이미 조선 태종 원년 문충(文忠)이라는 시호를 수여했다. 그리고 사림파들이 정권의 중심에 자리하게 된 중종 12년(1517) 문묘종사에 종사되었다. 정몽주의 문묘종사 운동은 조광조를 비롯한 도학파들이 주도했으며, 사림들이 이에 동조하는 형태로 추진되었다.

> "고려 말에 유종(儒宗) 정몽주(鄭夢周)가 태어나 성리(性理)를 연구하여 학문이 깊고 넓어서, 오지(奧旨)를 혼자 알되 선유(先儒)와 절로 맞았으며, 충효(忠孝)의 대절(大節)이 당대를 용동(聳動)하였으며, 부모의 상(喪)을 입고 사당을 세우는 것을 한결같이 『가례(家禮)』대로 하였으며, 문물(文物) 의장(儀章)이 다 그가 다시 정한 것이었으며, 학교를 세워서 유학(儒學)을 크게 일으켜 사도(斯道)를 밝혀서 후학(後學)에게 열어 준 것은 우리나라에 이 한 사람이 있을 뿐이니, 학문을 주자(周子) · 정자(程子)에 비하면 참으로 차이가 있겠으나 공로를 주자 · 정자에 비하면 거의 같습니다."[93)]

---

92) 『중종실록』 권.12. 중종 5년. 10월 신축일. 이여가 정몽주의 문묘 종사를 청하다.
93) 『중종실록』 권.29. 중종 12년 8월 경술일. 김굉필 등을 문묘에 종사하도록 성균 생원

여러 세대를 거치면서 국왕과 조정의 주도로 계속되어 온 정몽주에 대한 추숭 사업의 결과, 당시의 누구라도 정몽주에 대해 정면으로 비판하기는 어려운 상황이었다. 그러한 기반 위에 중종대의 사림은 그를 조선 도학의 선구자로 자리매김하였던 것이다.[94)]

여기서 주목할 만한 것은 학문보다는 그가 보여준 절의가 문묘종사의 중요한 기준이 되었다는 것을 알 수 있다. 그러나 함께 추천된 김굉필은 문묘종사에 추천되지 못하였는데 그 이유는 당시의 사림의 중심에 있던 조광조를 반대하는 입장에 있던 당파들의 반대가 있었기 때문이다. 그러나 조광조와 김굉필을 반대하는 사람들도 정몽주를 반대할 이유가 마땅하지 않았기 때문에 도학파들이 강하게 청하였던 김굉필은 수용되지 않고 노력의 결과가 최초론 문묘종사의 대상으로 정몽주가 선정되었던 것이다.

2) 오현(五賢), 정학(正學)과 덕행(德行)의 사표

중종 때 정몽주만이 문묘종사가 확정된 후 다시 문묘종사로 거론된 것은 선조 때 김굉필을 비롯해서 정여창, 이언적, 조광조 그리고 이황이었다. 이황은 앞선 4명의 선비들을 문묘종사로 추천하다가 사후에 함께 포함되어 5현이 되었던 것이다. 이 오현에 대한 문묘종사의 이유에 대해서 당시의 상소문은 이렇게 말하고 있다.

> "신들이 생각해 보건대 하늘이 우리나라를 돌보아주시어 열성(列聖)이 서로 이어 받으심으로써 오랜 세월 동안 돈독하게 배양하셨으므로 옛날보다

권전 등이 상소.

94) 위의 논문. p.66.

더 많은 인재가 쏟아져 나왔습니다. 당대의 인물을 보건대, 문경공(文敬公) 신(臣) 김굉필(金宏弼), 문헌공(文獻公) 신 정여창(鄭汝昌), 문정공(文正公) 신 조광조(趙光祖), 문원공(文元公) 신 이언적(李彦迪), 문순공(文純公) 신 이황(李滉) 등이 모두 출중한 자질을 지니고 울연(蔚然)히 서로 이어 태어났는데, 학문은 성인들의 정미(精微)한 경지까지 이르렀고 행실은 군자의 순수(純粹)함을 구비하였으니 참으로 세상에 드문 진유(眞儒)요 백세(百世)의 종사(宗師)라 하겠습니다. 그런데도 아직 존숭하는 전례(典禮)가 없어 필분(苾芬)의 제사를 받지 못하고 있으니, 어찌 성명(聖明)한 조정의 일대 흠이 아니겠습니까."[95]

이 오현의 공은 중국 문헌의 진수를 터득하여 우리나라 선비들의 올바른 학문을 제창하였다. 항간(巷間)의 선비들이 그들의 풍모와 인품을 사모하여, 모두들 선을 좋아하고 악을 미워하며 아들은 효도하고 신하는 충성하며 유교를 숭상하고 이단(異端)을 배척할 줄 알게 되었다. 특히 이런 선비를 존중하고 문묘(文廟)를 재건하여 친히 석전제(釋奠祭)를 거행하고, 사도(斯道)를 부식함으로써 중흥(中興)의 기틀을 만들어야 한다. 오현을 종사(從祀)하는 대열에 참여되지 못했다고 하면 성조(聖朝)에 흠이 될 것이라고 건의했다.[96]

정몽주 이후로 의리정신의 구현은 학자를 가늠하는 중요한 잣대가 되었는데, 학자적 자세와 도덕적 실천이 중요한 기준이었음을 알 수 있다. 이런 상소에도 불구하고 선조 시 문묘종사는 이루어지지 않지만 적어도 진정한 선비이며 영원한 스승으로서의 모범이 되는 인물로 오현이 제시되었다는 점에서 의의가 있다.

---

95) 『선조실록』 권 172. 선조 37년 3월 경오일. 성균관 생원 조명욱 등의 5현의 문묘배향 재차 상소문.

96) 『선조실록』 권 172. 선조 37년 3월 기사일. 성균관 생원들의 김굉필 · 정여창 · 조광조 이언적 · 이황의 문묘배향 상소문.

(1) 문경공(文敬公) 김굉필(金宏弼, 1454-1504)

호는 한훤당(寒喧堂)이며, 김종직의 제자이다. 『소학』을 중시하여 읽고 실천했다. 선조 7년 문경공 시호를 받고 1610년(광해 2년)에 문묘종사되었다. 중종 때 정몽주와 함께 이미 추천되었던 바, 그의 자질에 대해 당시의 상소문에서는 다음과 같이 기록하고 있다.

> "김굉필의 사람됨은 기국(氣局)이 단정하고 성행(性行)이 닦이고 깨끗하며, 성학(聖學)에 뜻을 도타이하고 실천에 힘써서 보고 듣고 말하고 움직이는 것이 모두 공경스럽고, 높이 앉으면 엄연(儼然)하고 가까이 가면 온연(溫然)하며, 사람을 간절하게 가르쳐서 애연(藹然)히 지극한 정성을 보이며, 배우러 가는 자가 있으면 누구에게나 『소학(小學)』·『대학(大學)』을 가르쳐서 규모가 이미 정해져 있고 절목(節目)에 질서가 있으며, 정치가 문란한 세상을 만나서 환난(患難)을 당하였으나 태연히 처신하여 도탑고 공경스런 공부를 처음과 같이 하여 늦추지 않고 죽을 때까지 밤낮으로 계속하였습니다. 그에게 배운 자는 사도(斯道)의 본지(本旨)를 얻어 듣고, 그를 만난 자는 이 사람의 풍의(風儀)를 앙모(仰慕)하였으며, 금세의 학자가 그를 태산북두(泰山北斗)처럼 생각하여 덕행(德行)을 귀하게 여기고 문예(文藝)를 천하게 여기며, 경술(經術)을 존중하고 이단(異端)을 억제할 줄 알았으니, 전하께서 호오(好惡)를 밝히고 취사(取捨)를 살펴서 강기(綱紀)를 정돈하고 풍화(風化)를 선양(宣揚)하고자 하시는 것이 실로 김굉필의 힘에 말미암은 것입니다."[97]

그러나 이 상소에 대해서 부정적인 반응이 있었고 관철되지 못했다. 이것은 조광조의 스승이라는 점에서 곧 당파의 이해와 관련이 있었기 때문에 거부되었던 것이다.

여기서 반대하는 사람들의 논리는 김굉필을 종사하게 하고 그것을 빙

---

97) 『중종실록』 권29. 중종 12년 8월 경술일. 김굉필 등을 문묘에 종사하도록 성균 생원 권전 등이 상소.

자하여 당(黨)을 세우자는 데에 뜻이 있다고 하여 부정적으로 보고 문묘종사는 거부되었다. 그러나 김굉필에 대한 문묘종사는 선조 때도 계속되었고 다른 네 명의 선비와 함께 문묘종사에 추천되었다. 그 상소문에서는 다음과 같이 말한다.

> "김굉필은 어려서부터 큰 뜻을 품고 성현의 학문에 진력했는데 『소학(小學)』으로 자신을 단속하면서 학문의 경지에 깊이 몰입하였습니다. 그리하여 언행이 충신(忠信)하고 독경(篤敬)하여 매사에 예의를 준행(遵行)하면서 끊어진 학문을 일으켜 세워 세상의 유종(儒宗)이 되었으니, 사문(斯文)에 공로가 크다고 하겠습니다."[98)]

유교의 학문에 충실히 공부했고 특히 실천윤리라고 할 수 있는 소학의 정신에 진력했으며 유교의 종장으로서 문묘종사의 대상으로 자격을 갖추었다는 것이었다. 소학정신 혹은 위지지학의 선비정신은 사림파에서 중시한 도통의 내용이라 할 수 있다.

(2) 문헌공(文獻公) 정여창(鄭汝昌, 1450-1504)

호는 일두(一蠹)이고, 1610년(광해 2년) 다른 네 선비와 더불어 문묘종사되었다. 그에 대한 추천의 내용은 다음과 같다.

> "정여창은 일찍부터 분발하여 널리 경전(經傳)을 섭렵했는데 궁리(窮理)를 독서의 요체로 삼고 마음갖기를 속이지 않는 것으로 위주로 하였습니다. 체용(體用)의 학문을 통달(通達)하고 가정(家庭) 내의 행신을 도탑게 하였으며 김굉필과 학문의 벗이 되어 사도(斯道)를 강명(講明)했으니, 사문에 또한 공이 크다고 하겠습니다."[99)]

---

98) 『선조실록』 권172. 선조 37년 3월 기사일. 성균관 생원들의 김굉필 · 정여창 · 조광조 이언적 · 이황의 문묘배향 상소문.

99) 『선조실록』 권172. 선조 37년 3월 기사일. 성균관 생원들의 김굉필 · 정여창 · 조광조

조선조 성리학의 도통을 이은 김종직은 문묘종사가 이루어지지 않았지만 그 두 제자 김굉필과 정여창은 스승으로서 공인되었다.

(3) 문정공(文正公) 조광조(趙光祖, 1482-1519)

호는 정암(靜庵)이다. 선조 1년 문정공 시호 받았으며, 광해 2년(1610) 다른 네 선비와 더불어 문묘종사되었다. 조광조에 대해서는 이미 선조 1년(1568) 4월에 사간원은 조광조의 복관을 청하면서 그의 문묘종사도 아울러 요구하였던 것이다. 사간원의 요구로 선조는 조광조를 복관시켰지만 문묘종사는 허락하지 않았다.[100] 오현의 문묘종사를 주장하던 이들은 조광조의 인품에 대해 다음과 같이 평하고 있다.

> "조광조는 천품이 매우 특이하여 제배(儕輩)들보다 뛰어났었는데 험란한 시대에 유배 생활을 하던 김굉필을 좇아 군자의 위기(爲己)하는 학문을 배웠습니다. 그 뒤 임금에게 신임을 받고 국정(國政)을 행하게 되어서는 평소에 쌓은 포부를 펼쳐 나갔는데, 『소학(小學)』의 가르침을 일으키고 향약(鄉約)의 제도를 시행하는 등 선왕(先王)의 법도를 차례로 거행하여 요순(堯舜)의 치적을 기대할 정도가 되었습니다. 그러나 중도에 참소를 당해 뜻을 이루지 못한 채 영영 떠나고 말았으니, 지금 생각해도 무의식중에 길이 탄식을 하고는 합니다. 그러나 그가 끼친 유풍(遺風)과 혜택은 지금도 없어지지 않았으니, 우리 국가의 정학(正學)의 일맥(一脈)이 그래도 실가닥처럼 이어져 끊어지지 않은 것은 조광조의 공이 아니고 누구의 공이겠습니까."[101]

위기지학으로서의 조광조의 학문은 정몽주로부터 시작한 의리지학의

이언적 · 이황의 문묘배향 상소문.

100) 진상원, 「조선중기 도학의 정통계보 성립과 문묘종사」 『한국사연구』 128호. p.171.

101) 『선조실록』 권172. 선조 37년 3월 기사일. 성균관 생원들의 김굉필 · 정여창 · 조광조 이언적 · 이황의 문묘배향 상소문.

충실한 계승자이라고 평하는 것이다. 그런데 율곡 이이는 조광조야 말로 오현 가운데 가장 중요한 인물이며 진정한 선비라고 찬탄했다.[102] 율곡은 주자학의 정통을 이은 것은 조광조이며 이런 점에도 실제적으로 조선조 도학의 진정한 시발을 조정암으로 삼는다.

(4) 문원공(文元公) 이언적(李彦迪, 1491-1553)

호는 회재(晦齋)로 선조 38년 문원공의 시호를 받았다. 광해군 2년(1610) 다른 네 명의 선비와 더불어 문묘종사되었다. 그때 상소문에서 다음과 같이 평했다.

> "이언적은 도기(道器)의 천품을 타고 나 영오(潁悟)함이 누구부다도 뛰어났습니다. 수수(授受)한 곳이 없는데도 사학(斯學)에 스스로 분발하여, 실행하는 공부에 마음을 두고 격치(格致)에 힘을 기울였습니다. 오잠(五箴)과 삼성(三省)으로 자신을 더욱 엄하게 다스리고 팔규(八規)와 십목(十目)으로 임금의 잘못을 더욱 간절하게 바로잡았으며 모든 저술이 사도(斯道)를 우익(羽翼)한 것 아닌 것이 없었으니, 중종(中宗)께서 '옛적의 진덕수(眞德秀)도 이보다 나을 수 없을 것이다'고 칭찬하신 것도 이런 이유에서였습니다."[103]

(5) 문순공(文純公) 이황(李滉, 1501-1570)

호는 퇴계(退溪)이며 60세에 도산서당을 짓고 후진을 양성했다. 선조 9년 문순공으로 시호를 받았으며, 광해군 2년(1610) 다른 네 선비와 함께 문묘종사되었다. 당시 상소문에 그를 다음과 같이 평했다.

---

102) 『율곡전서』 권4. 「疏箚二.代白叅贊仁傑論時事疏」.

103) 『선조실록』 권172. 선조 37년. 3월 기사일. 성균관 생원들의 김굉필 · 정여창 · 조광조 이언적 · 이황의 문묘배향 상소문.

> "이황의 경우는 더욱 훌륭한 점이 있습니다. 자품이 고매(高邁)한 데다 수양이 넓고도 깊었는데, 강구(講究)하는 데 온 정력을 기울여 미묘한 이치를 환히 밝혔습니다. 그리하여 격물(格物)·치지(致知)·성의(誠意)·정심(正心)의 학문에 대해 모두 발명(發明)하고 회오(會悟)함이 있게 되었는데, 광명(光明)하고 위대한 그의 일생이야말로 순수한 정도(正道)의 경지에서 나온 것이라 하겠습니다. 입조(立朝)해서는 염방(廉方)과 정직으로 마음을 삼고 임금을 섬김에 있어서는 잘못을 바로잡아 도에 나아가게 하는 것을 급선무로 삼았습니다. 십도(十圖)의 글과 육조(六條)의 상소가 모두 제유(諸儒)의 잘잘못을 가리고 이단(異端)의 그릇된 점을 배척하지 않은 것이 없고 보면, 4현을 집대성(集大成)하여 우리 동방(東方)의 고정(考亭)이 된 이가 바로 이 사람이 아니겠습니까."[104)]

추천된 오현 가운데 이의가 제기되었던 선비는 이언적과 이황이었는데, 이들을 반대한 인물은 정인홍으로 그의 스승인 조식에 대한 부정적 평가를 한 것에 대해 서운한 감정으로 반대했다.[105)]

그러나 정인홍의 반대는 받아들이지 않았고, 후학을 개도하고 깊은 묘리를 발명하여 그가 사문에 기여한 공이 매우 컸기 때문에 학자들이 우리 동방의 주자라고 일컬었으니, 대체로 그 말이 이황의 실력과 덕행에 가까운 진실이라고 하여 호평하였다.[106)] 이언적의 경우도 '그의 심사가 분명하므로 결코 의심할 것이 없다. 일시의 명인(名人)과 거유(鉅儒)들이 그의 학문을 추존하여 모두 스스로 미칠 수 없다고 여겼으며, 이황 역시 끊어진 학문을 전하였다는 것으로 그를 높였는데, 사람들에게 이러한 인정

104) 『선조실록』 권172. 선조 37년 3월 기사일. 성균관 생원들의 김굉필·정여창·조광조·이언적·이황의 문묘배향 상소문.

105) 『광해군일기』 권39. 3월 병인일. 정인홍이 이언적과 이황을 비방하고 문묘 종사가 부당함을 극론하다.

106) 『광해군일기』 권39. 3월 병인일. 정인홍이 이언적과 이황을 비방하고 문묘 종사가 부당함을 극론하다.

을 얻은 것은 반드시 그 까닭이 있는 것이다'라고 하였다.[107]

3) 이이(李珥)와 성혼(成渾), 정통과 이단논쟁 속에서 검증된 학통과 덕행

이이와 성혼의 문묘종사에 대한 건의는 인조 3년부터 시작되었다. 이러한 청에도 불구하고 인조 때 두 현인에 대한 문묘종사는 이루어지지 않았다. 효종 때도 문묘종사의 요청은 계속되었다. 그리고 두 선비가 정몽주에서부터 시작한 도통 그리고 오현의 올곧은 정신을 제대로 이어받은 인물이라고 추천되었다.

> "아조(我朝)의 선현(先賢) 중에 조광조(趙光祖)는 도학(道學)을 밝혔고, 이황(李滉)은 이굴(理窟)에 침잠하였으니, 이 두 분이야말로 가장 뛰어나다고 하겠습니다만, 그 뒤로는 이이(李珥)와 성혼(成渾)만한 이가 있지 않습니다. 이것은 신의 말이 아니라 그동안 선배들의 말이 모두 그러합니다. 이이는 천품이 고매하고 충양(充養)이 순수하며 식견(識見)이 통투(通透)하고 행선(行善)이 민용(敏勇)하니, 이점에서는 우리나라 역사 이래로 있지 않았던 일인 듯싶습니다. 그리고 성혼은 고명(高明)함이나 투철(透徹)한 면에서는 이이에게 못 미치는 듯하더라도 지조의 엄격함과 행실의 독실함은 실로 이이와 서로 비슷하니, 모두 세상에 드문 대현(大賢)입니다."[108]

흥미로운 것은 이이 단독으로 추천된 것이 아니라 성혼이 끝까지 함께 추천되었으며, 학문은 이이에 비해서 다소 못 미치지만 지조와 행실은 서로 비슷하다고 하였다. 그러나 두 선비가 문묘종사에 적절하지 않다는

107) 『광해군일기』 권39. 3월 병인일. 정인홍이 이언적과 이황을 비방하고 문묘 종사가 부당함을 극론하다.

108) 『효종실록』 권4. 인조 1년. 7월 계유일. 우의정 조익이 조광조 · 이황 · 이이 · 성혼의 덕을 정확히 알도록 아뢰다.

반대의견도 나왔다. 그 내용을 요약해 보자면 도통의 계승은 신중해야 하는데 이이와 성혼은 공맹과 정주의 학통에 문제가 있다는 것이었다. 이이는 이황의 이기론과 차이가 있으며, 나정암(羅整庵)의 학문을 자득한 바 있는 것으로 칭찬했던 점도 미심적은 것이며 불교에 대해 경도되었던 점에서 적절하지 않으며 성혼은 거론할 필요도 없이 이이의 수준에도 미치지 못한다는 요지였다.[109)]

(1) 문성공(文成公) 이이(李 珥, 1536-1584)

호는 율곡(栗谷)이며, 인조 2년 문성공의 시호를 받았다. 숙종 8년(1682)에 문묘에 종사되었다. 이이에 대한 문묘종사는 인조 때부터 시작되었는데 그가 문묘종사의 대상이 될 만한 인물이라는 것에 대한 상소문을 검토해 보면, 그의 도학은 지행(知行)을 겸비하여 온전하고 정주(程朱)의 진정한 도맥을 체득했다. 동시에 후학들을 위해서 『격몽요결(擊蒙要訣)』을 집필하고 왕을 위해 『성학집람(聖學輯覽)』을 편찬해서 선유들이 확정하지 못한 논리를 정연하게 정리했다. 뿐만 아니라 정치에 참여하여서도 굉원한 계책이 치밀하여 선조를 도왔다는 요지였다.[110)]

이러한 상소는 며칠 후에도 이어지는데 이이의 순수한 도학과 뛰어난 조예로 성리의 근원을 통찰하였으며, 세도를 만회하고 백성을 구제하는 일로 자신의 임무를 삼아 주자의 바른 계통을 이어받았으며, 이는 이황(李滉) 이후로 유일한 선비라고 했다.[111)] 동시에 이이에 대해서는 주자학

---

109) 『인조실록』 권31. 인조 13년. 6월 갑신일. 이이 등의 문묘 종사 문제로 의견이 대립하다.

110) 『인조실록』 권31. 인조 13년. 5월 경신일. 관학 유생 송시형 등 2백 70여 명이 성혼과 이이의 문묘 종사를 건의하다.

111) 『인조실록』 권 31. 인조 13년 5월 임술일. 오윤겸과 조익이, 문묘 종사 건에 관계하여

적 도통에 어긋나 이단의 일면이 있다고 하여 문묘종사에 적절하지 않다는 반대의견도 있었다.

첫째는 금강산에 입산을 하여 불교를 공부했다는 것이어서 사마시에 뽑혔을 때 문묘배알이 허락되지 않았다는 점을 들었다. '이이가 천륜(天倫)을 끊고서 공문(空門)에 도망하여 숨은 것은 참으로 명교(名敎)에 죄를 얻은 것이니, 그 당시에도 사마시에 뽑혀서 성묘(聖廟)에 배알하는 것을 오히려 허락하지 않았습니다'[112]라는 반대 의견은 일찍이 다른 선비에게 없었던 예리한 비판이었다. 이들은 특이 이황과 대립된 이기론에 대해서도 정통이 아니라고 공격했다.

이황과 이기론과는 달리 이보다는 기를 주장한 것에 대해 이의를 제기하였다.

> "이이의 학(學)은 오로지 기(氣)자만을 주장하여 기를 이(理)로 알았습니다. 이때문에 이와 기를 같은 것으로 여겨 다시 분별함이 없었으며, 심지어 마음이 바로 기이고 사단(四端)과 칠정(七情)이 모두 기에서 생긴 것이라고 하였습니다."[113]

이러한 이이의 기에 경도된 생각은 정통성리학의 입장이 아니며 퇴계와도 배치되는 것으로 유학의 정통이 아니므로 문묘종사의 인물로 부적합하다는 것이었다.

이에 대해 이이가 불교에 빠졌던 것은 사실이지만 그것은 중국의 학자들의 경우에도 젊은 시절에 있었던 일로 큰 흠이 되지 않는다고 주장했

내린 답을 듣고 글을 올리다.

112) 『효종실록』 권3. 효종 1년. 2월 을사일. 경상도 진사 유직 등 9명이 이이와 성혼의 성묘에의 종사를 반대하는 상소를 올리다.

113) 『효종실록』 권3. 효종 1년. 2월 을사일. 경상도 진사 유직 등 9명이 이이와 성혼의 성묘에의 종사를 반대하는 상소를 올리다.

다. '대저 유학이 정도이고 석씨가 사교라는 것은 세상에서 아무리 못난 자라도 알 수 있음에도 정주 두 선현이 잘못 빠져들음을 면치 못한 것은 어째서겠습니까. 석씨의 학설이 나름대로 십분 이치에 가까운 데가 있기 때문에, 재질이 고명한 자가 구도하는 마음은 아주 간절하고 마음씀은 너무 예민한 나머지 쉽게 흘러드는 것은 형세가 진실로 그렇게 되어 있어서이니, 이이의 일도 역시 이러한 것입니다.'[114]라고 했고, 이어서 그의 학문도 하나도 이상이 없는 정통적 성리학임을 말한다.

(2) 문간공(文簡公) 성혼(成渾, 1535-1598)

호는 우계(牛溪)이고 인조 11년 문간공의 시호를 받았으며, 숙종 8년(1682)에 이이와 함께 문묘종사되었다. 인조 때 송시형 등 유생 270명이 성혼의 문묘종사를 청하면서 다음과 같이 평했다.

> "신(臣) 성혼은 천품이 돈후하고 장중하여 독실이 배우고 힘써 실행하여 동정(動靜)과 어묵(語默)에 있어서 한결같이 『소학(小學)』·『가례(家禮)』로 준칙을 삼았으며, 소신의 엄정함은 한 점의 부끄러움도 없고 효제의 품행은 신명과도 통할 만하였으며, 덕기(德器)가 성취됨에 따라 표리가 한결같았습니다. 그러므로 신 이이가 그의 독실한 면은 미칠 수 없다고 매번 말하였습니다. 일찍이 이이와 사귀며 절차탁마하였는데, 서로 뜻이 맞고 도가 통하였습니다. 그 뒤 이이는 벼슬에 진출하여 세도(世道)를 담당했고, 성혼은 시골에 묻혀 살면서 비록 은지(恩旨)에 쫓겨서 이따금 연하(輦下)에 나아오기는 하였으나, 그의 속마음은 늘 산야를 잊지 못하였습니다."[115]

---

114) 『인조실록』 권31. 인조 13년 5월 임술일. 문묘 종사 건으로 송시형 등이 다섯 차례의 상소를 올리다.

115) 『인조실록』 권31. 인조 13년. 5월 경신일. 관학 유생 송시형 등 2백 70여 명이 성혼과 이이의 문묘 종사를 건의하다.

뿐만 아니라 성혼의 학문은 가정에서 전수받은 것으로, 엄정하고 돈독하며 장중하고 안온하며, 언어 동작이 하나같이 성현의 교훈을 준수하여 강명(講明)과 천리(踐履)에 모두 공부가 성숙되었고, 또 본원을 조존(操存)하는 데에 더더욱 힘을 기울였다고 평했다. 그리고 이이와는 도의로 사귀어 일찍이 사단(四端) · 칠정(七情) · 이기(理氣) 등의 학설로 수없이 편지를 왕복하였는데, 선유들이 밝혀내지 못한 것을 밝혀낸 것도 많이 있었다고 문묘종사될 만한 이유를 밝혔다.[116)]

그러나 성혼에 대한 의혹이 제기되었는데 그것은 임진왜란 때 임금이 피난을 가는데 그 길목에 살았던 성혼이 모른 채 했다는 것이었다. '왜적이 서울을 핍박하여 대가가 파천하는 데도 국난에 달려 나가는 충성을 다하지 않았고, 의주(義州)로 몽진(蒙塵)을 갔을 적에는 상황이 극도로 고립되어 있었는 데도 달려와 문안하는 의리가 오랫동안 없었습니다. 이것이 바로 후인들이 성혼에게 의혹을 갖는 이유입니다'[117)]라고 하여 문묘종사에 합당하지 않음을 말했다.

이와 같이 이이와 성혼의 문묘종사는 과거 오현과는 달리 우여곡절끝에 여러 검증을 거치면서 정통학문을 계승한 선비로 맺는말이 이루어지게 되었다.

---

116) 『인조실록』 권31. 인조 13년 5월 임술일. 오윤겸과 조익이, 문묘 종사 건에 관계하여 내린 답을 듣고 글을 올리다.

117) 『인조실록』 권31. 인조 13년 6월 갑신일. 이이 등의 문묘 종사 문제로 의견이 대립하다.

4) 김장생(金長生), 예학과 덕행의 사표

문원공(文元公) 김장생(金長生. 1548-1631)의 호는 사계(沙溪)이며『가례(家禮)』를 부분적으로 고치고 보급했다. 효종시 문원공의 시호를 받았으며, 숙종 43년(1717) 문묘종사되었다. 김장생의 경우는 기존의 오현이나 이이 성혼과는 달리 예학에 대한 탁월한 성과가 중국보다도 앞선 것으로 그 학문의 정통성과 의미에 대해 높이 평가되고 문묘종사의 이유로 제시되었다. 숙종 때 송시열은 김장생에 대해서 다음과 같이 평했다.

> "문원공(文元公) 김장생(金長生)이 정자(程子)와 주자의 학통(學統)을 문성공(文成公) 이이(李珥)에게서 얻어서, 이미 그 학설을 모두 물려받아 마음에 징험하고 몸에 체득한 연후에야 주자께서 한스러워 하던 바를 개탄하고, 만년(晩年)에는 오로지 예서(禮書)에다 뜻을 두었는데, 그것은 대체로 황면재의 글에도 오히려 유감스러운 점이 있어 다시 상의하여야 할점이 없지 않았기 때문이었습니다. 그가 편찬한『상례비요(喪禮備要)』·『가례집람(家禮集覽)』·『의례문해(疑禮問解)』·『예기기의(禮記記疑)』등의 책은 매우 세밀하게 분석하여 물을 담아도 새지 않을 정도이므로 국가의 전장(典章)과 사가(私家)의 경례(經禮)와 변례(變禮)에 모두 절충(折衷)하는 바가 있되, 한결같이 정자와 주자의 학설을 주장하였기에 비록 다른 길로 추향하는 집안이라도 준용(遵用)하지 않는 이가 없었으니, 그 공로가 많다고 말할 만합니다."[118]

이러한 상소에 대해 예조에서는 '선정신(先正臣) 김장생(金長生)은 도덕이 아름답고 연원(淵源)이 바른 것이 한 시대의 종주(宗主)가 되며, 그 학문이 예서(禮書)에 더욱 깊어 그 훈석(訓釋)하고 저술(著述)한 것이 세교(世敎)에 보탠 것이 크니, 선유(先儒) 황간(黃榦)과 함께 종향(從享)에 올

118)『숙종실록』권12. 인조 12년 7월 계사일. 문묘 종사에 관한 송시열의 소.

리기를 청한 것이 어찌 경기(經紀)를 돕고 풍속을 고친 공을 갚지 않을 수 없어서 그러는 것이 아니겠습니까?'[119]라고 하여 송시열이 단지 자신의 학통에 근거한 것이 아니라 객관적이고 보편적인 여론을 반영한 것이라고 적극적으로 김장생에 대해 보고했다. 그러나 이러한 건의는 받아들여지지 않다가 40년이 지나 1717년에 문묘에 배향되었다. 김장생은 동방의 대현(大賢)으로 혹은 유종(儒宗)으로서, 성혼(成渾) · 이이(李珥)를 이어서 집대성하고 정자(程子) · 주자를 이어서 도통을 전한 모범적 선비로 공인되었던 것이다.

5) 송시열(宋時烈) · 송준길(宋浚吉), 혼돈속에서 빛난 의리정신의 사표

두 선비에 대한 문묘종사는 숙종 때부터 건의되었다가 영조 때에야 비로소 허용되었다. 그때 두 인물에 대한 상소문은 다음과 같다.

> "이른바 '천지에 세워도 어긋남이 없고, 귀신에게 질정해도 의심이 없으며, 백세(百世)를 기다려도 의혹되지 않는다'는 것은 선정(先正)의 평소 학문이자 평소 뜻이 아니겠습니까? 오직 우리 열조(烈祖)께서 종주(從周)했던 가전(家傳) · 심법(心法)은 두 선정에 힘입어 천명되었던 것입니다. 근래 세강속말(世降俗末)한 데에 이르러서도 사람들이 오히려 명의(名義)를 범할 수 없고 난역(亂逆)을 반드시 토벌해야 할 것을 알아, 옛날에 갑을(甲乙)을 논하던 자들이 선정의 도를 받들어야 함을 알지 못하는 자가 없어 한 사람도 이의(異議)가 없으니, 공렬(功烈)의 큼과 수립(樹立)의 탁월함이 실로 동유(東儒)의 집대성(集大成)이라고 하겠습니다. 왕자(王者)가 일어나 안팎의

119) 『숙종실록』 권13. 숙종 8년 1월 무오일. 문묘에 종향한 위차의 승출에 관한 예조의 수의 결과 보고.

믿을 만한 사적을 채방(採訪)한다면 공자 · 주자의 『춘추(春秋)』의 통서(統緖)를 두 선정에게 돌리지 않을 수가 없을 것입니다. 그렇다면 두 신하의 도는 다만 동방의 종사(宗師)가 될 뿐 아니라, 또한 장차 천하 만세의 종앙(宗仰)이 될 것입니다."[120)]

여기에 대해 이의 없이 문묘종사는 허락되었지만 수 십년에 걸친 상소와 건의 그리고 반대가 잇달아 우여곡절 끝에 이루어진 일이었다.

(1) 문정공(文正公) 송시열(宋時烈. 1607-1689)

호는 우암(尤庵) 영조 때 송준길과 더불어 문묘종사되었다. 송시열에 관한 문묘종사도 이이, 성혼과 마찬가지로 숙종 때부터 건의되었다. 첫째의 이유는 송시열이야말로 공자와 맹자 그리고 주자로 이어지는 유교의 정통을 계승하고 그 의리를 구현하는 선비라는 것이었다.

"아! 공맹(孔孟)의 도통(道統)을 전하고 군현(群賢)들의 학문을 집대성(集大成)한 사람이 주자(朱子)인데, 선정(先正)께서 주자에 대해 성심(誠心)으로 열복(悅服)한 것이 70제자가 공자(孔子)에게 열복한 정도뿐만이 아니었습니다. 말 한마디 행동 하나도 모두 주자를 본받았고 출처(出處)와 진퇴(進退)에 있어서도 어느 것 하나 주자의 법문(法門)에서 얻어 내어 공맹(孔孟)의 도(道)를 발명(發明)하지 않은 것이 없었습니다. 또 병자 · 정축의 호란(胡亂)을 당하여서는 『춘추(春秋)』의 대의(大義)를 강명(講明)하였고 효종 대왕(孝宗大王)께서 큰 일을 하려는 뜻을 비밀히 도왔습니다."[121)]

물론 송시열의 문묘종사는 숙종조에는 이루어지지 않았지만 그만큼

120) 『영조실록』 권8. 영조 32년 2월 기해일. 문정공 송시열 · 문정공 송준길의 문묘 종사를 명하다.

121) 『숙종실록』 권60. 숙종 43년 11월 기사일. 유생 정민하의 송시열 · 송준길의 문묘 종사에 관한 상소문.

중시되었던 것이다. 나라에 대한 충성심은 물론 무엇보다도 이단에 대해 엄격하고 유학의 정통을 이으려는 그 점이 당파적 갈등 속에서도 늘 송시열에 대한 스승으로 추앙되었다.

(2) 문정공(文正公) 송준길(宋浚吉, 1606-1672)

호는 동춘당(同春堂)이며 김장생 김집에게 예학을 계승했다. 숙종 7년 문정공이라는 시호를 받았으며, 영조 32(1757)년에 문묘종사가 이루어졌다. 송준길도 송시열과 함께 문묘종사가 건의되었는데 이때는 숙종 때였다. 그 상소문에서는 특히 송준길의 고매한 인품을 높이 평가하였고, 정통적인 그의 유학이 도통을 계승한 것이어서 문묘종사에 합당하다는 주장이었다.

> "선정신(先正臣) 송준길(宋浚吉)은 천자(天姿)가 정금(精金)·미옥(美玉)처럼 순수하였고 흉금(胷襟)은 광풍(光風)·제월(霽月)처럼 깨끗하였으므로 그의 문하에 나아가 덕(德)을 직접 본 사람은 자신도 모르게 심취(心醉)되어 열복(悅服)하였습니다. 그의 높고 깊은 덕업(德業)과 넓고 원대한 수립(樹立)은 당세(當世)를 찬란하게 비추고 후세에 밝게 전하기에 충분하였으니, 또 어찌 도통을 전하는 유종(儒宗)이 아닐 수 있겠습니까?"[122]

그러나 이러한 격찬과 반대로 송준길의 인품을 폄하하고 문묘종사를 반대하는 상소도 있었다. [123]

송시열과 송준길 두 선비들은 많은 사람들의 공격의 대상이 되었으면서도 또한 동시에 추앙의 대상이 되었다는 것이 17세기 혼란기의 한 양상이라고 할 수 있을 것이나, 그 기준이 정통적 유학인가가 선비를 가늠

---

122) 『숙종실록』 권60. 숙종 43년 11월 기사일. 유생 정민하의 송시열·송준길의 문묘 종사에 관한 상소문.

123) 『숙종실록』 권61. 숙종 44년 2월 무신일. 송시열 등을 종사하자는 논의를 비방하는 상소를 올린 유생 이승운 등을 유배시키다.

하는 잣대로서 작용하고 있던 점에서 철저한 주자학자였던 선비만이 문묘종사의 대상이 되었음을 알 수 있다.

6) 영·정조 시기에 비로소 빛난 학통과 덕행

(1) 문순공 박세채(朴世采, 1631-1695)

호는 남계(南溪)요, 숙종 24년 문순공의 시호를 받았으며, 영조 40년(1764년)에 문묘종사되었다. 숙종 44년에 이미 송시열, 송준길과 함께 문묘종사에 추천되었지만 두 선비에 비해 8년이 늦었다. 영조 32년에 한 번, 영조 34년 세 번, 영조 39년에 두 번 상소가 있었다. 영조 40년에 세 번의 상소가 있었고, 드디어 문묘종사가 허락되었다. 노론과 소론으로 의견이 엇갈린 정세 속에서 소론의 박세채도 정통적 성리학자로서 문묘종사될 수 있었던 것은 적어도 주자학에 대한 충실성에 있어서는 같은 입장이었음을 알 수 있다.

일찍이 숙종도 박세채를 칭찬하여 '홍범(洪範)의 요체(要諦)를 얻어 황극(皇極)의 의리로 힘쓰는 데에 있어서는 내가 문순공(文純公) 박세채(朴世采)에게 세상에 드문 감명을 받은 바 있다. 문순(文純)이 나라를 위해 고심(苦心)한 것은 이문성(李文成)과 전후로 같다 하겠다'[124]라고 평했다.

(2) 문정공(文正公) 김인후(金麟厚, 1510-1560)

호는 하서(河西), 현종 10년에 문정공의 시호를 받았으며, 이이와 성혼 그리고 김장생, 송시열, 송준길보다 앞선 세대이면서도 한참 늦은

124) 『영조실록』 권103. 영조 40년 5월 병인일. 박세채를 문묘에 종향하라고 하교하다.

1796(정조 20년)에 문묘종사되었다. 호남출신으로는 유일하게 문묘종사된 인물이다. 김인후의 문묘종사는 정조 때 시작되었는데 주로 유생들이 정조 10년부터 청하기 시작했다.

정조 10년에 유생 박영원(朴盈源) 등이 상소했고,[125] 정헌(鄭櫶) 등이 상소[126]했다. 정조 13년에 심익현(沈翼賢) 등이 상소했고,[127] 신광례(申光禮) 등이 상소했다.[128] 정조 14년에 이악겸(李岳謙) 등이 본격적으로 상소하는데 그 이유는 다음과 같다.

'선정신(先正臣) 문정공(文靖公) 김인후(金麟厚)는 그 도덕(道德)이 실로 문묘(文廟)에 함께 제향해야 할 사람입니다. 선정신 문정공(文正公) 송시열(宋時烈)이 말하기를 '우리나라의 인물 가운데 도덕과 절의와 문장을 모두 지니고 치우침이 없는 사람은 얼마 안 된다. 하늘이 우리나라를 도와 하서(河西) 김선생(金先生)을 태어나게 하였으니, 그는 거의 이에 가까운 분이다'고 하였으며, 선정신 문성공(文成公) 이이(李珥)도 말하기를 '맑은 물에 핀 연꽃같고 비 갠 뒤 맑은 바람 속의 밝은 달과 같다. 출처(出處)가 올바르기로는 우리나라에서 그와 견줄 만한 사람이 없다'고 하였습니다. 문묘에 종향(從享)된 대현(大賢)으로서 이렇게까지 그를 존경하고 찬미하였으니, 그를 종향하는 의논에 대해 누가 감히 이러쿵 저러쿵 하겠습니까. 삼가 선정신 문정공을 문묘에 종사(從祀)하는 전례(典禮)를 어서 거행함으로써, 우리 유도(儒道)를 존중하고 세교(世敎)를 빛내소서'[129] 라고

125) 『정조실록』 권22. 정조 10년 8월 기사일. 김인후의 문묘 배향을 윤허하지 않다.

126) 『정조실록』 권22. 정조 10년 10월 을묘일. 김인후의 문묘 배향을 허락하지 않다.

127) 『정조실록』 권27. 정조 13년 4월 무자일. 김인후를 문묘 종사하라고 팔도의 유생 심익현 등이 상소하다.

128) 『정조실록』 권 27. 정조 13년 7월 신묘일. 팔도 유생 신광례 등이 김인후의 문묘 종사를 청함.

129) 『정조실록』 권 29. 정조 14년 3월 임인일. 유학 이악겸이 문정공 김인후의 문묘 종사

하여 영남이 아닌 기호지방의 선비들이 추천했음을 알 수 있다.

다시 6년이 지난 정조 20년 김무순(金楙淳) 등이 상소하여 문정공(文靖公) 김인후(金麟厚)를 문묘에 종사하도록 요청하였다.

> "대개 문정공의 성대한 덕과 아름다운 절의에 대하여는 전하께서 이미 더없이 감모하던 터였고, 신들도 남김없이 진술하여 더 남아있는 말이 없습니다. 따라서 지금 다시 조목을 들어 열거할 일이 없기에, 종사하는 데에 절대로 합당한 이유를 요약하여 말씀드리겠습니다. 그의 도덕과 의리는 비할 사람이 없다고 한 말은 선정신 이황이 문정공을 찬양한 것이고, 하늘이 우리 동방을 도와 하서(河西)를 탄생시켰다고 한 말은 선정신 송시열의 말입니다. 하서(河西)는 곧 문정공의 호(號)입니다. 선정들이 앞뒤로 창명(倡明)하고 서로 도운 것이 이토록 성대하고 지극합니다. 또 더구나 '큰 근본이 중정(中正)을 얻었다' 라고 한 교지와 '한 손으로 삼강(三綱)을 부지하였다'고 한 유시는 해와 별처럼 밝고 단청처럼 빛나고 있으며, 우리 전하의 큰 성인의 자질과 지공무사한 지혜로 더없이 감모하고 미덕을 표창하기를 이토록 극진하게 하였으니, 만약 대단한 현자(賢者)의 수준이 아니고서는 이러한 것을 얻을 수 없는 것이 분명합니다. 이처럼 성대한 도덕에 아름다운 절의(節義)를 겸비한 자야말로 고금에서 찾아보더라도 과연 몇 사람이나 되겠습니까."[130]

이 상소에서는 이황과 같은 학자도 김인후를 칭송하였던 것을 예로 들면서 간절하게 문묘종사를 청하고 있고 이에 대한 반대는 없었고, 줄기찬 상소의 결과 정조 20년에 문묘종사가 허락된다. 김인후라는 인물의 훌륭한 점은 물론이려니와 호남에는 전무했던 가운데 정조시에 비로소 호남의 선비를 문묘에 종사했다는 점에 의의가 있다.

를 청하니 비답하다.

130) 『정조실록』 권44. 정조 20년 6월 기해일. 유학 김무순 등이 상소하여 김인후의 문묘 종사를 요청하다.

7) 조헌(趙憲)과 김집(金集), 고종 때 종사된 조선의 마지막 선비정신

(1) 문열공(文烈公) 조헌(趙憲, 1544-1592)

호는 중봉(重峰)으로 임진왜란시 금산에서 장렬한 최후를 마쳤다. 그의 문묘종사는 일찍이 추천되었지만 종사가 이루어진 것은 김집과 함께 고종 20년(1883)이었다. 문묘종사에 대한 건의는 영조 34년부터 있었으나 받아들여지지 않았다. 정조 때도 건의가 계속되었는데 그에 대한 평은 다음과 같다.

> "선정신(先正臣) 이이(李珥)와 성혼(成渾)의 문하에 출입하면서 도체(道體)의 오묘함을 통찰하고 학문의 올바른 길을 확실하게 찾았습니다. 마음을 보존하고 성품을 수양하는 것은 반드시 공맹(孔孟)의 사상을 근본으로 하였고, 본체를 완전하게 갖고 큰 작용(作用)을 쓰는 데에는 주자(朱子)의 규범에서 벗어나지 않았으며, 좌우에서 근원을 탐색하여 시종(始終)의 맥락을 완성하였습니다. 그리고 중국을 높이고 오랑캐를 배척한 마음과 정도(正道)를 부지하고 사도(邪道)를 배척한 뜻은 또한 평소 가슴 속에 쌓아왔던 것이었습니다."[131]

조헌은 이이와 성혼의 도통을 계승하여 유교적 교양을 쌓았고 더구나 임진왜란을 맞아 살신성인의 충절로 순절했다는 것도 문묘종사의 이유로 거론되었다.

> "임진난이 일어났을 때에도 맨 먼저 대의(大義)를 내세우고 1천여 명의 변변찮은 병력을 가지고 청주에서 수만 명의 왜적을 무찔렀습니다. 결국 금산(錦山)의 전투에서 순절하였고, 7백 명의 의사들도 같은 날 함께 죽었는데,

---

131) 『정조실록』 권44. 정조 20년 6월 갑신일. 유생 박한흠 등이 상소하여 조헌·김집의 문묘 종향을 청하다.

국가는 그들의 순국의 공을 힘입어 양호(兩湖)를 보전할 수 있었고 나아가 중흥의 업을 이룰 기틀을 마련할 수 있었습니다.[132)]"

조헌은 정통적인 유학을 수학하고 거기에 목숨을 걸고 왜적과 싸워 순절한 점에서 뒤늦은 고종 20년에 문묘종사가 이루어졌다. 국운이 기울어가고 유교의 기강이 흔들리는 한말 임란시의 살신성인의 상징인 조헌이 사표로서 추앙된 것은 시대적 고난을 엿보게 한다.

(2) 문경공(文敬公) 김집(金集, 1574-1656)

호는 신독재(愼獨齋)이며 문경공이라는 시호를 받았다. 김장생의 아들로 문묘종사의 마지막 선비가 되었다. 조헌과 더불어 고종 20년(1883)의 일이다. 조헌과 더불어 영조 34년부터 문묘종사에 대한 건의가 이어졌다. 김집의 경우는 김장생의 아들로 그 예학을 바로 계승했다는 점에서 선비의 모법으로 추앙되었다.

"예학(禮學)에 대하여 말하자면, 인간의 문화와 의례법칙의 표준이고 국가가 백성을 교화함에 있어서 전범(典範)이 되는 것입니다. 김집은 이 예학에 더욱 많은 공력을 쏟아, 밤낮으로 예경(禮經)에 침잠하여 반복하여 비교 상고하고 구석구석까지 두루 통탈하였습니다. 그리고 세상에 의심스러운 조문(條文)이나 가변적인 예절로서 고증할 곳이 없는 것에 대하여 모두 김집에게 가서 올바로 질정받았으니, 이것이 그가 평생 동안 가장 긴요하게 전공한 공부였습니다. 그리하여 인묘가 승하했을 때에『상례이동의(喪禮異同議)』를 지어올려 전대의 오류를 남김없이 바로잡아 국조의 정례(定例)를 완성하였습니다."[133)]

---

132)『정조실록』권44. 정조 20년 6월 갑신일. 유생 박한흠 등이 상소하여 조헌·김집의 문묘 종향을 청하다.

133)『정조실록』권44. 정조 20년 6월 갑신일. 유생 박한흠 등이 상소하여 조헌·김집의 문묘 종향을 청하다.

이뿐만 아니라 김장생(金長生)이 그의 문인들과 문답한 내용을 가지고 분야별로 나누어 고증 수정하고 『비요(備要)』를 참조하여 『의례문해(儀禮問解)』을 간행하고, 『속문해(續問解)』란 책을 집필했다. 그의 학문하는 방법과 실천에서의 요체는 마음을 깨끗하게 갖고 묵묵히 앉아서 신명(神明)을 대하는 것이었으며, 또 자신이 거처하던 방을 '신독재(愼獨齋)'라 하였다. 송시열과 송준길도 문원공(文元公)을 섬기던 뜻으로 그를 섬겨 흡사 정명도(程明道)의 문인이 정이천(程利川)한테서 학업을 마친 것처럼 하였으니, 송시열과 송준길의 성취는 실상 김집의 힘이라 할 수 있다고 문묘종사의 이유를 밝혔다. 조선왕조의 국운이 기울어져 가고 유교적 도리가 힘을 상실해 가던 시기에 유교예학의 인물이 다시 사표로 문묘종사된 것은 역시 시대적 아픔 속에서 제시된 마지막 선비의 전형이었다고 하겠다.

5. 맺는말

한국의 문묘에 배향된 인물이 동방 18현으로 18명이다. 여기서 최초의 문묘종사자는 신라의 인물인 최치원이고 그 다음은 설총이다. 이 두 선비의 문묘종사의 근거는 탁월한 학문적 성과라고 볼 수 있을 것이다. 아직은 절의의 개념이나 성리학적 가치를 거론하지 않고 유교를 한국에 뿌리내리게 한 데 대한 공헌이라고 볼 수 있다. 안향의 경우는 성리학을 수입하고 문묘를 본격적으로 건립하여 성인을 추모하도록 한 공로로 문묘종사의 선비로 추앙된다. 이 세 선비가 고려시대에 문묘종사된 한국의 유교선비이다.

조선시대에 문묘종사의 선비는 정몽주로 고려 말의 충신이다. 그의 선비다운 점은 성리학적 학문에 대한 기여와 더불어 그의 고려왕조에 대한 충절이 중요한 기준이 된 것으로, 이는 중종대의 절의정신의 가치와 일치하였다. 임진왜란이 끝나고 광해군대에 이르러서 나라의 기강을 바로잡고 선비의 모범이 될 만한 인물들이 쉬임 없이 문묘종사의 대상으로 추천되었다. 그 가운데 4분의 선비가 주요한 스승으로 거론되었는데 김굉필, 정여창, 이언적, 그리고 조광조이다. 이 가운데 가장 중심적인 인물은 조광조라고 할 수 있다. 최종적으로 광해군 시대에는 이황이 추가되어 소위 5현이 문묘에 종사되는 선비로 채택되었다. 이 오현의 선비다운 정신은 의리정신과 충절 그리고 인격의 고매함이라고 할 것이다.

숙종 때 추가로 문묘종사의 선비로 추천된 인물은 이이와 성혼이다. 특히 당시 정치와 학문의 중심에 있었던 송시열과 같은 학자의 적극적 노력에 힘입어, 여러 반대의견이 있었음에도 문묘종사가 확정되었다. 이이의 경우는 금강산에 입산하여 불교공부를 했던 것이 반대 의견이었고, 성혼의 경우는 피난 가는 왕의 문안을 하지 않았다는 것이 반대 이유였으나, 그러한 흠이 그들이 이룬 유학에 대한 공과 나라에 대한 공 등에서 충분히 상쇄되었고 이단의 학문을 경험했다하더라도 평생 성리학적 학문에 충실하여 모범을 보였기 때문에 문묘종사가 이루어진다.

숙종조에 김장생이 문묘종사되는데 그의 공로는 훌륭한 인품과 예학에 대한 공로이다. 그는 율곡의 학문을 계승하여 송시열 등에게 전하기도 했다.

영조 때에는 송시열과 송준길이 문묘종사되는데, 국제정치의 혼돈과 국내적으로는 주자학적 교조주의에 대한 비판이 제시될 때 주자학적 가치관을 절대시하고 철저하게 실행하였던 이들이 올곧은 선비로 문묘종사되었던 것이다. 그러나 노론 소론에 치우치지 않고 소론의 박세채 역시 정통적 주자학자로서 문묘종사가 이루어진다.

정조 때에는 호남출신으로는 유일하게 김인후가 뒤늦게 문묘종사의 반열에 오른다. 마지막으로 고종 때 문묘종사가 받아들여진 선비는 임진왜란 때 활약했던 조헌과 예학자인 김집이었다.

이렇게 해서 한국의 18현이 문묘종사가 마무리된다. 조선왕조가 해체되면서 문묘종사는 더 이상 확대할 수 없는 상황이 되어 오늘에 이르고 있다. 이러한 문묘종사의 대상에 대한 논쟁은 훌륭한 선비에 대한 기준을 잘 보여주고 있다. 그것은 하루 이틀의 노력이 아니라 최고로 100년이 걸리는 장기간의 검증을 필요로 하는 선택과정이기 때문에 충분히 선비의 기준을 보여주는 지표가 되는 것이다.

그것을 간략이 정리하자면 ① 올바른 학문으로서의 주자학에 대한 충실, ② 개인적 삶과 사회생활에서 보인 주자학적 의리정신과 덕행이라고 할 수 있다. 요컨대 학문과 절의의 올바른 학통의 전승으로 요약할 수 있을 것이다. 고려시대에는 학문적 성과가 중요한 가치였고, 상대적으로 조선시대에는 이단과 분명한 거리를 두는 성리학적 정통성, 명리에 굴하지 않는 절의의 정신을 이상적 인물 이상적 스승으로 중시하였다.

III. 정암의 선비정신

1. 서 론

현대를 흔히 욕망과 인식의 혼돈시대라고 한다. 끊임없는 소비와 향락에의 욕망이 현대문화를 상징하고, 지적 상대주의는 삶의 가치를 제시해주지 못하는 실정이다. 한국의 경우에도 예외 없이, 배금주의와 쾌락추구의 경향으로 나아가고 성과 폭력을 위주한 저질문화가 우리의 생활 깊숙이 파고들고 있다. 정암 조광조는 조선시대의 인물이었음에도 불구하고 민주시대에 적용될 수 있는 선비정신의 구현자이었다. 그의 도학정치가 현실적으로 좌절되었지만 그의 선비적 자세는 후학들의 좌표였다.

철학의 임무가 인식과 욕망의 혼돈으로부터 벗어나게 해주는 일이라면, 적어도 정암이 목숨을 걸고 구현하려 한 그 가치의 근거를 밝히는 일은 의미심장할 것이다. 선비정신의 본질 선비란 도덕인, 정의인, 지조인이라는 의미로 일상적으로 받아들이고 학덕을 겸비한 사람을 지칭하기도 한다. 선비는 조선사회체제가 보장한 특권계층이었기 때문에 반드시 긍정적인 인간상으로 보이지 않을 수 있다. 그러나 여기에서 주목하고자 하는 것은 신분적 의미로서의 선비가 아닌 그 정신적인 면에서이다. 대의를 위해서 사리를 돌보지 않고 일신의 위험을 두려워하지 않았던 확고한 지조가 구한말의 의병의 활약에까지 많이 나타나고 있으며, 한국의 전통형성에 작용한 긍정적 정신이다.

2. 유학사적 위치

정암의 선비정신은 조선에서의 성리학의 발전과 밀접한 관련을 가지고 있으며, 실천적 유학정신이라 할 수 있다. 이런 선비정신은 사육신이 출현하여 절의를 높혔던 조선초에 배양되었고, 이미 고려 말 정몽주에서부터 싹튼 정신이다. 초기 한국의 성리학은 우주와 인생에 대한 철학적 해석보다도 의리와 명분을 높히 평가하였기 때문에 비록 학술적 저술은 없지만 정몽주를 진정한 학자로 보며, 길재 김종직에 이르러서는 그 학자의 기준이 확고해진다. 정암은 그들을 계승한 진정한 학자의 사표로 추앙받는다. 선조 때의 기대승은 한국의 성리학의 학통을 다음과 같이 정리하였다.

> "우리나라 학문은 고려 말에 이르러 우탁 정몽주에 이후에야 비로소 성리학이 있음을 알았다. 세종 조에 이르러 예악문물이 찬연히 새로워짐에 우리 동방의 학문을 전할수 있게 되었다. 그것을 차례로 말하면 몽주로 동방 이학(理學)의 시조를 삼는다. 길재가 몽주에게 배웠고, 김숙자가 길재에게 배웠고, 김종직이 숙자에게 배웠고, 김굉필이 종직에게 배웠고, 조광조가 굉필에게 배워 원류가 되었다."

이 글에서 주목되는 것은 한국유학의 '학통의식'이다. 참된 학자의 기준을 학문적 업적이 아닌 선비정신 혹은 의리정신에 두고 있다는 점이다. 기대승은 정암 조광조를 성리학을 이은 정통적 학자로 평가하고 있다. 조선조의 성리학이 합리적이며 객관적인 지식탐구를 소홀히 하는 것은 아니지만, 가장 중점을 두는 것은 순수한 인간의 심성을 밝혀 도덕적이고 인격적인 인간상을 구현하려는 데 있었다. 이는 참된 자기완성이 진정한 학문정신이라고 보았기 때문이다. 한국 유학사에 있어서 정암의 위치는 바로 이러한 성리학의 목적을 그가 원칙대로 행함으로써 자시자신을 철저히 닦음과 동시에 사회정의실현으로 나아간 데서 찾을 수 있다. 그가 비록 정치적인 성공을 얻지 못했다고는 하지만 세월이 흘러갈수록 추앙받을 수 있었던 것이 그 이상(理想)을 고수한 데 있었다.

3. 가치있는 덕목

1) 신독(愼獨)

정암에게 있어서 가장 기본적인 가치는 내면의 순수성과 진실성을 주장하는 신독이다. 「알성시책」에서 다음과 같이 말한다.

> "사람의 정은 항상 나타나 있는 데서는 삼가하고, 나타나지 않는 데서는 소홀해진다. 나타나지 않는 데를 더욱 더 삼갈 것이며, 마음에서 생각이 날 때는 털끝만큼의 삿된 생각과 거짓이 싹틈이 없이 순수하고 의리에서 나와야 한다. 그러면 나라를 다스리는 도리가 다 옳고 다 아름다운 것이다."

내면의 도덕성은 남이 보지 않고 듣지 않는 데서도 모든 사람이 보고 듣는 것처럼 행동해야 한다. 안과 밖이 한결같게 마음을 갖도록 해야 한다. 이것이 정암이 강조하는 최고의 덕목인 신독이다. 정암은 일상생활에서 이러한 신독을 실천했다. 정문손은 정암의 행실을 다음과 같이 기록한다.

> "그는 과거에 합격하기 전부터 성리학에 뜻을 집중하고 성현의 업에 마음을 두어 연구를 정밀하게 하고 실천을 독실히 하며, 몸에 체득하고 마음을 깨닫고, 안과 밖이 함께 길러져서 겉과 속이 모두 바르며, 일언일행(一言一行)

> 이 모두 도리에 어긋나지 않고, 일동일정(一動一靜)이 모두 의리로 위주했으며, 강대한 기운이 이미 몸에 가득하고 공리의 사사로운 욕망이 속에 들어 있지 않았다."

그의 앎과 삶의 일치를 엿볼 수 있는 기록이다. 경의(敬義)의 경(敬)이란 동정의 어느 때이건 치우친 마음이 없이 텅 비고 고요한 가운데 오롯이 집중하는 자세이다. 하나의 일에 주의 깊은 마음이라고도 할 수 있다. 이에 대해 정암은 다음과 같이 말한다.

> "몸을 단정히 하고 마음을 엄숙히 한다면 자연스럽게 한 가지에 위주되어 헷갈리지 않고 사물에 응함이 세련되고 언행이 마땅하여 예의에 맞는다. 사람들이 이와 같이 못함은 정숙하지 못하기 때문이다."

경이란 말을 쓰지 않지만 경의 자세를 강조하는 글이다. 이런 내면적인 경이 밖으로 표현된 것이 의(義)라 하겠다. 그가 일신의 안일에 머무르지 않고 용기 있게 의리를 실천하였던 것은 언제나 경의에 입각했었기 때문이다. 정암은 자신의 입장을 이렇게 말한다.

> "어진 사람은 의리를 알 따름이지, 실패나 성공, 장수하거나 요절하거나를 따지는 외면의 일에 마음을 두지 않는다. 오직 학문에 힘쓰고 바른 길에 마음을 둘 뿐이다. 어찌 실패할 것인가 성공할 것인가의 결과에 마음을 둘 것인가."

행위의 결과보다는 동기를 중요시하는 이런 태도야말로 선비정신의 본질이라 할 것이다.

4. 올바른 정치

1) 도덕정치

학문의 본령을 도학정치와 소학정신에 두었던 그의 정치철학은 당연히 왕의 도덕적 자세를 강조하는 왕도정치다.

> "내 도리와 마음이 성실하고 성실하지 않음으로 인하여 다스려지고 어지러워지는 것이 구분된다."

통치자의 도가 정립되면 자연히 정치기강이 확립되고, 도가 없으면 정치가 문란해진다고 한다. 그는 정치와 도덕은 분리될 수 없다는 이상주의적 입장이다. 나라를 다스리는 데 도를 얻으면 기강을 힘써 세우지 않아도 보이지 않게 서는 것이며, 법도가 힘써 정해지지 않아도 자연히 정해지는 것이라고 한다. 도란 그 근본이다. 근본이란 도덕성임은 물론이다. 통치자가 도덕과 양심으로 다스린다면 지엽적인 것은 자연히 해결된다고 말한 정암은 실은 통치자에게만 그것을 강조한 것이 아니라, 모든 사람들이 도덕과 양심에 터해서 살아가기를 요구했다. 민본정치 흔히 정암과 같은 도학자들은 봉건주의나 낡은 사상으로 가치를 부여하지 않는 경우가 많다. 이것은 당시의 상황을 임금 한사람의 독단에 의한 정치로 오해하기 때문일 것이다. 다음 인용문은 정암이 언론의 확충을 건의한 내용이다.

> "대개 임금과 신하는 백성을 위해 있는 것이니 정부의 상하 관원은 모름지기 이 뜻을 알아서 언제나 백성의 심정을 자기의 마음으로 삼아야 한다. 이렇게 해야 다스리는 도를 이룩할 수 있다."

임금과 신하는 백성을 위해서 존재하는 것이며, 다시 말해서 백성이 임금과 신하를 위해서 존재하지 않는다는 그의 입장은 근대민주주의정신과 일치하는 것이다. 정암은 사간원의 정언으로 있을 때 사헌부와 사간원에서 언로를 제한하는 안을 내자 이를 반박하였다.

"높은 벼슬에서부터 서민대중에 이르기까지 모두 말할 수 있는 권리를 주어야 한다."

학문관 지행일치 학문이 단지 지식의 추구일 뿐 인격수양과는 관계가 없어져 가는 것이 오늘의 실정이다. 그러나 성리학의 학문관은 철저한 실천적 의리정신의 구현이다. 정암은 이 실천정신이 바로 참된 학문이라고 여겼다.

"학자가 먼저 힘쓸 일은 의와 리를 아는 일이다. 사리사욕의 싹은 이기심에서 오는 것 이니 근본을 제거한 뒤에야 학문을 할 수 있다."

학문은 출세의 도구가 아니라 도덕의 실천을 위한 것이다. 따라서 한갓 문장의 장구에 매달리는 것이 아니라 사물의 이치를 배우고 처신하는데 그 마땅히 행할 바를 행할 줄 아는 것을 학문이라 하였다. 정암의 연보에서는 그의 평소 학자로서의 자세를 다음과 같이 기술하였다.

"어머니를 봉양하는데 맛있는 음식을 드렸고, 거처를 잘 보살피고 힘이 남으면 글 읽는 것을 그치지 아니하니 『소학』·『근사록』·『사서』를 위주로 해서 모든 경서와 성리학에 대한 글들과 『통감』·『강목』 등을 읽었고, 매일 닭이 울면 세수하고 빗질하여 엄숙하고 단정히 앉아 심기를 편안히 하고 독서하고 그 의미를 깊이 생각하였다. 의미를 체득하지 못하면 비록 날이 다하고 밤을 새우더라도 꼭 터득하였지 스스로를 한정지을 생각은 전연 하지 않았다. 참다운 학문이 쌓여서 덕의 그릇이 성취되었으나 스스로를 속이지 않았고 신독(愼獨)하는 것으로 힘을 삼았다."

학문의 목적이 독서에 있는 것이 아니라 아는 것을 삶 속에서 실천하는 데 있다는 그의 지행합일의 관점이 돋보인다.

5. 소학정신

정암이 『소학』을 얼마나 중요한 저술로 여겼는지를 그의 문인 양산보와의 대화 속에서 엿볼 수 있다. 그는 소쇄원 양산보에게 『소학』을 전하면서 다음과 같이 말하였다.

> "진실로 학문에 뜻을 둔다면 이 책에서부터 시작해야 한다."

정암은 그의 스승 김굉필에게서 『소학』의 중요성을 배웠는데 그의 스승은 언제나 소학동자라고 자처하던 인물이었다. 이는 자신의 수행을 위한 학문을 이상으로 하고 실천을 중시한 학문관이 소학정신과 일치하기 때문이었을 것이다. 이런 점에서 정암의 학문관은 자칫 형이상학적 이론 추구로 치우칠 수 있는 성리학의 성격을 실천적 도학으로 선도하여 선비정신을 고양할 수 있었던 것이다. 정암을 위시한 사림파가 몰락한 후 일반사회에서 『소학』 읽기를 꺼려했다는 점으로 미루어 소학정신이란 다름 아닌 선비의 실천정신과 통하는 것으로 볼 수 있을 것이다. 정암은 조선의 성리학의 성격을 실천적인 면으로 형성시키는 데 일조를 하였다. 그는 학문을 단지 문장과 작문을 하는 기술이나 지식의 과시를 위한 것으로 보지 않았다. 학문은 무엇보다도 의리를 구현하는 데 그 목적이 있다고 본 것이다. 곧 지행합일의 선비정신이야말로 학자라는 것이다. 정치 또한 정치(正治)라고 할 정도로 통치자의 올바른 도덕을 강조하고 있다. 이것은 유학의 이상인 도덕정치(혹은 왕도정치, 지치주의)의 구현이다. 세상이 평화로워지기 위해서는 우선 모든 사람들의 주체적 각성이 있어야 하는 것이다. 정암의 가치관은 선을 선의지로 해석하는 동기주의이며 내면의 양심을 중시하는 엄숙한 면을 보인다. 다시 말해 그가 강조한 신독은 행동의 결과에 앞서 내면의 동기를 가지고 선악의 유무를 판단하는 가치관이다. 남들에게 노출되지 않는 상태에서도 마음가짐을 경건하게 할 수 있는 자야말로 진정한 선비라는 것이다. 그는 이러한 선비정신을 이론적으로 규명하는 데 그치지 않고, 일상생활과 정치행위의 지침으로 실천하였다. 이러한 진리에 대한 헌신적인 자세야말로 정암이 보인 선비정신의 핵심이라 할 것이다.

IV. 퇴계의 자성록(自省錄)

1. 서 론

퇴계의 자성록은 다른 사람을 위해 출판한 것이 아니라 스스로 성찰의 삶을 위해 그 자신이 보낸 편지글을 엮은 것이다. 그는 55세(기묘. 1555)에서부터 60세(경신. 1560)에 이르는 5년간, 즉 사상적인 원숙기에 문인들에게 보낸 서간 22통을 편집하여 자신의 성찰의 자료로 삼았다. 자성록에서 퇴계는 수신(修身)을 위해서 가장 중요한 것이 마음의 평정이라고 보았다.

평정된 마음을 가져야 사물을 제대로 보며 또한 바람직한 인격도야가 이루어진다는 것이다. 마음의 안정 없이는 위기지학(爲己之學)이 되지 못하는 것이다. 그런데 많은 사람들이 마음이 안정되지 못하고 또한 성급하게 어떤 결과를 얻으려고 하기 때문에 마음의 병이 생긴다고 보았다. 퇴계는 주자를 스승으로 삼고, 자신뿐만 아니라 고금의 존경받는 스승이라고 찬탄한다. 그에게 있어서 이(理)는 흔히 기(氣)와 대조되는 가치관인데, 퇴계는 이귀기천(理貴氣賤)으로 이(理)는 귀한 것이며 기(氣)는 천박한 것이라고 했고, 존리멸욕(存理滅欲) 다시 말해서 '존천리알인욕(存天理遏人欲)'을 인생의 지표로 삼았다. 항상 마음을 비우고 이(理)를 생각하고 그 이(理)를 생활속에서 실천하는 것이야말로 평생선비가 해야 될 과제라는 것이다. 자성록은 퇴계가 1558년 단오절에 쓴 것이지만 사장되어 있었다. 서문을 써 둔지 27년후인 1585년 8(선조18)에 판각되었다가 다음해인 1586년 8(선조19)에 나주에서 당시 나주목사였던 학봉 김성일(金誠一)

에 의해 발간되었다.

이 책은 출판지인 조선보다는 일본에서 더 많이 읽혀졌다. 일본에서 이 책의 가치를 인식한 인물은 야마자키 안사이[山崎闇齋, 1618~1682]와 오츠카 타이야[山崎闇齋, 1678~1750]라고 할 수 있다. 그들을 감격시켰고 그 문파에서 오래 애독되었다. 이들은 퇴계의 학풍을 숭모하여 수양을 위주로 하는 위기지학(爲己之學)적 인격도야를 중시했다. 퇴계의 학문이 주자학의 진수를 보여 주는 자기성찰에 있다는 점에서 진실을 추구하는 일본의 유생들에게 중시되고 존중되었으며 근세에까지 일본사상계에 중요한 위치를 차지했다.

편지글이란 개인과 개인 간의 사적인 교류의 글이다. 공개적으로 말하기 어려운 자신의 감정과 정서는 물론 개인 간의 사적인 이야기가 들어갈 수 있는 것이다. 그런데 퇴계는 주자학을 공부하면서 주자의 편지글에 많은 감동을 받았고, 오히려 그런 편지글을 통해서 주자학의 본질에 접근했다. 이것이 주자학의 방대한 내용을 함축한 주자서절요(朱子書節要)의 내용인데 주자대전에 있는 1700여 편의 편지글 가운데 1000여 편을 고른 것이다. 여기에서 서(書)란 편지글을 의미하는 것이다.

1) 자성록의 주요내용과 국내에서의 출판

이 서적이 퇴계전서에서는 누락되어 있었는데 이 때문에 미쳐 인쇄가 되지 못한 채 정유재란시에 목판만 일본으로 유출된 것으로 추정하는 주장도 있으나, 학봉선생 문집 부록 1권에 "가을, 주자서절요(朱子書節要), 퇴계선생 자성록을 간행했다."고 기록되어 있으며 "선생의 이러한 글들이 사사로이 책상자에 보관되어서 후학들이 일찍 보지 못하게 되었으니 실로 유교의 학문에 흠이 되는 일이다."라고 언급되어 있다. 자성록에는 1585년(만력 13년)이라고 되어 있고 학봉선생문집에는 1년 후인 1586년이라고 되어 있는 것으로 보아 판각을 한지 1년 후에 간행한 것은 의심의 여지가 없다. 자성록에 등장하는 인물들은 주로 그의 문인들이라고 할 수 있다.

그러면 이 편지 글을 통해 퇴계는 무엇을 반성하려고 했을까 요약해 보면 학문의 목표를 수신으로 삼는 것이며, 주자를 만고의 스승으로 공경하는 것이고 진리를 숭상하는 것이라 할 수 있는데 이를 살펴보기로 하자.

2) 수신중심(修身中心)의 위기지학(爲己之學)

진정한 학문은 마치 깊은 산속에 핀 난초와 같이 누가 보던 보지 않던 자신의 향기를 간직하는 사람이 되는 것이다. 퇴계는 고봉(高峰)에게 보낸 편지에서 학자의 가장 본질적인 과제는 수신과 의리에 맞는 행동을 하는 것일 뿐이라고 말한다. 퇴계는 수신을 위해서 가장 중요한 것이 마음의 평정이라고 보았다. 평정된 마음을 가져야 사물을 제대로 보며 또한 바람직한 인격도야가 이루어진다는 것이다. 마음의 안정 없이는 위기지학이 되지 못하는 것이다. 그런데 많은 사람들이 마음이 안정되지 못하고 또한 성급하게 어떤 결과를 얻으려고 하기 때문에 마음의 병이 생긴다고 보았다. 그의 편지에서는 마음의 안정을 찾기 위한 여러 가지 치유 방법을 제시한다.

"무릇 선비가 세상에 나서 벼슬을 하든지 집에 은거하든지, 혹은 때를 만나든 못 만나든 종당에는 그 몸을 닦고 의를 행할 뿐, 화복(禍福)은 논할 바가 아닙니다."

학문은 그 학문의 결과가 중요한 것이 아니라 과정이 중요하다는 것이다. 그의 관심은 세상에 나가서 벼슬을 하고 기회를 엿보아 이익을 얻는 일이 아니며 복을 구하는 것도 아니다. 결과가 어떻게 된 것에 구애받지 않고 오로지 마음의 선량한 동기만이 그리고 정직하고 투명한 과정이 중요하다는 것이다. 이것이 그의 자신의 인격도야를 위한 위기지학(爲己之學)이다.

"학문이 지극치 못하면서도 지나치게 높이 자처(自處)하고, 때를 헤아리지 못하면서도 세상을 경륜하려는 데에는 날랜 것입니다. 이것이 그 실패를 가져 오는 길인만큼, 큰 이름을 띠고 큰일을 맡는 사람이 절실히 삼가야 할 일입니다." "조금도 밖의 세상일에는 관계하지 않고 모름지기 쉴 것을 청한다든지 혹은 물러설 것을 꾀하여 학문에 전념하면서, '나의 학문이 지극하지 않으므로 조용히 닦아 나아가도록 할 때가 바로 지금이다.'고 다짐해야만 합니다."

이러한 마음의 평정을 위해서는 권력과 명예욕에 대해서도 물러나 자연과 더불어 살아가는 것이 좋다고 권하고 있다. 마음의 평정을 위해서는 심기(心氣)를 항상 편안한 경지에 있게 하는 것이 좋다고 하였다. 퇴계라는 호(號)도 바로 이러한 그의 인생관을 보여 주는 것이라고 생각한다. 지역사회와 국가로부터 신뢰를 받고 국왕의 존중을 받았으면서도 결코 권력과 명예를 철저히 경계했던 삶이 퇴계이다.

3) 영원한 사표(師表), 주자(朱子)

한국의 유학은 주자학이라고 해도 과언이 아니다. 주자 이외에 송조육현을 중시하기는 하지만 송조의 오현(五賢)들은 주자가 있기 때문에 빛이 나는 것이다. 한국의 수많은 서원이나 사당에서는 압도적으로 주자를 봉안한다는 점에서 한국의 유교는 실상 주자학인 것이다. 퇴계는 주자의 책을 늘 글로 쓰면서 베꼈다. "주자의 글은 이제 거의 다 베꼈습니다." 다른 지인들도 역시 주자서(朱子書)를 베끼고 대조해 보고 사색하는 교과서로 삼았다. 퇴계의 행동의 기준은 주자에 있었다.

> "다만 이대용(李大用)은 주서(朱書)에 매우 힘을 써, 이제 모두 베껴 일일이 교감했고 사색도 참으로 깊어졌습니다. 또 김돈서도 학문에 매우 힘쓰고, 매사를 반드시 옳게 하려 하며, 또한 주서(朱書)에도 뜻을 두고 있으나, 액운을 크게 만나 오래도록 우환 중에 있어 공부에만 전심할 수 없으니 딱한 일입니다."

퇴계는 자기 자신의 독창적인 견해를 말하지 않았다. 그 자신의 행동지침은 주자의 가르침에 있었다. 그가 8년에 걸친 왕복서신을 통해 그와 교류한 기대승에게 논쟁을 마무리하는 발언으로 다음과 같이 표현하고 있다.

> "옛사람이 말하지 않았습니까? 감히 자신을 믿지 말고 그 스승을 믿으라." 고, 주자는 내가 스승으로 삼는 분입니다. 또한 그 분은 천하고금에 존경받는 스승입니다. . . . 옛 선비들의 이론을 그대로 사용한 것이 오히려 낫겠다고 생각하신다면, 주자의 이 이론으로 대신하시고 우리의 것은 버리는 것이 온당하겠습니다. 공의 뜻은 어떠하신지?"

주자는 그의 사숙하는 스승이고 자신뿐만 아니라 고금의 존경받는 스승이라고 찬탄한다. 그는 주자를 오류를 범하지 않는 스승으로 보았기 때문에 자신이 펼친 이론 마저도 다시 접고 주자의 가르침에 따라야 한다고 말했다.

4) 관리(觀理)

한국의 성리학 가운데 이기(理氣)에 대한 논쟁은 심각한 것이었다. 흔히 퇴계의 입장은 주리론(主理論)이라고 할 정도로 이(理)를 강조했으며, 고봉기 대승과 8년간 주고받은 서신의 내용도 주로 이기론(理氣論)을 중심으로 한 것이었다. 퇴계의 서신에서 역시 이(理)에 대해 거론하는데 다음과 같은 것이다.

> "'기(氣)에는 생사가 있지만, 이(理)에는 생사가 없다.'고 한말은 옳습니다. 햇빛이 비치는 것으로 비유한 것도 좋았습니다. 그러나 햇빛은 오히려 없는 때가 있는데, 그것은 형태가 있는 것이기 때문입니다. 이(理)의 경우는 소리도 냄새도 없고, 형체도 없고, 끝 다한 데도 없으므로, 언제 없어질 때가 있겠습니까? 기(氣)라고 하는 것은 나고 없어지고 하는 것이지만 이(理)란 나고 없어지는 것이 없는 것이 아닙니다."

퇴계는 정자중이 이(理)를 햇빛으로 비유하자, 햇빛조차도 나고 없어지는 형태를 지닌 것이므로 이(理)에 비유하기 곤란하다고 말한다. 그러므로 그것은 일종의 현실을 초월한 불변의 진리를 뜻하고 있는 것이다. 공부를 한다는 것은 이러한 진리(眞理)를 생각하는 것이다. 그는 이를 궁리(窮理)라고도 하지만 관리(觀理)라고 표현한다.

이율곡에게 주는 서신에서 이 관리(觀理)의 중요성을 말한다.

> “허심(虛心)하게 이(理)를 관찰할 뿐 선입견을 두지 말며, 점점 공부를 쌓아 순숙(純熟)하게 할 것이지 짧은 시간 내에 효과를 바라서는 안 됩니다. 완전히 내 것이 되지 못하였을 경우에는 내버려 두지 마시고 평생 노력해야 합니다.”

그에게 있어서 이(理)는 흔히 기(氣)와 대조되는 가치관인데, 퇴계는 이귀기천(理貴氣賤)으로 이(理)는 귀한 것이며 기(氣)는 천박한 것이라고 했고, 존리멸욕(存理滅欲) 다시 말해서 존천리알인욕(存天理遏人欲)을 인생의 지표로 삼았다. 항상 마음을 비우고 이(理)를 생각하고 그 이(理)를 생활속에서 실천하는 것이야 말로 평생 선비가 해야 될 과제라는 것이다. 그리고 완전히 그 이(理)가 나의 삶에 체현되도록 종신토록 공부했던 것이다.

이 자성록은 에도시대의 일본에서도 출판되어 야마자키 안사이는 일반 학문을 속학(俗學)이라고 평하면서 퇴계의 학문이야 말로 진정한 학문이라고 했다. 다산 정약용도 퇴계의 편지글을 애독했다. 그것은 학문의 목적을 출세나 공명(功名)에 두는 것이 아니라 철저히 수신에 바탕을 두며, 자신의 인격도야(人格陶冶)에 중심을 두었기 때문이다.

V. 기고봉의 도통관

1. 서 론

도통관(道統觀)이란 유교의 정통성과 비정통성을 가름하는 잣대이다. 조선조의 유교는 단순한 학문의 차원을 넘어 종교적 신앙으로까지 고양되어 있었기 때문에 정통과 이단에 대한 엄격한 기준을 가지고 있었다. 이러한 도통관은 이상을 실현하려는 조선의 선비들에게는 영원한 진리로서 학문과 실천의 지침이 되었고, 유교의 영향권 아래서는 일반 대중들에게도 비행을 견제케 하는 준엄한 감시자의 역할을 했던 것이다.

조선조 도통관을 논함에 있어서 고봉 기대승의 학문적인 역할을 빼 놓을 수 없다. 왜냐하면 그는 바람직한 의미의 절의와 선비정신과 관련된 도통관을 정립하는 데 기여한 대표적인 학자였으며, 그의 도통관은 후일 당파적 붕당과는 무관한 순수한 것으로서 평가되기 때문이다.

고봉은 실천지향적인 학문인 의리지학(義理之學)의 바탕이 되는 도통관을 주장함과 동시에 이론적 성리학의 근본주제인 이기(理氣)에 대해 치밀하게 연구하였다. 그 이전의 유학자들이 도통을 주로 절의와 지조에만 근거하여 수수(授受)하였던 것과는 달리 고봉은 이론적으로 유교의 전통을 수수(授受)하겠다는 의지로서 성리학의 본질에 충실하였던 것이다.

따라서 고봉의 도통관을 검토하는 것은 조선의 유학을 이해하는 데 중요한 의미를 지닐 것이다. 그런데 우리는 고봉의 도통관을 살펴보기에 앞서 조선조 성리학에 있어서 중시되었던 도통의 내용이 무엇이며, 중국의 경우 어떤 도통이 강조되었는가를 정리하고자 한다. 이와 함께 고봉 도통관의 선학(先學)이라고 할 수 있는 복제(腹齊)의 도통관을 개괄함으로써 고봉 도통관의 성립 배경을 이해하고자 한다.

다음으로 우리는 고봉의 도통관의 내용이 무엇이며, 그에게 있어 도통의 기준이 무엇인지를 조사할 것이다. 그리고 고봉의 의리지학(義理之學)의 면을 상징하는 선비로서 추앙하였던 인물들의 사상을 정리함으로써 고봉의 도통관을 분명하게 드러내고자 한다.

우리는 이러한 문제들의 해명을 통해서 고봉에 대한 잘못된 시각을 바로잡는 계기를 마련하고자 한다. 조선조 유학에 있어서 도통관이 대단히 중요한 가치체계로서 확립되는데 기여한 학자는 고봉만이 아니다. 그러나 고봉이 도통관 정립에 누구보다 더 철저함으로써 조선조 유학의 전통 성립에 기여한 바는 지대하다고 할 수 있다. 그런데 고봉이 이처럼 도통관 정립에 철저했음에도 불구하고 고봉의 입장이 그동안 주자학의 정통을 벗어난 것처럼 보는 시각들이 있었다. 이러한 시간들에 대한 재고의 기회를 제공하는 것이 이 글의 또한 다른 의도라고 할 수 있을 것이다.

2. 성리학의 도통관

우선 도통이란 무엇인가? 도통에서 '통(統)'은 근본이며, 처음이라는 의미가 있다. 또 그 이면의 뜻으로는 남과 구별되는 특성, 본래적으로 가지고 있는 주체성이나 자기동일성, 정체성을 의미하기도 한다. '통'이 주요 특성은 연속성인데, 가장 올바른 연속성을 '정통'이라고 한다.

유교에서 도통관의 근원에 대해서는 이미 『주역』[134]이나 『논어』[135]에서 거론되며, 보다 구체적으로는 『맹자』에서 거론된다. 이 고전들에서는 유교의 정통성을 강조하고 이단설을 비판하는 내용이 나타남과 동시에 유교의 이상적 인간으로 요순(堯舜), 우(禹), 탕(湯), 문무(文武), 공자를 거론함으로써 유교의 도통관이 정립되기 시작한다.

> "맹자는 말하기를 요순으로부터 탕에 이르기까지 5백 여년이니, 우왕과 고도(皐陶)는 직접 뵙고서 알았고 탕왕은 들어서 아셨다. 탕왕으로부터 문왕에 이르기까지가 5백여년이니, 이윤(伊尹)과 래주(萊朱)는 직접 뵙고서 알았고, 문왕은 들어서 아셨다. 문왕으로부터 공자에 이르기까지가 5백여년이니, 태공망(太公望)과 산의생(散宜生)은 직접 뵙고서 알았고 공자는 들어서 아셨다. 공자이래로 오늘에 이르기까지 백여년이니, 성인의 세대와의 거리가 이와 같이 멀지 않으며, 성인이 거주하신 곳과 가까움이 이와 같이 심하되, 그런데도 아무것도 없으니, 그렇다면 또한 아무것도 없겠구나."[136]

맹자는 이러한 정통관에 입각하여 유교 이외의 학설은 이단설로서 단호하게 거부하였다. 그에 따르면 성왕(聖王)이 나오지 아니하여 제후들이 방자하게 되고 초야의 선비들이 멋대로 논하여 양주(楊朱)와 묵적(墨翟)의 말이 천하에 가득하게 되었으며, 천하의 말이 양주(楊朱)아니면 묵적(墨翟)에게 돌아갔다는 것이다. 양씨는 자신만을 위하니, 이는 군주가 없는 것이요, 묵씨는 겸애(兼愛)하니 이는 아버지가 없는 것이다. 아버지가

---

134) 『주역』, 「계사편」 하. '古者包羲氏之王天下也 仰則觀象於天 (…) 包羲氏沒 神農氏作 (…) 神農氏沒 皇帝堯舜氏作 (…).'

135) 『논어』, 「자한」 '子 (…) 畏於匡 曰文王 旣沒 文不在玆乎.' 「술이」 '子曰 甚矣 吾衰也 久矣 吾不復夢見周公.'

136) 『맹자』, 「진심장」하. '孟子曰 由堯舜至於湯 五百有餘歲 若禹皐陶則見而知之 若湯則聞而知之 由湯至於文王 五百有餘歲 若伊尹萊朱則見而知之 若文王則聞而知之 由文王至於孔子 五百有餘歲 去聖人之世 若此其未遠也 近聖人之居 若此其甚也 然而無有乎爾 則亦無有乎爾.'

없고 군주는 없는 것은 금수(禽獸)의 상태라는 것이다. 양주와 묵적의 도가 종식되지 않으면 공자의 도가 드러나지 못할 것이다. 이는 삿된 학설로 백성을 속여 인의의 도를 막는 것이므로, 삿된 학설인 이단설에 대해서는 단호한 태도를 취하지 않을 수 없다는 것이 맹자의 주장이다.[137)]

이러한 맥은 당대(唐代)에 와서 다시 이어진다. 맹자를 유도의 적전(嫡傳)으로 추앙하는 작업은 한유(韓愈)의 저술에서도 등장한다. 한유가 말한 도란 무엇인가? 그가 말하는 도는 물론 유도(儒道)이다. 불교와 노장을 배척하는 입장에 서 있는 그에게 있어서의 도는 요순의 도이다. 그리고 그는 이런 도통의 맥은 우(禹), 탕(湯), 문무(文武), 주공(周公), 공자를 거쳐 맹자로 이어진다고 본다.

한유에 의하면 이 도란 한마디로 말하면 선왕(先王)의 도리이다. 요순으로부터 공자에까지 이르는 선현과 선왕의 도리라는 것이다. 그 효과면을 본다면 이러한 법도로써 나를 위하면 순조롭고 상서롭게 되고, 마음이 화평하게 되며, 나라가 평안하게 되며, 그 정(情)과 상도(常道)를 얻게 된다고 하였다. 한유가 말한 이 도란 물론 노불(老佛)의 도가 아니다. 한유는 당시 유가사상이 침체된 원인을 도교와 불교의 융성에서 찾았고 이 침체된 유가사상을 부흥시키는 것이 자신의 임무라고 생각하였다.

송대(宋代)의 성리학자들은 맹자 이후로 도통의 맥이 단절되었다고 한다. 다행스럽게 주자(周子)에 이르러서는 성(誠)으로써 근본을 삼고 욕(欲)으로써 계를 삼으니, 이것는 주자(周子)가 공맹을 계승한 것으로서 단절된 도의 맥을 연결하는 실마리였다고 할 수 있다. 정자(程子) 형제에 의해 이르러서는 함양으로 경을 실천하고 학문의 초점을 치지(致知)에 두었다. 밝음이 아니면 행동하지 않고 행동하지 않으면 밝음이 소용없음으로

---

137) 『맹자』, 「등문공」 상. '聖王不作(…)人將相食.'

극기의 뜻을 밝혔다.

이것이 이정(二程)이 주자(周子)에게서 얻은 도통이라고 한다. 여기에서는 어떤 공통점을 찾는다는 것이 쉽지 않다. 유교 전체의 주요한 사상을 열거할 뿐이지 도의 내용을 한 단어로 통합시키기는 어렵다. 다만 내적인 마음의 수양과 외적인 법도에 대한 균형이 도통의 내용에 있어서 공통된 면이다. 예컨대 사(事)와 심(心)의 내용의 두 면을 다 함께 중요시 한다는 점이다.

유교의 오랜 전통이 단절되어 있음을 개탄한 것은 한유와 동중서였지만 이를 보다 구체적이고 상세하게 계승한 것은 송대의 성리학이었고, 그들은 당시의 불교나 도교와는 다른 차별성을 강조하지 않으면 안 되었기 때문에 도통을 중요시 하였고 그러한 유교의 전통은 조선조에서도 중시되었다.

그렇다면 정통적인 유교의 도의 내용은 무엇인가? 『성리대전(性理大全)』에서 나타난 도통편의 내용을 도표로 그려보면 다음과 같다.

수통자(授統者)	도통의 내용	수통자(受統者)
요(堯)	중(中) '인심유위 도심유미 유정유일 윤집궐중(人心惟危 道心惟微 惟精唯一 允執厥中)'	순(舜)
순(舜)	정일(精一)	우(禹)
우(禹)	예·의(禮·義) '이의제사 이례제심(以義制事 以禮制心)'	탕(湯)
문(文)	예·의(禮·義) '단서(丹書)의 계(戒)'	무(武)
무(武)	경·의(敬·義) '경이직내 의이방외(敬以直內 義以方外)'	주공(周公)
주공(周公)	박문약례 극기복례(博文約禮 克己復禮) / 수기치인(修己治人)	공자(孔子)
공자(孔子)	박문약례 극기복례(博文約禮 克己復禮)	안자(顔子)
공자(孔子)	수기치인(修己治人)	증자(曾子)
증자(曾子)	계구(戒懼), 근독(謹獨) / 지인용(智仁勇) / 성(誠)	자사(子思)

3. 고봉 선학으로서의 복재(腹齋)의 도통관

복재 기준(奇遵)은 고봉의 숙부로서 성종 23년(1492)에 태어나고 중종 16년(1521)에 타계한 학자로서 자는 경중(敬仲)이었고, 호는 복재(腹齋)이며 세상에서는 덕양(德陽)선생이라고 불렀다. 복재는 중종 9년(1514)에 별시 문과에 급제하였다. 정암 조광조가 1515년의 알성 문과에 급제하였으니 정암보다 1년 앞서 문과에 급제한 것이다. 복재는 당시 정암 조광조와 같이 나라의 사림정치를 확립하려고 노력하다가 마침내 훈척들로 하여금 기묘사화에 몰리게 되었다. 정암이 벌을 받고 세상을 떠나자 복재도 온성(穩成)으로 원배되었다가 이듬해 모친상으로 일시 풀려나왔다가 다시 유배지로 가는 재배된 뒤 처형당했다.

위에 공의 억울함이 인정되어 이조판서로 추증되고 기묘 8현(賢)의 한 사람으로 추앙되어 온성의 충곡(忠谷)서원, 아산의 아산서원, 종성의 종성서원, 고양의 문봉서원 등에 배향되었으며 시호는 문민공(文愍公)이다.

복재의 다섯 형제 중 원(遠)은 전라도 장성으로, 동생 진(進)은 광주로 낙향하여 은퇴생활을 했던 것이다. 이로 인해 기고봉이 광주에서 태어났으니, 고봉이 광주에서 태어난 것은 이처럼 기묘사화와 깊은 연관이 있었던 것이다.

조광조와 마찬가지로 기준(奇遵)도 정몽주의 도통을 이어 받았다고 볼 수 있다. 이것은 복재의 주장으로 포은을 문묘에 종사하게 되었으며, 포은을 종사하게 될 때에 왕의 제문을 당시 복재가 응제했던 것에서도 알 수 있다.[138)]

그는 포은이 성리학을 창도하여 동방의 조종이 되었는데, 위로는 전래

138) 『腹齋集』 하권. pp.11-12. 正德丁丑 圃隱先生文廟從祀祭文應製作.

되지 않은 것을 탐구하고 아래로는 여러 몽매함을 계발하여 한 번 비루한 학문을 씻고 깊이 염계와 낙양의 학문을 발전시키니 문장도 덕과 시설(施設)제작이 왕좌(王佐)의 재능이고 천인(天人)의 학문으로서 체(體)가 서지 아니함이 없고 용(用)도 또한 방향이 있으며 이단을 배척하고 단절시키며 삼강과 오상을 배양하였다고 주장한다.

복재는 포은 정몽주가 이미 점필재 김종직에 의해서 조선조의 도통의 연원으로 추앙되었다고 지적한다. 복재는 다음과 같이 말한다.

> "우리 조정의 점필재는 홀로 포은을 추대하여 가로되 이학(理學)으로 동방의 조종(朝宗)이 된다고 말하였으니 저는 여기에 조금 취할 바는 있으나 또한 스승의 도를 진작하고 흥기한 것은 듣지 못하였습니다."[139]

복재는 조정에서 포은 정몽주, 한훤당 김굉필 두 분을 문묘에 종사해야 된다는 의론이 있었으나 쉽사리 맺는말을 내리지 못하고 있었을 때, 계진하여 말하기를 정몽주는 이학의 종주이자 동국 유학이 포은으로부터 시작되고 근원이 된 것이며 이 학문이 김굉필에 와서 크게 운이 열리게 된 것이라고 했다. 김굉필은 김종직으로부터 정주학의 계통을 이어 받았으니 후학으로서는 그 공을 크게 여기지 않을 수 없는 것이며, 문묘에 종사시키는 것이 마땅하다고 복재는 주장하였다.

복재는 정암과 같은 뜻을 가졌고 또 행동을 같이 했으므로 정암을 논하자면 복재를 언급해야 하고 복재를 논하려면 정암을 논해야 한다. 복재는 항상 정암을 높이 평가하고 그를 따라 행동을 같이 하고 또 정암을 받들고 두둔하다가 같이 화를 당했던 것이다. 따라서 복재는 조선조 유학의 도통의 상징이라 할 수 있는 정암의 문도라고 볼 수 있으며, 복재의

---

139) 『腹齋先生文集』 권3. pp.552-553.

선비정신은 정암의 정신과 일치하는 면이 많다고 보아야 한다. 예컨대 소학정신이나 위기지학(爲己之學)을 정암과 마찬가지로 복재가 중시한 것에서도 정암과 복재의 친화성이 잘 들어난다.

> "젊은 학자들이 문장의 화려한 것을 공부하고 영리를 요구한 것을 일로 삼고 혹 문장에 능숙하고 세속을 놀라게 한 것을 지략으로 삼아서 한 사람도 시서의 정당한 이치를 탐색하고 성현의 사업을 추구한 자가 없다. (…) 사사(私事)의 뜻이 있고 착한 것을 따르고 올바른 일에 복종하는 양심이 없음이 심하다."[140]

이런 점에서 복재는 정몽주계의 문도요 그의 사상적 학문적 계승자라고 해도 무리가 없을 것이다. 점필재 김종직의 도통은 다시 김굉필에 이어졌고, 이것이 조광조와 복재에 이어졌던 것이다.

이러한 복재로부터 고봉은 학문의 맥을 이어 받는다. 조선조 유학의 도통을 열거한『순오지(旬五志)』에서 고봉을 '복재지종자(服齋之從子)'라고 분류하고 있다.[141] 이는 고봉의 도통관이 퇴계문인으로 이루어진 것이라기보다는 정암과 복재의 후계자로서 이루어진 것이라는 것을 암시하고 있다.

고봉과 학문을 논의했던 퇴계도 정암의 문인은 아니지만, 정암과 복재의 지치주의의 가치를 계승한다는 점에서 고봉과 같은 입장에 있었던 점을 주목해야 할 것이다. 이러한 고봉과 퇴계의 일치는 고봉이 퇴계의 학맥을 이었기 때문이 아니라 고봉과 퇴계가 정암과 복재의 학문적인 영향을 받았기 때문에 나타난다고 보아야 한다. 따라서『순오지(旬五志)』에서 고봉을 '퇴계문인'이 아니라 '복재의 조카'로 분류한 것은 당연하다 할 것이다.

---

140) 위의 책. pp.554-555.

141) 洪萬宗,『旬五志』下.

4. 고봉의 도통관

1) 정통과 이단의 대비

(1) 요순과 걸주(桀紂)

유교의 가치관에는 양시론(兩是論)이나 양비론(兩非論)이 없다. 분명한 행위의 기준을 요구하는 유교에서 정통과 이단의 분별이 명확하지 않으면 행위의 기준을 세울 수 없기 때문이다. 고봉은 이에 대해 다음과 같이 말한다.

> "옳은 것과 그른 것, 간사한 것과 정직한 것은 서로 용납할 수 없는 것이니, 마치 음과 양이, 낮과 밤이 서로 반대인 것처럼 한 편이 성하면 한 편이 쇠하고 한 쪽이 우세하면 한 쪽이 쇠퇴하는 법이다. (…) 물과 불, 얼음과 숯은 같은 그릇에 담아두면 마침내 해가 생기는 법이다."[142]

선악과 시비와 정사(正邪)는 명백하게 구분되어야 하지 그것이 공존한다는 것은 해롭다는 것이다. 고봉은 유교의 도통을 삼대에서 근거한다고 밝힌다. 모든 선의 근거는 요순과 우에서 시작하고 이들을 본받아야 한다고 주장한다.

> "만일 태평의 정치를 이룩하려고 하신다면 마땅히 삼대의 성왕을 법으로 삼아야 할 것입니다. 항상 생각하기를 '온 나라 안에 수많은 인민과 곤충 초목까지도 모두 내 한봄을 우러러보고 의지하고 있으니, 이들로 하여금 각기 그 살 곳을 얻게 하여야 한다'고 해야 할 것이니, 이것이 인군의 입지입니다. 이 뜻이 이미 세워지면 방탕한 욕심이 감히 생기지 못하여 천리가 점점 밝아

---

142) 『論思錄』 卷下. p.13.

> 질 것입니다. 백성들이 아직 편안하지 못할까 염려하여 편안하게 하려고 노력할 것이요, 세상이 태평하지 못할까 염려하여 태평하게 하도록 노력할 것이며, 기거와 침식에 있어서도 혹 정사에 해되는 일이 있을까 염려하고, 사려와 언어에도 정치를 해치는 단서가 있을까 염려하여, 조심하고 두려워해서 마치 살얼음을 밟듯이 하고 범꼬리를 밟듯이 하여 매양 옛 성인을 따를 것을 생각해야 할 것입니다. 옛사람이 말하기를 '순임금은 어떠한 분이며 나는 어떠한 사람인가? 나도 순임금처럼 같이 하겠다' 하였으니, 이것이 바로 입지입니다."[143)]

고봉에게 있어서 모든 행위의 근거가 되는 것은 요순인데 비해 경계해야 할 대상은 걸주(桀紂)이다. 고봉은 요순을 인민과 곤충, 초목까지도 배려하는 신중한 입지(立志)를 하는 성인으로 이해하는 반면 걸주는 탐려(貪戾)한 행위를 자행했던 악의 상징으로 규정한다. 만고에 흉덕은 반드시 걸 · 주를 지칭하고 후세에 불선(不善)한 군주가 또한 많지마는 반드시 걸주(桀紂)를 으뜸으로 삼는 것은 그들의 탐려(貪戾)인 것이다. 이처럼 요순과 걸주는 같은 인간이면서도 선과 악이라는 두 범주에 동시에 속할 수 없고 선 아니면 악이라는 한 범주에만 속한다고 고봉은 믿는다. 그에게 있어서 선, 곧 정통의 근거는 삼대인 것이다.

고봉은 매양 옛 것 그대로 인순(因循)하여 구차하게 되는 병통도 경계한다. 단순한 복고주의로서는 문제가 있기 때문에 임금이 삼대의 정치를 회복하려는 신념을 가지고 또 삼대의 덕을 회복하려는 뜻을 가지고, 삼대의 예를 회복하려고 하여야 하며, 그러기 위해서는 마땅히 힘써 삼대의 전례를 회복하여야 할 것으로 본다. 만일 근대의 일을 그대로 인습하고 구차히 하는 데 머물지 말라는 것이다. 이것은 좋은 법과 아름다운 뜻을 준행하지 말라는 것이 아니고, 일시적으로 우연히 한 일로써 예에 위해되

143) 『論思錄』 卷上. pp.32-33.

는 점이 있으면 반드시 반성하고 고쳐야 한다고 강조한다.[144)]

그는 맹자를 인용하면서 선의 정통은 요순의 방식으로 모든 행위를 하고 걸주의 방식을 경계하는 것으로 단언하면서 다음과 같이 말한다.

> "맹자가 말하기를 '요순은 인륜의 지극함이니, 순임금이 요임금을 섬기던 방식으로 인군을 섬기지 않는다면 이는 그 군주를 불경(不敬)하지 않는 것이요, 요 임금이 백성을 다스리던 방식으로 백성을 다스리지 않는다면 이는 그 백성을 해치는 것이다'고 하였으니 후세의 군주는 마땅히 요순으로써 법을 삼고 걸주로써 경계를 삼아야 할 것이다"[145)]

물론 이러한 고봉의 생각은 고봉만의 사유방법이 아니라 유교의 전통적인 도통관이라 할 수 있다. 다만 고봉의 경우는 더욱 철저한 면이 있고 요순을 걸주와 대비하여 도통과 이단의 명료한 구분을 하고 있다는 점에서 특징이 있다.

(2) 맹자와 양묵(楊墨)

고봉은 요순 이후의 도통에 대해서는 우왕, 탕왕, 문왕, 무왕, 주공, 공자 이렇게 성인의 도통이 이어졌다고 본다. 그는 탕왕 시대에는 이윤 같은 이가 있었고, 문왕시대에는 태공망(太公望) 산의생(散宜生) 등이 있었고 공자에게는 3000의 제자가 있었는데, 그 중 안자(顔子)와 증자(曾子)가 그 수제자이었고, 그 후에 증자의 도통은 자사(子思)에게 이어졌고, 맹자는 자사에게 공부를 배우 그 제자가 되었다. 맹자가 죽은 다음에 약 천여년 동안 도통이 끊어졌다는 것이다.[146)]

144) 『論思錄』 卷下. p.35.
145) 『論思錄』 卷上. p.12.
146) 『論思錄』 卷上. p.11-12.

고봉의 도는 천지간에 있으며, 성인을 통해 드러난다고 한다. 그리고 성인의 말씀은 육경(六經)에 있다. 도는 천지간에서 찾지 못하면 성인에게서 찾아야 하고, 육경(六經)에서 찾으면 도를 얻을 수 있다. 그렇다면 육경 중에 어느 책을 시작으로 삼아야 하겠는가? 이는 바로 『맹자』가 도의 표준이라고 주장한다.

고봉은 맹자의 경우 도통에 대한 수호의식이 매우 높다고 평가한다. 그리고 도의 정통이 훼손되는 것은 이단의 학에서 연유한다는 것이다. 이를테면 성인의 인은 겸애설에 의해서 훼손되는데, 이것이 묵적의 설이라고 한다. 성인의 의가 훼손되는 것은 양주의 위아설(爲我說)이다. 노자의 학은 양주의 설에서 발생하고, 장자의 학문은 양주와 묵적의 합일이라고 한다.[147]

이단설은 각자 자기의 학문만을 학문이라고 주장하고 성인의 도를 배반하게 되었는데, 묵적의 겸애의 화는 무부(無父)에 이르렀고, 양주(楊朱)에 있어서 위아의 폐단은 무군(無君)에 이르렀으니, 부자유친(父子有親)이 없는 무부(無父)와 군신유의(君臣有義)가 없는 무군(無君)의 도는 금수(禽獸)로 돌아가는 데도 그들은 스스로 이것을 알지 못하고 있다는 것이다.[148]

고봉은 맹자야말로 하늘이 내신 아성(亞聖)의 재주로 위로는 증자와 자사의 전통을 이어 그 정통을 얻었다고 칭송한다. 또한 맹자의 학문은 지언(知言)과 양기(養氣)를 위주로 하였고, 그의 도는 성선설과 인의를 법으로 삼았다고 한다. 맹자는 양주와 묵적의 학설을 배척하고 선성(先聖)의 도를 보호하며 부정한 말을 추방하고 인심을 바로잡는 것으로 자기의

147) 『고봉집』 卷2. 「求觀聖人之道 必自孟子之始論」.
148) 『고봉집』 卷2, 「求觀聖人之道 必自孟子之始論」.

임무를 삼아서, 세상의 배우는 자들로 하여금 공씨(孔氏)를 높이고 인의를 숭상하며 왕도를 귀히 여기고 폐도를 천히 여길 줄 알게 하였으니, 그 공은 홍수를 막고 맹수를 축출한 것에 비하여 똑같은 것으로 위대하게 평가하고 있다.[149)]

『맹자』 한편 가운데에는 온갖 변화가 다 마음으로부터 말씀하셨으니, 모두가 성인의 도를 발명하여 육경을 보좌한 것이라고 한다. 그는 성인(聖人)에게 맹자가 있음은 마치 몸에 눈이 있는 것과 같은 것이며, 육경에 『맹자』가 있음은 마치 그물에 굵은 줄이 있는 것과 같은 것이라고 한다.

여기에서 고봉은 맹자야말로 유교의 도통을 수호하는 입장이며 그 정통을 지키기 위해서 대표적으로 척결하여야 할 이단설로 양주의 이기주의와 묵적의 극단적 이타주의를 지목한다. 이들은 중용의 입장을 벗어난 것으로 올바른 도가 아니라는 것이다. 고봉의 입장은 유교경전 가운데 『맹자』야말로 가장 핵심적인 가르침이라는 점을 강조하고 있고 그 이유가 요순에서 공자까지의 성인의 도를 충실히 표현하기 때문이라는 것이다.

이러한 고봉의 도통관은 한유(韓愈)의 입장에 충실한 것이며, 요순과 걸주를 이원적으로 대비한 절대주의적 논리를 철저히 견지하고 있다.

(3) 한유(韓愈)와 노불(老佛)

고봉은 한유의 도통관을 수용한다. 고봉에 의하면 한유 당시에는 노장학과 불가의 폐해가 심하여 비단 양주와 묵적이 있던 맹자 시대에 비할 뿐만이 아니었다고 한다. 노불(老佛)은 뿌리가 깊이 뻗어 있고 흐르는 줄기가 넓어서 이단을 높이고 스승으로 삼는 자가 위로는 천자(天子)로부터 아래로는 공경과 재상들에 미쳐서 천하 사람들이 그 가운데에 빠

149) 『고봉집』 卷2, 「求觀聖人之道 必自孟子之始論」.

져 들어가 스스로 깨닫지 못하였으니, 올바른 길이 황폐되고 성문(聖門)이 폐색됨이 맹자의 세대보다도 훨씬 더 심하였다고 한다. 한유는 그들이 말하는 도는 그들이 주장하는 도이지, 우리 유교에서 말하는 도가 아니며, 그들이 말하는 덕은 그들이 주장하는 덕이지, 우리 유교에서 말하는 덕이 아니라고 하여 차별성을 강조한다.[150]

고봉이 노장을 반대하는 이유는 성인이 불필요하다는 그들의 주장 때문이다. 그의 도통론에서 중요한 원리는 성인을 추앙하는 것인데, 한유는 이를 비판하는 노장을 받아들일 수 없다는 것이다.

노불(老佛)은 도덕과 인의를 성인에게서 찾지 아니하고 인심에 근본하지 아니하며, 다만 작은 사랑과 하찮은 의리를 가지고 참 모습이 아닌 그림자나 비슷한 사이에서 인의라고 주장하여 장차 인류로 하여금 서로 이적(夷狄)과 금수(禽獸)가 되게 하여 구원하지 못하게 하였다고 한다. 이 때문에 한유는 이것을 걱정하면서 항상 맹자를 추준하여 그 공로가 우임금 아래에 있지 않다고 했다.[151]

한유는 '양주. 묵적과 노장학과 불교의 학문을 따르면서 성인의 도를 가고자 한다면, 마치 끊어진 항구과 막힌 물을 항해하면서 바다에 이르기를 기대하는 것과 같아 불가능하다'[152]고 주장하여 학자들이 도를 신중히 선택할 것을 경계하였다.

그는 특히 노불(老佛)에 대해 극단적으로 비판하는 입장을 취했는데, 노불을 막지 않으면 유교의 도는 유전되지 않으며 노불의 도를 정지시키지 않으면 유교의 도는 실행되지 않을 것이라고 했다. 도사나 승려를 일

150) 『고봉집』 卷2, 「求觀聖人之道 必自孟子之始論」.
151) 『고봉집』 卷2, 「求觀聖人之道 必自孟子之始論」.
152) 『고봉집』 卷2, 「求觀聖人之道 必自孟子之始論」.

반 백성으로 환속시키고 노불의 서적을 불태워 없애버리고 그들의 주거인 도관(道觀)과 사원을 민가로 만들고 선왕의 도를 밝혀 이 사람들을 지도해야 한다고 역설했던 것이다.[153)]

여기서 우리는 유교와 노불에 대한 비판에 대해 자신의 견해를 기술하지 않은 이유는 이러한 역사적 배경의 상이에서 오는 것이다. 그럼에도 고봉은 맹자 이래로 단절된 도통의식을 한유가 부흥시킨 그 관점을 전적으로 수용하고 있으며 이점에 한 점 소홀함이 없었다.

이러한 그의 도통의식이 조선조의 도학정신과 불가분의 관계에 있다. 이제 고봉의 시대에 강조되었던 도학정신, 사림정신 혹은 선비정신을 선양하는 데 그의 도통의식이 어떤 의미를 가졌는지를 살펴보기로 한다.

5. 선비정신의 고양

고봉이 생존한 16세기는 조선조 성리학의 발달이 도학의 단계에까지 도달된 시기였다. 즉 14세기 초부터 본격적으로 도입된 정주계의 성리학이 2세기 여를 지내는 동안 그 수기(修己) 궁리의 특성을 우리 나름으로 완전히 체득하였음은 물론, 의리를 실천적으로 구현하는 도학정신으로 구현하는 도학정신까지 익히고 발휘하기 시작한 때가 당시였다.[154)]

선비정신 곧 사림정신은 성리학적 교화에 의한 실천적 유학정신이라 할 수 있다. 이러한 사림의 선비들이야말로 유교의 도통과 관련되어 선양되었는데, 이는 특정개인의 사상의 탁월성이라기보다는 그 당시 지식

153) 『昌黎隨筆』「原道」.

154) 윤사순, 「고봉의 성리학사적 위치」, 『전통과 현실』 3호. p.418.

인들이 공유한 그 시대의 정신을 대표하는 것이기도 한 것이다.

사림정신의 형성에는 그만한 연원이 있었다고 볼 수 있다. 일찍이 세조의 왕위찬탈에 대한 반발로서 김시습 등 소위 절의파가 출현하였을 당시부터 사림형성의 분위기가 준비되었다.

한편 고려 말 정몽주 이래 길재 등의 영향을 받은 김종직, 조광조 등의 사림이 형성되었는데 당시 사림들이 정치의 세계에서 실패하였지만 그들의 충의와 지조가 날이 갈수록 빛을 발하게 되고 사표로서 선양되었다.

고봉은 사림파의 선비로서 선비정신의 입장에서 의리정신을 드높이는 데 일익을 담당하였을 뿐 아니라 사림파 철학으로서의 선비론도 보다 더 구체화한다.

> "고려 말에 정몽주 같은 이는 충효 대절(大節)이 있고, 또 정자나 주자학을 닦아 동방이학의 시조가 되는 사람이지만 불행하게도 나라가 장차 망하게 되는 때를 만나서 살신성인(殺身成仁)을 하게 되었습니다. 이조가 창건되뒤에 정몽주의 학풍을 이어 받은 분은 김종직입니다. 학문에 연원이 이렇게 분명하고 행함이 또한 단정하여 후학을 깨우치는 데 또한 지성을 다했습니다. 성종대왕이 이를 뽑아 판서직에까지 올려 썼으나 그는 속류와 어울리지 않았습니다. 연산조에 와서 사화가 있어 선류(善類)들이 많이 피화되었는데 이 중에서는 김종직 문도가 많았습니다.그래서 김종직, 김굉필까지도 피화되었는데 김굉필은 김종직의 제자입니다. 종직은 대체로 문장에 능했고, 굉필은 역행지인(力行之人)이었습니다. 김굉필도 성종대왕이 중히 여겨 좌랑(佐郞)으로 기용하였으나 갑자사화때에 김종직 문인이라고 하여 유배되었다가 마침내 대죄를 받게 되었습니다. 그 후 중종대왕이 즉위한 후 그 착함을 애석하게 여겨 이를 표창하고 증직으로서 좌의정에 추서했습니다. 조광조 또한 김굉필의 제자입니다. 조광조는 기품이 높았고 또한 열심히 공부를 했고 이욕의 근원을 없애서 사회정의를 바로 잡으려 했으나 마침내 화를 당하여 누명을 쓰고 죽음을 당하고 말았습니다. 그러나 지금까지 그 시비를 밝히지 못했습니다. 그러나 옳은 것은 옳다고 하고 잘못은 잘못이라고 한

연후에야 인심이 비로소 바로 잡히고 즐거운 마음으로 정부에 복종할 것입니다. 이언적 역시 죄가 없을 뿐만 아니라 그 학문과 행실이 실로 근대에 없는 학자이므로 조광조와 이언적을 다 같이 원통함을 풀어주고 표장을 내리신다고 하면 모두 이를 옳다고 여길 것이고 시비도 분명하게 되어 인심이 크게 따를 것입니다."[155]

그는 선비정신을 찬양하고, 우리나라 성리학의 도통을 '포은 정몽주 · 야은 길재 · 강호산인 김숙자 · 점필재 김종직 · 한훤당 김굉필 · 정암 조광조'라고 정리하고 있다. 그는 선비론을 수립하는 데 그치지 않고, 실제로 이 땅에 태어나 시대적 양심과 진리의 대변자로서, 선비의 구실을 해낸 '전형적 선비상'의 정신적 연원의 맥까지 누구보다 깊은 관심을 가지고 이를 선양하고자 했다.

1) 포은 정몽주의 경우

정몽주가 우리나라 성리학의 시조가 된다는 데에는 그의 절의가 그 기준이 된다고 흔히 말하지만 고봉의 경우는 그의 의리정신은 물론 성리학자로서의 정통성을 더욱 중시하고 있다. 우리나라의 성리학은 고려 말기에 이르러서야 비로소 정주의 서적이 차차로 들어왔기 때문에 우탁(禹倬) 정몽주와 같은 이들이 성리학의 이론을 참고하여 연구할 수 있었다고 고봉은 말한다.

"그는 사람됨이 지혜와 용기가 뛰어났고 충효의 큰 절개가 있었습니다. 젊어서부터 학문을 좋아하여 열심히 공부하였고. 성리학을 정밀히 연구하여 매우 깊은 소득이 있었습니다. 당시 경제가 동방에 들어온 것은 주자의 집주였

155) 『論思錄』 卷下.

> 는데, 몽주의 강설이 너무 뛰어나서 다른 사람들의 생각과는 훨씬 벗어남으로, 듣는 이들이 자못 의심하였습니다. 그 후 호운봉(胡雲峯)의 『사서통해(四書通解)』를 얻어본 결과 몽주의 강설이 그이 설과 모두 합치되므로, 모든 선비들이 다 복종하여 그를 동방 이학의 시조로 추앙하였습니다."[156]

고려 말의 풍속은, 상례(喪禮)와 제례(祭禮)에 있어 오로지 불교의 법을 숭상하였는데, 몽주가 비로소 사서인(士庶人)들로 하여금 주자의 「가례」를 본받아 가묘를 세워 조상의 제사를 받들도록 하였다고 한다. 또 도성 안에 오부학당을 건립하고, 밖으로는 전국에 걸쳐 향교를 설치하여 유술(儒術)을 진흥시켰으며, 그 밖에 의창(義倉)을 세워 궁핍한 이들을 진휼하고, 수참(水站)을 설치하여 조운(漕運)에 편리하도록 한 것도 모두 그가 계획한 것이다.

고봉은 정몽주의 선죽교의 절의만으로 이학의 조(祖)로 칭송하는 것이 아니다. 학문은 없고 오직 도의만을 불사이군(不事二君)의 표상인 길재 야은에게 전수한 것이 아니다. 포은 이하 정암에 이르는 조선조 도통은 성리학을 바탕으로 충의 등의 실천 유교적 의리정신의 흐름으로 형성된 것이다.

고봉의 도통관이 단순한 실천적 의리정신에만 기준을 두고 성리학적 학문정신에 바탕한다는 것을 포은에 대한 평가에서 발견할 수 있다.

2) 한훤당 김굉필의 경우

고봉은 정통과 이단이 공존할 수 없다는 절대적 가치관을 견지했다. 그러나 그가 처한 현실은 선악과 정사(正邪) 그리고 정통과 이단이 불명

---

156) 『高峰續集』 卷2. p.29.

하게 판명되는 세상은 아니었다. 의리에 충실하였던 선비들이 오히려 역적으로 몰려 목숨을 빼앗긴 일이 이른바 사화의 얼룩진 모습이었다. 그가 유교의 도통을 중시했던 것은 바로 선악에 대한 확고한 기준을 신념으로 가지고 있었던 데서 기인한다. 그는 '전형적 선비상'으로 김굉필을 추모하면서 일시적인 평가와 영원한 평가는 다른 것이고, 비록 선배들이 일시적으로 역적시되었지만 역사는 정의의 편임을 주장하고 김굉필의 복권을 감개무량하게 받아들인다. 고봉은 김굉필을 추모하는 경현당(景賢堂)의 건립을 기념하면서 다음과 같이 말한다.

> "대저 현자와 불초한 자가 정해지지 않으면 사람들의 좋고 싫어함이 정리되기가 어렵다. 일시적인 좋고 싫어함은 사람의 현(賢)과 불초를 만족하게 정할 수 없다. 반드시 후세의 좋고 싫어함을 기다린 연후에 그 옳고 그름이 정해지는 것이다. 아! 선비가 일시적으로 싫음의 대상이 되어 떠돌아 아니고 곤궁하여 마침내 그 몸을 보전할 수 없다가고 후세에 현자로 추앙된다. 이는 어찌 구차한 노력으로 되겠는가. 내가 어렸을 적부터 김선생님의 일을 듣고 미상불 개탄하였는데 이제 다행히 이 당(堂)을 세움을 보게되었다. (…) 선생님은 정말로 이른바 일시적으로 싫어함의 대상이 되었다가 후세에 현자가 된 것과 같구나."[157)]

고봉이 한훤당을 정통적 선비로 여기는 것은 그의 선비정신에 기인한다. 그리고 그 내용은 실천적 의리정신이다. 한훤당이 비록 일시적으로 고통을 당했을지언정 그 의리정신은 영원하다는 점을 그는 중시하는 것이다.

'아! 선생님이 난세를 만나고 폭군을 섬겨 그 심히 가혹한 화를 입으셨다. 비록 불행했다고 할지라도 후세의 사람들이 또한 모두 그 어짊을 알

157) 『景賢錄』地. p.20.

고 좋아하게 되었구나'[158] 하는 표현이 이를 반영하는 것이다.

김굉필의 입장은 진정한 학문은 일상의 생활에서 그 도를 실천하는 데서 찾아줄 수 있다는 것이고, 그러한 정신은 소학정신으로 표현하고 있으니 다음과 같다.

> "소학의 책은 우리나라에 유포된 지 이미 오래되었으나 사람들이 그 대의를 모르다가 김굉필의 무리가 모여 그 책을 강의하고 세상에 행하여 기묘년에 이르러 사람들이 모두 소학을 근본으로 삼았는데 불행하게도 현인과 군자들이 죄의 그물에 걸렸다. 오늘에 이르러 세상에 소학을 읽는 사람이 없으니 이는 교화가 밝아지지 못함에 이른 것이다."[159]

한훤당은 처음 점필재 김선생을 따라서 수업을 청하였는데 김선생은 소학책을 주면서 말하기를 진실로 학문에 뜻을 두었다면 마땅히 이를 따라야 한다고 하며 (…) 선생은 이를 흠모하여 잘지켜 잊지 않고 책을 놓은 적이 없었다. 사람들이 혹 일을 물을 적에는 반드시 말하기를 소학동자라고 하였다고 한다. 선생이 독실한 뜻으로 힘써 행하여 소학으로써 자율적으로 어버이를 모시고 그 효를 다하고, 일을 받듦에 그 경(敬)을 다하고 평상시에 닭이 울면 일어나 예절에 맞게 문안을 여쭙고 종일토록 단정히 앉아 강습함에 나태함이 없었으니 비록 가족이라 할지라도 일찍이 게으른 모습을 보지 못했다고 한다.[160]

소학정신이야말로 조선조 유학의 도통 전승에 있어서 매우 중요한 개념이다. 이를 통해 자칫 형이상학적으로 추상적인 이론으로 치우칠 수 있는 성리학의 성격을 바로 세울 수 있었던 것이다. 이에 대해 고봉은 다음

158) 『景賢錄』地. p.22.
159) 『景賢錄』人. pp.3-4.
160) 『景賢錄』天.

과 같이 말한다.

> "우리 동방은 본래 문헌의 나라로 칭했다. 삼국시대 이래로 호걸의 선비가 없지 아니했으나 그 도덕의 빛을 구해 후세에 비추었음이 대개 많지는 않았다. 한훤당 선생은 수천년만에 태어나신 또렷하신 분이니 고인의 학에 힘쓰고 그 남기신 자취가 족히 사람의 마음을 맑게 하고 세상의 도를 도우셨다. (…) 옛날 학자는 위기(爲己)하고 성현이 가이 이를 것이고, 배움을 위인(爲人)으로 한 즉 과명(科名)과 이록(利祿)을 위한 계책에 불과할 따름이다. 어찌 어지러짐이 아니겠는가!"[161]

이러한 소학정신이야말로 성리학적 위기지학의 중요한 내용이다. 바로 이러한 정신을 고봉은 도통으로 받들었고 또한 선비정신의 핵심으로 선양하고자 했던 것이다.

3) 정암 조광조의 경우

선조는 정암 조광조에게 문정공의 시호를 내리고 죽수서원을 세워 배향하게 했다. 정암이 세속적인 정치의 세계에서 실패하였지만 그의 충의와 지조가 날이 갈수록 빛을 발하게 되고 사림의 사표로 추앙되게 되기까지에는 고봉의 쉬임 없는 노력이 있었다.

명종 때만 하더라도 기묘사화의 선비들은 정당한 평가를 받을 수 없었다. 그 당시의 분위기는 선비정신의 실천적 교과서라고 할 수 있는『소학』읽기를 꺼려할 정도였으며, 인심은 그들의 복권을 건의하는 것조차도 무서워했다. 최초의 상소문은 경상도 산음의 배익겸이 명종 14년 조광조와 소학정신을 되살려야 한다는 주장을 펼쳤고, 이에 대해 참찬관

---

161)『景賢錄』地. p.25.

이량이 이를 긍정적으로 건의하는 정도였다. 명종 17년(1562) 참찬관 허엽과 검토관 윤근수가 조광조 등의 복권을 주장하지만 받아들여지지 않았다.

정암의 선비정신을 찬양하고 그의 명예를 되찾아 줄 것을 가장 구체적이고 강력하게 주장한 사람은 바로 고봉이었다. 선조 1년(1567) 고봉은 다음과 같이 건의한다.

> "천하의 일에는 반드시 시비가 있는 것입니다. 과거 중종 초기에 조광조가 끊어진 도학을 제창하여 밝혀서 임금과 백성을 요순시대처럼 만드는 것을 자신의 책임으로 삼았었는데 불행하게 간악한 소인들의 모함을 입고 귀양가서 죽기까지 하였으므로, 지금까지 사람들이 원통하게 여기고 있습니다. 광조의 학문은 김굉필에게서 전해 받았고, 굉필은 김종직에게서 전해 받았으며, 종직은 정몽주를 사법(師法)으로 삼았으니, 그 연원의 유래한 바가 바르고 순수하여 하자가 없습니다. 그리고 이언적은 한때의 명유로 억울하게 죄를 입어 멀리 서쪽 변방에 귀양가서 죽었습니다. 이상의 두 선비는 이름이 죄적(罪籍)에 들어 있는 채 오래도록 신설되지 않았습니다. 이제 성명(聖明)에 들어 있는 채 오래도록 신설되지 않았습니다. 이제 성명(聖明)께서 즉위하시어 그 사정을 밝게 아셨을 터이니, 의당 먼저 그들을 표창하여 존숭하소서, 그렇게 하면 국시(國是)가 정해지고 인심이 복종할 것이니, 선조(先祖)던 일이라 핑계되고 어려움을 미루어 두면 안됩니다."[162]

바로 조선조 유학의 도통관에 입각해서 분명한 정의의 구현을 그는 왕에게 신념을 가지고 주장하였고, 그를 신임하는 선조는 이를 긍정적으로 수용한다. 그러나 이를 반대하는 세력의 기세를 염두에 두기 때문에 심정적 수용에 불과하였다. 고봉의 입장을 적극적으로 지지하고 임금에게 건의한 사람은 퇴계였다.

---

162) 『高峰集』. 「부록」 1.

"조광조를 증직하는 일은 온 나라 사람들도 똑같이 원하는 바입니다. 소신도 전에 이미 아뢰었고 근래에도 대신도 아뢰었으니, 성상께서도 이미 통촉하셨을 텐데 아직 머뭇거리고 어렵게 여기시는 것은 반드시 상세히 하고 신중히 하겠다는 뜻에서일 것입니다. 그러나 아랫사람의 심정은 혹 성상께서 아직도 통촉하지 못하셨는가 염려하여 미안하게 생각하고 있습니다. 성상께서 강학에 힘을 쓰시어 이치를 점점 분명하게 보신다면 조광조의 어짊을 스스로 아시게 될 것입니다. 그를 높이고 존경하는 일을 성상의 뜻으로 결단하시어 차례로 거행하시면 더욱 성덕이 빛날 것입니다."[163]

선조는 고봉의 건의에 대해 '조광조는 여러 세대를 통해서 드물게 나타나는 순수하고 아름다운 자질로써 스승으로부터 전해받은 유교학문의 전통을 이어받았다. 도학을 천명하여 세상의 큰 선비로 되었다. (…) 이에 대하여 높은 벼슬과 훌륭한 시호를 추증함으로써 사림들이 나아갈 길을 밝혀주고 나라사람들이 기다리는 마음에 보답하는 것이다'[164] 라고 응답한다. 그러나 대신들 가운데 정암을 부정적으로 보는 세력이 잔존하였고 그를 대변하는 자가 김개였다. 그는 선조대왕 이전의 입장, 곧 정암 등의 선비들이 과격했다는 점을 지적하고 있는 세력으로 고봉의 입장에 정면으로 맞섰던 것이다. 고봉은 김개의 의견을 개탄하면서 다음과 같이 말한다.

"기묘년 사건에 대한 옳고 그른것은 이제 벌써 결정된 사실인데 감히 조광조를 옳지 않다고 말하고 남곤을 죄지우는 것이 적합지 않다고 경연석상에서 제기함으로써 전하의 귀를 현혹시켰으니 사람들은 다 깜짝놀라고 있습니다. (…) 예로부터 옳고 그른 것이 없을 수 없는데 세속사람들은 이에 대하여 혹은 '포섭하고 용납하는 편이 좋다' 라고도 말하고 혹은 '조용히 진정시키는 것이 옳다' 라고 말하지만 이것은 다 그렇지 않습니다. 대체로 옳고

163) 『論思錄』 卷上. p.32.
164) 『선조실록』 권2. 신묘일.

그른 것과 간사하고 정직한 것은 서로 용납할 수 없는 것입니다."[165]

고봉은 김개의 반대론을 이렇게 일축했다. 여기에 이르기까지 민간에서의 오랜 여론이 그의 발언을 뒷받침해주었음을 알아야 할 것이다. 서민들까지도 예의와 염치 그리고 정절을 지키는 일 등이 기묘년의 선비정신에서 발달했으며 그들의 교화의 힘이라고 본다. 정암이 비록 38세로서 생애를 마치었지만 고봉과 같은 후학들의 선양에 의해 그의 선비정신은 조선조 유학의 도통으로 빛을 발했던 것이다.

6. 주자학저 도통론에 입각한 나정암(羅整菴)의 『곤지기(困知記)』비판

유교의 도통은 맹자 이후 천여 년간 단절되었다가 주자에 의해 계승되었다. 고봉이 조선조의 선비정신을 선양하였던 것도 주자학적 가치관을 표현하는 것이다. 고봉 당시에 주자학의 도통과 상충되어 이단설로 신랄한 비판의 대상이 되었던 것은 명대 나정암의 사상이었다. 노수신(盧守愼) 등에 의해서 수용되었던 나정암의 사상에 대해서 고봉은 주자의 이기설에 반대되며 불교의 설로서 이단으로 규탄한다. 이것은 바로 도통을 수호하고 이단을 물리치고자 했던 고봉의 철저한 도통의식의 발로였다.

고봉은 퇴계와 사칠논쟁에서 퇴계로부터 나정암의 이기(理氣) 일물(一物)의 입장과 유사하다는 의심을 받은 적이 있다. 이는 주자학적 정통에 충실하였던 고봉에게 달갑지 않은 평이었다. 후일에 퇴계는 자신이 고봉

---

165) 『가례』 권3. 신사일.

의 설을 나정암의 기철학과 유사하다고 보았던 점을 사과하고 있다.

그 논쟁 때까지만 하다라도 고봉은 나정암의 설에 무관심하였다고 볼 수 있다. 그가 나정암의 『곤지기(困知記)』에 관심을 가졌던 것은 노수신의 나정암설 수용에 대해서 비판하면서이다.

무진년(1568년) 5월에 고봉이 대사성으로 입궐하였다가 옥당에서 노수신과 함께 『곤지기』를 논하였는데, 고봉이 주로 변박한 근거는 '주자가 도심(道心)은 성명(性命)의 정(正)에 근원함을 두고 인심은 형기(形氣)의 사사로움에서 나온다'고 하여 사실 이와 기를 나누어서 말하였다. 나정암은 이를 기로 알아 이와 기를 하나의 물(物)로 여겼기 때문에 도심을 성(性)이라 하고 인심을 정(情)이라 하여 갖가지 신기한 설이 다 이로부터 나왔다는 것이다. 성현이 서로 전수한 바꿀 수 없는 설을 등지고 나정암의 신기한 설을 따를 수 없었기 때문에 『곤지기론』을 지었다고 한다.

이런 태도에서 주자에 반대되는 설을 사이비로 보고 있음과 도의 본원을 밝히고 이단사설을 물리치겠다는 그의 의지의 일단을 읽을 수 있다.

> "나정암이 말한 이(理)란 것은 다만 기 가운데 있는 이일 뿐이니 '마땅히 기가 전환할 때에 이가 나타난다.'는 것이 바로 그의 병통이다. 또 나정암은 매양 스스로 지극히 마땅한 곳으로 돌아가야 한다고 말하는데, 이 말에도 스스로 모순되는 것이 많다. 이미 이(理)와 기(氣)를 한 물건이라 하였고 또 체(體)와 용(用)을 두 물건이라 하였으며, '한번 음하고 한번 양한 것을 도라 하고, 음양을 측량할 수 없음을 신이라 한다.'는 말을 함께 인용하여 체와 용이 두 물건이 됨을 증명하였다. 만일 도가 체(體)이고 신(神)이 용이어서 도와 신이 두 물건이 된다면, 이와 기가 과연 한 물건이겠는가? 이와 기가 과연 한 물건이라면 도와 신을 어떻게 두 물건이라고 할 수 있겠는가."

나정암은 이 · 기가 하나라고 하면서 체용과 도신을 이원적으로 보고 있는데 고봉이 보기에는 모순된 입장이라는 것이다. 이러한 설은 정주(程

朱)의 설과 다른 것이다. 이와 기를 일물로 여겼기 때문에 잘못이라는 것이다. 고봉이 보기에는 정자와 장자가 성선의 설을 설명하기 위해 기질을 논하여 성이 선한 소이는 이(理)이고 혹 불선이 있는 것은 기라 하는 것일 뿐이며 인심, 도심의 설 역시 이와 같다 하였다. 그런데 나정암은 이기를 일물로 여겨 주자의 이른바 소이연(所以然)이란 것을 옳지 않다고 하여, '만약 소이라는 글자를 붙인다면 바로 이물(二物)이 된다' 하였으니, 이것이 진실로 인심 도심을 이와 기에 분속할 수 없는 이유라고 한다.[166]

이런 점에서 본다면 고봉은 철저한 이기이원론(理氣二元論)적 입장이었음을 알 수 있다. 고봉의 철학이 주기(主氣)의 연원으로 분류됨은 그의 진정한 뜻과는 거리가 있는 것이다. 또 하나의 비판 이유는 나정암의 설이 유교의 도통이 아닌 불교의 설에서 유래하였다는 점이다. 이에 대해 고봉의 평가는 매우 엄격하다.

> "나정암의 학문은 처음에 이미 선학(禪學)에 잘못되었고, 뒤에 성현의 글을 보고 문식하였다. 그러므로 그의 말이 이와 같은 것이니, 이것은 유교와 불교는 도가 이미 같지 않고 마음을 세움도 또한 달라서 음과 양, 낮과 밤이 상반되는 것과 같음을 알지 못한 것이다. 어찌 저들의 소견을 근거하여 이 도를 논할 수 있단 말인가.
> 불교에서 '작용이 바로 성(性)이다' 라고 한 말은 진실로 기를 이로 인식하고 심을 성(性)이라고 논한 것이다. 나정암의 실제 견해의 잘못은 실로 여기에서 나온 것이다. 그러므로 이기는 한 물건이라는 말고 도심은 성(性)이요 인심은 정(情)이란 말도 또한 다 이로 인하여 잘못된 것이다. 이미 이와 기를 한 물건이라 하였다면, 인심과 도심을 진실로 이와 기에 나누어 소속시킬 수는 없는 것이다. 그러므로 그 말이 반드시 이와 같이 되었으며, 나정암이 스스로 위로 향하여 찾아 간다는 것도 불교의 소견 이외에 이(理)란 것도 기

---

166) 『往復書』 卷2. pp.17-18.

(氣) 위에 그 절도가 있음을 인색함에 불과할 뿐이다."[167]

나정암의 설이 근본적으로 잘못된 이유는 이단인 불교의 설과 유사하다는 점이다. 불교의 용어를 유교의 용어로 번역한 듯한 설은 용납할 수 없다는 그의 태도는 선비와 선비아닌 자를 확연히 구별함으로써 선과 악, 정(正)과 사(邪)를 분명히 구별하려는 그의 도통관에 근거한 것이다.

그는 나정암이 벼슬을 할 적에 한 노승을 만나 '뜰 앞에 잣나무(庭前柏樹)' 라는 말을 듣고는 곰곰이 생각하여 밤을 새우고 아침이 되어 옷을 입고 장차 일어나려다가 환하게 그 이치를 깨닫고서 자신도 모르게 온몸에 땀이 흘렀다는 일화를 비판한다.[168] 이것은 그가 선학을 깨닫고서 말한 경험에 대해 논평하기를 '맹자가 다시 태어나신다면 반드시 그의 죄를 성토하여 인심을 바로잡을 것이요 진실로 그대로 내버려두지 않으실 것이다'[169] 라고 하여 이단시하였다. 고봉의 관심은 주자와 반대되는 이단설을 용납할 경우 도학이 쇠퇴할 수밖에 없다는 철저한 도통의식의 산물이었다.

7. 맺는말

고봉 기대승은 16세기 조선조에 있어서 가장 대표적인 선비의 한 사람이라 할 수 있다. 그는 기묘년의 사화 가운데 피해가 막심했던 복재 기준의 조카로서 절의적 가통을 직접 계승하고 있으며, 대체적인 도통관 자체

167) 『高峰集』 卷2. pp.47.48.

168) 『高峰集』 卷2. pp.45-46.

169) 『高峰集』 卷2. p.45.

가 정암 조광조 등의 기묘명현과 그 괘를 같이 한다.

말할 것도 없이 기묘년 이래의 사림정신이란 한마디로 사생취의(捨生取義)의 비타협적 정통주의라 할 것이다. 명종때까지도 이러한 선비정신은 선양되지 못하였고, 심지어 기묘명현들이 중시한 『소학』을 읽는 것조차 꺼려했던 것이 그 당시의 억압된 풍토였다. 이는 유교적 교화질서로서 국민윤리를 확립코자 했던 지배계급에게 있어서 하나의 갈등이었다.

이러한 갈등속에서 성리학적 의리정신과 사림의 정신을 강력하게 옹호하고 국민적 가치로서 선양하고자 했던 기운이 고봉의 등장으로 구체화된다. 고봉의 기묘명현에 대한 복권작업은 순조로운 것만은 아니었다. 아직도 정암과 같은 인물을 과격파로 백안시하는 세력이 공존하고 있었던 것이다.

이런 갈등의 상황을 극복하고 불후의 선비로서 그리고 분명한 선(善)과 정(正)의 사표(師表)로서 정몽주 · 길재 · 김숙자 · 김종직 · 김광필 · 조광조의 도통이 확립되었다는 것은 매우 의미깊은 것이었다.

고봉의 사상은 바로 이러한 도통관에 바탕을 두고, 주자학의 학문적 탐구를 시도했다. 그의 학문적 탐구는 세속적 명리(名利)와는 관계없는 순수한 입장이었던 관계로 어떤 일면의 주장을 가지고 그를 정통주자학과는 거리가 있는 주기파의 선구자로 보는 선입관을 갖는 것은 정당한 시각이 아니다.

고봉은 주자의 이기이원론(理氣二元論)에 맞선 나정암의 『곤지기(困知記)』를 이단설로 상세히 비판한다. 고봉은 퇴계와의 사칠논쟁 가운데서도 퇴계의 설을 따라 주자학적 정통성을 견지하였다. 고봉은 실천적 의리정신의 도통을 수립함은 물론 이론적 주자학을 심화하였던 것이다.

VI. 율곡(1536-1584)의 이기관(理氣觀)

1. 서 론

조선시대의 유학은 성리학이다. 중국에서 송명(宋明)시대에 철학의 중심이 되었던 문제가 조선에서도 답습되었다. 물론 중국과는 다소 주체적인 면에서 달리 수용되었다. 이러한 맹목적 수용이 아닌 주체적 성리학 수용에 뛰어난 사람이 율곡이다. 그는 퇴계의 철학을 비판적으로 보고 있다. 그는 이기론을 전개하면서 퇴계와는 달리 '주자가 진실로 이기로써 서로 발용(發用)하여 상대적으로 나온다고 했다면 주자 또한 틀린 것이다'[170] 라고 했다. 따라서 율곡의 성리학은 중국성리학의 답습이 아닌 한국의 주체적 철학이라고해도 과언이 아닐 것이다. 퇴계 역시 주자의 설에 충실하여 종교적 자세로 학문을 하였으나『개정 사칠론(四七論)』등은 주자보다 더 깊은 차원이었으므로 단순한 주자철학의 답습이라고만 평가할 수 없음은 물론이다. 그러나 율곡은 문자에 구애받았던 퇴계와는 달리 문자 안에 깃든 본질을 파악하고자 했기 때문에 퇴계와 다른 시각에서 이기를 파악한다. 퇴계에 따르면 사단(四端)은 이(理)의 발(發)이고 칠정(七情)은 기(氣)의 발(發)이다. 또는 이(理)는 선(善)이요 귀하고, 기(氣)는 선과 악이 함께 존재하고 귀천이 함께 있는 것으로 본다.

율곡은 이러한 퇴계의 이기관에 반대하여 이른바 기발이승일도설(氣發

170)『율곡집』影印本, 성균관대학교 출판부. 1958. p.202.「答成浩原」'朱子眞以爲理氣互有發用相對 各出則是朱子亦誤也.'

理乘一途說)을 펼친다. 이것이 주리파와 주기파 또는 영남학파와 기호학파의 두 입장으로 발전했다. 현대에 와서도 철학의 여러 문제는 끊임없이 논의 가운데 있다. 성리학의 이기문제도 결정적인 답으로 성급한 맺는말을 얻어낼 수 있는 성질의 것이 아니다.

율곡의 이기관은 오랫동안의 학문연구의 한 성과이며, 그것은 기를 현상적으로 파악함으로써 과학적 세계관에 어긋나지 않는다. 조선후기실학의 원류를 율곡으로 보는 견해도 이점에 있다. 박종홍은 율곡의 사상을 실학적으로 보고 그것을 '근대적 사유의 추이' 속에 포함시켰다.[171] 그는 특히 무실역행(務實力行)이라는 점에서 율곡사상을 실학의 하나로 보았다. 그러므로 실학사조의 집중화 추세를 고려할 때에 율곡을 실학파의 범주에 넣는 것은 별로 이상한 일이 아니다.

율곡사상은 전반적으로 철학적 사유를 바탕으로 해서 현실을 개혁하려는 실천적 면이 강하다. 이기론 역시 실천과 경세(經世)의 조건이라는 것을 유의할 필요가 있다.

2. 이기의 본질

유학이 철학적 성격을 띠게 된 것은 송명(宋明)시대 때부터이다. 곧 노불(老佛)에 밀려있었던 유학이 철학적 면을 강조하게 되었던 때이다. 그때의 이기는 무엇인가?

정이(程頤. 1033-1107)는 정호의 이기(理氣)·이원론(二元論)을 주장했다. 우주의 궁극적 근원은 이(理)이며 현상적으로 나타나는 세계가 기(氣)다.

---

171) 박종홍, 「근대적 사유의 추이」, 『한국의 사상적 방향』.

기에서 음양이 나오고 만물이 생성되지만 이것이 가능한 도(道)가 곧 이(理)라고 한다. 주희(朱熹.1130-1200)는 주돈이(周敦頤)의 태극도설과 정이의 이기설을 종합하여 그의 철학체계를 수립하였다. 그는 모든 사물은 다 하나의 극을 가지고 있는데 천지만물의 극을 총괄하는 것이 태극이요 그것이 곧 이(理)라고 한다. 이기(理氣)의 관계에 대하여 다음과 같이 정리한다.

> "형이상자(形而上者)는 모습도 없고 그림자도 없다. 이것이 이(理)이다. 형이하자(形而下者)는 실상도 있고 모양도 있다. 이것이 기이다. 기는 스스로 응결하여 사물을 만들 수 있는데 반하여 이(理)는 감정이나 의지나 지각이 없으며 조작하는 일도 없다. 그러나 기가 엉기어 모인 곳에 이(理)는 들어 있다."

주자는 이(理)를 천지만물의 본체로 기를 그 본체를 구체화하는 작용으로 보아 이기의 개념을 명확히 구별하였다. 조선에 있어서 이기관의 역사를 살펴보자면 먼저 권근(權近, 1352-1409)부터이다. 그는 주자의 이기이원론을 이(理)와 기(氣), 심(心)과 성(性), 사단(四端)과 칠정(七情)으로 이분하여 보았다. 서경덕(1489-1546)은 주자의 이기이원론에 반대하고 기(氣)일원론을 제창하여 주기론의 선구가 되었다. 이언적(1491-1553)은 주리설(主理說)을 주장했다.

퇴계(1501-1570)는 이(理)는 고귀하나 기는 비천한 것이어서 수신이란 기를 극복하여 이(理)를 되찾은 것이라고 보았다. 이러한 입장은 우주론적인 면에서 율곡에 의해 비판을 받게 된다. 주로 편지를 통해 전개되는 율곡의 이기관은 우주와 인간에 대한 근원적인 문제에 대해 형이상학적 원리를 탐구하는 것이다.

1) 기발이승일도설(氣發理乘一途說)

기가 발하고 이(理)는 그 안에 있다. 퇴계를 비롯한 이기이원론(理氣二元論)은 이과 기가 각각 발할 수 있다고 말하지만, 율곡은 오직 기만이 발할 수 있다고 확고부동하게 주장하고 있다.

> "발하는 것은 기요, 발하는 까닭은 이(理) 때문이다(…). 어떤 사람이 사단(四端)은 이(理)가 발하되 기가 따르고 칠정(七情)은 기가 발하되 이(理)가 탄다고 하는데 이런 주장은 이(理)와 기가 두 가지 이질적인 것이어서, 선후가 있고 상대가 있어서 저마다 왔다갔다 한다고 본다. 사람의 마음에 두 근본이 있다는 말인가?"[172)]

율곡은 이기이원론을 받아들이지 않는다. 이(理)란 천리이므로 형체가 아니다. 그것은 도덕법칙과 같은 이(理)이다. 사단이 발하는 것까지도 형이상학적인 형체적인 기를 통해서 발한다는 것이다.

(1) 이기는 일이이(一而二), 이이일(二而一)이다.

이기 이원이 아니라면 기일원론(一元論)이라고 할 수 있는가. 율곡은 이와 기의 관계는 하나이면서 둘이요, 둘이면서 하나인 '일이이 이이일(一而二, 二而一)'의 논리로 설명할 수 있다는 것이다.

> "기가 아닌 즉 이가 의지할 바가 없다. 이가 타 있다. 이가 아니라면 기가 뿌리 내릴 곳이 없다. 이와 기는 두 물건도 아니요 한 물건도 아니다. 한 물건이 아닌 까닭에 하나이면서 둘이며 둘이면서 하나이다. 왜 이기가 한 물건이 아니라 하는가? 이기가 비록 서로 떠나지 못하나 묘하게 합한 그 가운데서도 이는 이(理)자체가 있고 기는 기 자체가 있어, 서로 떠나지 못하나 묘

---

172) 『율곡집』, 「答成浩原」. p.193. '發者氣也 所以發者 理也 (…) 若曰四端理發而氣隨之 七情氣發而理乘之則 是理氣二物 (…) 人心豈非人本乎!'

하게 합한 그 가운데서도 서로 협잡(挾雜)치 아니하므로 일물(一物)이 아니다. 그러면 왜 이물(二物)이 아니라고 하는가? 이와 기는 서로 선후도 없고 떨어지고 합한 것도 없이 혼연히 되어 두 물건으로 보이지 아니한다."[173)]

동정(動靜)의 실마리가 없고, 음양이 시작이 없는 것과 마찬가지로 이기란 어느 것이 먼저이고 뒤인지 알 수 없다. 밤과 낮이 어느 쪽이 먼저인가 무의미하다는 것이다.

(2) 이(理)는 기와 관계하여 다양해진다.

천리이거나, 인간의 이성이거나, 사물의 이건 하나의 이이건만, 하늘과 인간과 사물은 각각 그 기가 다른 것이다.

"대저 이(理)는 일(一)일 뿐이다. 본시 편벽되고 바른 것과, 맑고 탁한 것과, 통하고 막힌 것과, 순수하고 잡박한 것들이 구분이 없지만, 이(理)를 태운 기는 올랐다 내렸다 쉬지 않고 비양(飛揚)하여 이러지리 섞여서 이것이 천지만물을 낳는데, 혹 바르며, 혹 편벽되고, 혹 통하고, 혹 막히고, 혹 맑으며, 혹 탁하고, 혹 순수하고, 혹 잡박하다. 이(理)는 비록 하나이나 기를 탔으므로 그 나누어짐이 만 가지로 다르다. 그러므로 천리에 있어서는 친지의 이(理)가 되고, 만물에 있어서는 만물의 이(理)가 되고 사람에 있어서는 사람의 이(理)가 된다. 이렇게 만 가지로 다른 것은 기 때문인 것이다. 비록 기 때문이라고 하나, 여기에는 반드시 이(理)가 있어 주재하는 것이니 수 만 가지로 다른 것도 역시 이(理)가 당연히 그러한 것이요, 이(理)가 그렇지 않은데, 기만 홀로 그러한 것은 아니다."[174)]

---

173) 『栗谷集』, 「答成浩原」. p.197. '理則氣無根柢, 非氣則理無所依者 理之所根柢 (…) 無間無先後無離合不見.'

174) 『栗谷集』, 「答成浩原」. p.197. '夫理一而已矣 本無偏正 通塞 淸濁 粹駁之異 而所乘之氣 升降飛揚 (…) 理雖一而旣乘於氣則其分萬殊在天地 而爲天地之理 (…) 非理不如比而氣獨如此也.'

뿐만 아니라 똥막대기의 이(理)나 하늘의 이(理)나 다름없는 통체일태극(統體一太極)이다. 그런데 다름이 있는 것은 기이다.

(3) 이기호발(理氣互發)은 오류이다.

율곡은 이기가 '일이이 이이일(一而二, 二而一)'이라 하나 각각 발한다는 것을 오류하고 지적한다.

'이기가 서로 발한다면 이는 이기가 두 물건으로 각각 마음 가운데 뿌리가 되어 미발(未發)할 때에 벌써 인심도심(人心道心)의 싹이 있어 이(理)가 발하면 도심(道心)이 되고 기가 발하면 인심(人心)이 된다는 것이다. 그렇다면 우리의 마음에 두 뿌리가 있는 것이니, 이는 크게 틀린 말이다. (…) 대저 발하는 것은 기요, 발하는 소이는 이(理)이니 기가 아니면 능히 발하지 못하고 이(理)가 아니면 발할 바가 없어서 선후도 없고 떨어지고 합한 것도 없으니 호발(互發)이라 할 수 없다'[175]라고 하여 기발이승(氣發理乘)을 강조했다.

2) 이통기국(理通氣局)설

이기는 본래 서로 떨어지지 않으니 일물(一物)이라고도 할 수 있다(二而一). 그러나 그 다른 까닭은 이(理)는 형체가 없고, 기는 형체가 있으며, 이(理)는 무위(無爲)요 기는 유위(有爲)이다. 형체가 없고 행위가 없으면서 형체가 있고 행위가 있는 것의 주인이 되는 것이 이(理)이다.

---

175) 『栗谷集』, 「答成浩原」. p.198. '所謂理氣互發 則是理氣二物 各爲根底於方可之中 (…) 無先後無離合不可謂互發也.'

"이(理)는 형체가 없으며 기(氣)는 형체가 있다. 그러므로 이(理)는 통하고 기는 국한된다."[176]

이를테면 전파는 이(理)와 같이 두루 통하나 라디오는 기와 같아 제한된다. 전파는 라디오에 따라 질이 달라질 수 있다. 곧 소리가 나는 것은 라디오요, 나게 하는 까닭은 전파이다. 라디오는 유형유위(有形有爲)나 전파는 무형무위(無形無爲)이다.

"이(理)가 통한다 함은 무엇인가? 이(理)는 본말도 없고 선후도 없다. 그러므로 아직 응함이 없어도 선(先)이 아니요, 이미 응해도 후(後)가 아니다. 이러므로 기(氣)를 타고 흐르며 움직이고 어긋지고 가지런하지 않고(叅差不齊) 그 본연의 미묘함이 있지 않음이 없으니, 기(氣)가 치우친 즉 이(理) 또한 치우치나 치우친 바는 이(理)가 아니라 기이다. 기가 온전한 즉 이(理) 또한 온전하나 온전한 바는 이(理)가 아니라 기이다."[177]

이(理)가 통한다는 것은 이(理)가 마치 투명한 구슬과 같다는 말이다. 파란색 위에 놓으면 파랗게 보이고 노란색 위에 놓으면 노랗게 보이나, 노란 것이나 파란 것은 기이지 이(理)가 아니다.

"기가 제한된다는 것은 무슨 뜻인가? 기는 이미 형적을 밟았다. 그러므로 본말이 있다. 선후도 있다. 기의 본 모습은 담일청허(湛一淸虛)할 따름이다. 어찌 일찍이 거칠고 더러운 기가 있었으랴. 오직 오르내리고 용솟음침이 그치지 않으므로 어긋져 가지런하지 아니하여 만자지로 변화한다. 이는 기의 유행이다. 그 본연을 잃지 않음이 있는 것, 그 본연을 잃음이 잇는 것은 이미 그 본연을 잃은 즉 기의 본연일 뿐이다. 편벽된 것은 편벽된 기이지 온전한 기가 아니다. 맑은 것은 맑은 기이지 흐린 기가 아니다. 거칠고 더러운 기는

176) 『栗谷集』「答成浩原」, pp.208-209. '理無形而氣有形 故理通而氣局.'

177) 『栗谷集』「答成浩原」, pp. 208-209. '理通者 向謂也 (…) 氣之全則理亦全而所全非理也.'

> 담일청허(湛一淸虛)의 기가 아니다."[178]

기가 제한된다는 말은 형체가 있기 때문이다. 기는 이(理)처럼 만물의 어디에나 그 본연의 묘(妙)가 그대로 있는 것이 아니다. 이것이 기국(氣局)이다. 사람의 성품과 짐승의 성품은 다르다. 그러나 이(理)는 같다. 그릇은 다르더라도 물(水)은 동일하다.

> "이(理)가 통하고 기가 제한된다 함의 요점은 본체상으로부터 설명하는 것이니 또한 본체를 떠나 따로 유행에 구할 수가 없다. 사람의 성품이 사물의 성품이 아닌 것이 기의 국(局)함이다. 사람의 이(理)가 사물의 이(理)인 것이 이(理)의 통함이다. 둥글고 모난 그릇은 한가지가 아니지만, 그릇 가운데 물(水)은 하나이다. 크고 작은 병은 같지 않으나 병 가운데 공기는 하나이다. 기가 하나의 근본인 것은 이(理)가 통한 까닭이다. 이(理)가 만가지로 나뉘는 것은 기가 국한된 까닭이다. 본체가운데 유행이 있고, 유행하는 가운데 본체가 존재한다. 이렇게 추측해 볼 때 이통기국(理通氣局)의 설은 어느 한쪽으로 치우치는 것이 아니다."[179]

이와 같이 율곡은 이기가 본시 합한 것이고 따로 처음 합한 시기가 있는 것이 아니라고 본다. 이기를 둘로 나누려는 것은 도와 거리가 멀다. 위의 비유가운데 '물(水)은 그릇에 따라 모나고 둥글며, 공기는 병을 따라 적고 커진다'는 불교에서 나온 것을 인용하였다. 율곡의 독창적인 해석이 아닐 수 없다.

이통기국(理通氣局)의 용어도 불교의 이통사국(理通事局)에서 암시 받

---

178) 『栗谷集』, 「答成浩原」. pp.208-209. '氣局者何謂也 氣已涉形迹 故有本末也 有先後也. 氣之本則湛一淸虛而已. 曷嘗有槽.'

179) 『栗谷集』, 「答成浩原」. p.216. '理通氣局要自本體上說 出亦不可離了 本體別求流行也 人之性 非物之性者 氣之局也. 人之理卽物之理者 理之通也. (…) 由是推之 理通氣局之說 落一邊乎!'

은 용어가 아닐까 하는 추측도 있으나, 율곡 자신의 말은 아니다. 이통기국은 율곡의 이기관의 독자성을 표현하고 있으며, 성리학의 한국식 수용이라고 할 수 있다. 형상(理)과 질료(氣)로 세계를 설명하는 아리스토텔레스적 현실파악과 흡사하기도 하다.

3. 실학적 성격

율곡의 이기관은 율곡사상의 한 부분일 뿐 전체는 아니다. 전체적으로 볼 때 이것은 실천철학과 연결되고 있으므로 공론(空論)이 아닌 실학적 성격이 있다고 볼 수 있다.

> "천지는 기의 지극히 바르고 지극히 통한 것을 받았으므로 정성(定性)이 있어 변함이 없고 만물은 기의 편벽되고 막힘을 받았으므로 역시 정성(定性)이 있어 변할 수 없는 것이다. 이러므로 천지의 만물은 다시 수위(修爲)할 도리가 없다. 오직 사람만이 바르고, 또 통한 기를 얻었으나 맑고 흐리고 순수하고 잡박함이 만가지로 나뉘어서 천지의 순일함과는 같지 못하다. 그러나 마음이 허령통철(虛靈洞徹)하여 온갖 이치가 갖추어져 있으므로 탁한 것도 청(淸)으로 변하게 할 수 있고, 잡된 것도 순수하게 변하게 할 수 있다."[180]

천지란 하늘과 땅의 이치이다. 사람의 인위(人爲)가 배제된 자연 그대로이므로 그 성품은 견정된다는 것이다. 만물이라 물질세계를 뜻한다. 동물이나 식물은 본능에 따라 움직일 뿐 주체적으로 외물을 변화시킬 수 없다. 오직 인간만이 결정적 성품이 아니다. 곧 선으로도 악으로도 진실

180) 『栗谷集』, 「答成浩原」.

로도 허위로도 아름다움으로도 추함으로도 될 수 있는 가변적 존재라고 한다.

"그러므로 수위(修爲)하는 공부는 사람만이 가져서 수위(修爲)의 극치에는 천지를 정위(定位)케 하고 만물을 육성하도록 하는 것이니, 이렇게 된 뒤에야 우리의 할 일을 다하게 되는 것이다."[181]

이기관이 공허한 형이상학에 머무르지 않고, 세계를 해석하는 데 안주하지 않고, 실천원리로서 연결되는 발언이다.

'사람 가운데 성인(聖人)은 홀로 지극히 통하고 바르고 맑고 순수함의 기를 얻어서 천지와 덕이 합했다. 그러므로 성인(聖人) 또한 정성(定性)이 있고 변함이 없으므로 뭇사람의 모범이 될 수 있다. 그리고 이(理)의 본연은 순선(純善)일 뿐이나 기를 탈 때에 온갖 방면으로 한결같지 않아서 청정지귀(淸淨至貴)한 물에나 오예지천(汚穢至賤)한 곳에 이(理)가 없는데가 없으니 청정한 곳에서는 이(理)도 맑고 더러운 곳에서는 이(理)도 또한 더러워지는 것이다. 이는 곧 '이(理)의 본연이라는 것(理之本然者)이 진실로 순수한 선(固是純善)인데 기가 타서 작용하면(乘氣發用) 선악이 나뉜다(善惡斯分)' 라는 것이다. 맑고 순수한 기를 가진 사람에게 정리(正理)가 갖추어져 있지만, 혼탁한 기를 가진 사람은 정리(正理)를 갖출 수 없음은 물론이다.

기의 작용을 알고 정밀하게 정리(正理)를 좇으면 인심(人心)이 도심(道心)에 따른 것이지만, 만일 정밀하게 살피지 못하고 되는 대로 놓아 두면 정이 넘치고 욕(欲)이 타올라 인심은 더욱 위태롭고 도심은 더욱 쇠미하여진다. 정밀하게 살피는 것과 살피지 못하는 것은 다 의(意)의 소이이므

181) 『栗谷集』, 「答成浩原」, p.197. '故修爲之功 獨在於人 而修爲之極 至於位天地 育萬物 然後吾人之能 事畢矣.'

로 자기 수양에는 먼저 이를 바로 잡아야 한다. 이른바 경(敬)에 대한 설명과 흡사하다. 인욕을 막고 천리를 보존한다는 것(遏人欲 存天理)은 다름 아닌 기를 감시하는 의지적 실천이다.

> "기의 본연이라는 것은 호연지기이다. 호연지기가 천지에 가득한 즉 본래 착한 이(理)가 조금도 가림이 없다. 이는 맹자의 양기(養氣)의 설이 성인(聖人)의 문제 공이 있는 까닭이다."[182)]

기를 천한 것이라고 본 퇴계와는 달리 율곡은 기발(氣發)에 유선악(有善惡)이긴 하지만, 본래의 기가 호연(浩然)한 곧 넓고 자연스러운 기라는 맹자의 설로 설명한다. 수양 혹은 수위(修爲)란 호연(浩然)의 기(氣) 곧 본연의 기를 회복하는 것이다. 실학의 개념이 반드시 실천철학은 아니지만 적어도 이기론이 공허한 철학이 아니라 삶의 좌표를 제시하는 실제적인 철학이라는 저에서 실학적 성격을 지녔다고 본다.

4. 맺는말

조선에 철학이 없다는 일제관학자들의 논리는 한국의 철학은 중국철학의 답습에 불과하다는 것이었다. 중국철학과 무관하게 조선철학이 발전되었다고는 할 수 없음은 물론이지만, 율곡의 사상을 살펴볼 때 자주적 수용임을 입증할 수 있다. 이른바 기발이승일도(氣發理乘一途)나 이통기국(理通氣菊)은 독창적인 것이다. 비록 문자를 빌려쓰고, 큰 줄기의 문제거리를 빌렸지만, 그것을 자기화하려는 노력은 사상의 맹종이 아니다.

182) 『栗谷集』, 「答成浩原」. p.208. '氣之本然者 浩然之氣也 浩然之氣充塞天地則本善之理 無少掩蔽 此孟子養氣之論 所以有功於聖門也.'

이것은 비단 이기론뿐만 아니라 율곡의 경세사상을 통한 애국적 열의, 교육학적 열의는 주체적인 것이다.

물론 형이상학적 논의 가운데 가장 탁월한 것은 그의 이기관이다. 중국에서부터 퇴계에 이르기까지 이기론은 그 당시에 가장 중심적인 철학의 문제였다. 오늘날의 용어로는 근제 인식론가운데 경험주의와 합리주의 만큼이나 다양한 견해가 있었다. 퇴계의 이기관 곧 이기이원론(理氣二元論)에 입각한 이귀기천(理貴氣賤)의 생각은 주자학에 있어서 금자탑을 이루었는데, 율곡은 이것을 비판함으로써 또 하나의 신선한 금자탑을 세우게 된다. 특히 기발이승(氣發理乘)을 주장할 때의 진리에 대한 의지는 냉철하고 용기있는 주장이다.

기가 발하고 이(理)가 탄다고 하지 않는다면 주자라도 그릇된 것이라고 말한 것은 그의 진리를 탐구하는 학문정신에 투철한 철학적 태도를 말해준다. 주어진 현실문제를 철학이 타개하지 못하는 것은 비판정신의 결핍을 뜻한다. 설령 주자라 할지라도 비판할 수 있다는 것은 냉철하고도 실제적인 현실감각을 바탕으로 한 이기관임을 의미하는 것이다. 조선후기 실학은 성리학적 철학의 비판에서 출발했다고 하지만, 율곡의 경우 이미 독특한 이기관을 통해 그것을 실천윤리 곧 수위지공(修爲之功)으로 연결했다.

오늘날 철학의 경향은 유물론(변증법), 유신론, 혹은 실존철학, 논리적 실증주의 등 다양하게 발전되고 있다. 그런데 이러한 철학사조는 모순되고 대립됨으로 인해서 이른바 도덕의 무규범상태를 이끌기도 한다. 철학의 중요한 사명이 '근원적 지식의 탐구'요 '주체성의 확립'에 있다면 율곡의 이기관은 현실경험을 바탕으로 진리를 탐구하는 것이며, 동시에 개인과 사회의 문제를 해결하는 도구로서의 진리를 강조했다고 할 수 있다.

3장

실학사상

I. 조선후기 실학의 특징

1. 서 론

해방 이후 우리나라 학계의 큰 성과 가운데 하나는 실학연구였지만 이 실학에 관한 개념논쟁은 매우 치열하고 철학을 비롯해서 역사학, 경제학, 정치학까지 포함하고 있어서 상호 혼란된 해석이 상존하고 있는 실정이다.

논의의 핵심은 첫째로, 실학이 철학적 성격을 가진 것인지 아니면 철학과는 무관한 실무중시의 학문인가하는 문제라고 할 수 있을 것이다. 둘째는 실학이란 특정시기의 학문인가 아니면 실학이라고 하는 시대를 초월한 보편적 개념이 있는가라는 개념논쟁이다.

우선 철학과 실학과는 무관하다고 주장하는 이들은 실학을 유학과는 별개의 사상으로 보고 당시의 계몽사조, 과학기술에 대한 재인식, 그리고 유교적 봉건사회를 극복하려는 근대지향적 사조로 본다.[183)]

실학이란 세 범주로 나누어 실사구시(實事求是), 경세치용(經世致用) 그리고 이용후생(利用厚生)의 파로 분리, 설명한다. 시기적으로는 18세기 전반을 실학의 1기인 성호 이익을 중심으로 하는 경세치용파라 하고, 제2기는 18세기 후반의 연암 박지원을 중심으로 한 이용후생파라 하며, 제3기는 완당 김정희를 중심으로 한 실사구시파로 구분하기도 한다.[184)]

실학의 출발은 반계 유형원으로부터 시작해서 다산 정약용에 의해 집

---

183) 천관우,『한국실학사상사』. 고려대 민족문화연구소. 1982. p.160.

184) 이우성,「실학연구의 서설」,『실학입문』 역사학회. 1973. p.6.

대성되는 한정적 개념으로 정리하고 실학을 경제학으로 보기도 한다.[185)]

반면에 철학으로서의 실학개념을 주장하는 이들은 유학의 입장을 간과하고서는 실학은 설명하기 어렵다고 한다. 실학이란 무엇보다도 먼저 성리학적 세계관에 대한 반성에서 출발한다는 것이다. 이러한 탈성리학적 성격은 서학의 표방이라기보다는 원시유학정신의 회복을 그 기치로 내세운다는 점에서 유학적이라는 것이다. 과학기술을 수용하고, 사회저변에 깔린 부조리를 척결해야 한다는 계몽적 성격이 다름 아닌 유학정신이며 수기치인(修己治人)의 정신으로 실학을 개신유학이라고 한다.[186)]

다음 논쟁은 실학을 조선후기라는 특정시기에 한정해야 한다는 주장과 시대를 초월한 유교 그 자체가 실학이라는 주장과의 차이이다.

먼저 실학을 한 시기 곧 조선후기라는 특정시기의 사조로서 탈성리학적 사유 근대지향적사유와 중국을 탈피하려는 민족적 자각을 지적한다. 말하자면 실학은 조선후기라는 특정시기에 태동한 시대사조라는 주장이다.[187)] 이에 대해 반박하는 이들은 실학의 개념을 한 시대에 국한할 수 없는 것이라고 반박하고 유학이 바로 실학이라고 주장한다. 곧 불교의 초세간적 성격에 대하여 현실을 중시하는 현실의 학이며 성리학도 실학의 연장이기 때문에 특정시기만을 실학이라고 할 수 없다는 주장도 있다.[188)]

이러한 실학연구의 성과는 중국이나 일본을 앞선 분야가 되었다. 중국학계는 오랫동안 모택동주의에 침체되어있던 철학계에서 1988년 이래 명

185) 현상윤, 『조선유학사』 민중서관, 1987. p.320.

186) 이을호, 「개신유학의 경학사상적 본질」, 아시아문제연구소 제2차 실학연구발표회. 1973. 윤사순, 『실학사상의 탐구』 고려대 아시아문제연구소. 1975. p.288. 원시유학의 복귀를 표방한 경학사상가로 서계 박세당, 다산 정약용, 운암 한석지, 동무 이제마가 거론된다.

187) 천관우, 「한국사의 재발견」 『역사학보』 2.3호. 1952-1953. pp.104-105.

188) 한우근, 「이조후기의 사회와 사상」, 『진단학보』 19호. 을유문화사. 1958. p.392.

청시기의 사조를 정리하여 실학사조라고 부르기 시작했고[189], 일본의 경우에도 막말(幕末) 이후의 학풍을 실학이라고 한다.

2. 주자학적 실학과 그 탈피

1) 주자학적 실학의 정의

원래 실학이란 말은 주자가 처음 사용한 용어로서 성리학적 입장에서 주자 당시의 노불사상과 대비해서 유학의 일용사위(日用事爲)의 중용성의 특징을 실학이라고 말한 것이다. 실(實)은 진실의 뜻으로 이른바 성(誠)이며,[190] 진실하여 허망하지 않는 성실의 뜻이 된다. 반대로 허(虛)는 노불(老佛)의 허무와 공적의 사상이다. 나아가서 유교의 사장지학(詞章之學)이나 과거지학(科擧之學) 등과 같이 문(文)·허(虛)·공(空)·화(華) 등을 반대한다.

유교는 현실생활에 있어서 수신·제가·치국·평천하란 구체적 실천덕목을 제시함으로써 실제적 가치실천에 중점을 둔다. 그러므로 주자의 철학 곧 성리학은 노불(老佛)의 허무공리(虛無空理)를 섭입하면서도 도리어 그를 극복하여 성리학을 실학으로 규정했다.[191]

정이천은 '중용 한 권은 지극한 이치를 사물에 미루어 나아가는 것이다. 나라에는 구경(九經)이 역대 성인들의 행적을 보면 실학 아님이 없

189) 진고응 외, 『明淸實學思潮史』 齊魯書社. 1988. p.392.
190) 『중용』 20장. '誠者眞實無妄之謂 天理之本然也.'
191) 배종호, 「유학에 있어서의 실학」, 『한국유학의 철학논구』 p.191.

다'[192]라고 말한다.

주자의 경우 특히 불교에 대해서 유교의 입장은 실(實)임을 논증하는데 성리학에서 주장하는 허(虛)란 공허가 아닌 유(有)의 입장에서 차별을 두고 있다. '천하의 이치는 지허(至虛)한 가운데 지실(至實)함이 존재해 있고, 지무(至無)한 가운데 지유(至有)가 존재하는 것이다'[193]라고 하여 실(實)과 유(有)가 공허한 것이 아님을 말한다.

이처럼 주요 성리학자들은 인간의 진실을 추구하는 성현(聖賢)의 학이란 현실 속에서 성실히 배움을 실천하는 실학이라고 말한다. 조선시대의 성리학도 인륜도덕의 실천적 규범을 실학이라고 했으며 도학이 곧 실학의 개념이었다.

2) 주자학의 역기능

사대부 지식계급의 윤리인 성리학의 명분과 교화적 질서는 조선왕조의 안정과 유지에 기여하고 윤리적 바탕이 되었다. 그러나 그 폐해 또한 우려할 만한 것이었다. 조선후기의 당파간의 갈등과 비현실적 학풍을 다음의 글에서 찾을 수 있다.

> "높은 벼슬아치들은 노론과 소론, 남인과 북인의 당론뿐이요, 선비된 자는 심성과 이기의 말싸움뿐이요, 과거준비하는 이들은 시부(詩賦)와 표책(票策)의 기술뿐. (…) 헛된 문자는 심히 많고 쌓인 폐단이 깊어졌으니, 예의만을 빙자하여 태평인 줄 알고, 가난과 고루함을 달게 여기며 스스로 높이 여

192) 『河南程氏遺書』 권1. '如中庸一卷書 自至理更推之於事 如國家如九經 及歷代聖人之迹 莫非實學也.'

193) 『朱子語類』 권13. '天下之理 至虛之中, 有至實者存 至無之中 有至有者存.'

겨 지낸다."[194)]

안동수가 지적하듯 16세기 후반기부터 정치적인 대립과 분열이 거듭되고 있을 때의 주자학의 학풍이란 주로 사장(詞章) 중심이거나 사색당파를 조장하는 경향으로 흘러서 사회 체제를 개편하거나 혁신하는 데에 별로 도움이 되지 않았다. 거기에다 임진왜란 이후 허물어져가는 사회체제가 심화되어 뜻있는 관료나 학자들로 하여금 보다 현실적인 문제의 해결에 관심을 가지게 했다. 그들은 사장적(詞章的)인 학풍이나 사변적인 성리학을 배격하고 급박한 현실사회를 구제할 수 있는 구체적인 방안을 모색한 결과, 종래의 전통적인 사회규범에 대한 경험적이고 실증적인 태도를 찾게 되었다.

임란을 계기로 붕괴해가는 농촌경제 및 국가재정은 봉건사회자체의 존속을 위태롭게 하는 것이기에, 자영농민의 보호를 주안으로 하여 집권체제를 강화하려는 사회정책 내지 농업정책의 출현은 당시의 시대적 요청이기도 했다.[195)]

그러나 주자학은 임진왜란·병자호란의 양란에 이르러서는 완전히 현실의 문제를 해결하지 못하는 허학(虛學)으로 전락하여 궁정 내의 상복문제나 세자 책립문제 등 국정이나 민생문제와는 관련 없는 명분의 문제에 집착하여 양반계급 내부의 당쟁의 도구가 되어 그 역기능을 보이기 시작했다.

주자학이 이와 같이 현실과 유리되어 당쟁의 도구로 전락하고 있는데 비해서, 일부 학자들은 그 내부적 비판을 통하여 현실과 밀착하고 현실

194) 안동수,「독립현회序」『독립협회보』 창간호. 1896.
195) 천관우,「반계 유형원연구」『역사학보』 1952. p.106.

에 바탕을 둔 실학적 조류를 이끌고 호은 경학의 새로운 해석을 통하여 그들의 시대를 극복하려고 했다.[196)]

주자학은 이미 실학으로서 의미를 상실했던 것이다. 봉건적 권위주의와 경직화된 주자학은 새로운 시대의 변화에 적응하기보다는 오히려 보수적인 경향에 집착함으로써 변화를 수용하는 지식인들을 비판하고 억압하는 실정이었다. 주자학적 사유로부터 벗어나려는 학자들의 노력은 사문난적(斯文亂賊)으로 희생되어야 했다.

백호 윤휴는 '천하에 허다한 이치를 어찌 주자만 알고 나는 모르겠는가. 주자는 그만 덮어두고 오직 진리만을 연구해야 한다. 주자가 다시 살아온다면 나의 학설이 비로소 승리할 것이다'[197)] 동시대의 박세당 또한 반주자학적 학자로 몰려 사문난적으로 고발되는데, 그의 저술이 주자학을 모욕한다는 명분으로 압력을 가한 것이다. 이와 같이 주자학은 본래의 현실적 수기치인(修己治人)을 바탕한 실학이 아니라 낡은 봉건체제를 묵수하려는 경직된 세계관으로 새로운 시대조류를 거부하였다.

3) 원시유학의 표방

실학이 실학으로서 존재하며 실학으로서의 제구실을 다했고, 다할 수 있었다고 한다면 그것은 곧 역사적 의미만이 아니라 '실학의 철학'이 없어서는 안될 것이다. 그것은 다름 아닌 수기치인(修己治人)일 것이다.[198)] 그러나 성리학이 스스로를 실학이라고 하였으면서도 본래의 정신을 상

196) 강재언, 『실학사상의 형성과 전개』, 청아출판사. 1982. p.177.
197) 정성철, 『조선철학사』 2. 이상과 현실. 1988. p.266. 재인용.
198) 이을호, 『한국의 실학사상』 삼성출판사. 1981. p.21.

실한 채 현실과 무관한 방향으로 나아가면서 본래의 유교정신을 회복하려는 기운이 일어나는데 이것이 다름 아닌 조선후기의 실학정신이라고 할 수 있다.

원시유학정신을 가장 일찍이 그리고 철저히 역설한 실학자가 바로 탈주자학적 경전주해로 인해 사문난적으로 몰린 박세당이라고 할 수 있을 것이다. 박세당이야말로 원시유학 정신의 회복에 의한 성리학적 경학관의 극복을 제창한 실학자로서 최선봉장이라고 할 수 있다.

그는 사변록의 서문에서 다음과 같이 말한다.

> "멀리가는 것은 반드시 가까운 데서부터 비롯한다'고 하였다. (…) 그러므로 이른바 깊은 곳도 얕은 곳에서부터 들어가는 것이다. (…) 오늘날 육경(六經)에서 구하는 것은 거의가 다 그 천근(淺近)을 뛰어넘어 심원(深遠)으로 달리고, 그 거칠고 간략한 것을 쉽게 생각하고 정교하게 갖춘 것만을 본받을 것으로 여기니 괴이하지 않는가! (…) 저들은 그 심원하고 정비한 것을 얻지도 못할 뿐만 아니라, 그 천근하고 조략한 것도 모두 잃을 것이다."[199]

이 자이행원(自邇行遠)의 정신이 원시유학의 '하학이상달(下學而上達)'의 다른 표현인 것이다. 공자는 일상생활에서 절실히 요구되는 절문(切問) 근사(近思)를 위주로 가르쳤다. 생활과 유리된 형이상학적 문제는 되도록 가르치기를 피했다. 이것이 형이상학적인 주제를 선호하는 성리학과 다른 점이다. 박세당의 논거는 원시유학정신의 회복이었기 때문에 형이상학적 경전주해를 비판할 수 있었던 기본정신이다.

그러나 실학의 원시유학정신의 표방이 단순한 복구주의가 아님을 유의하지 않으면 안 된다. 조선후기 실학은 시중(時中)의 도로서의 원시유

199) 『思辨錄序』 '所謂遠者 卽可知自邇而達之 然則所謂深者 亦可自淺而入深之 (…) 今之所求於六經 率皆躐其淺廳 而深遠 是?其粗略而粗略而粗而精備是親無怪乎 (…) 非但不得乎 其深遠精備而已 幷與其淺近粗略而盡擣之耳.'

학에 근거하고 있다는 점에서 복고적이기는 하지만 결코 단순한 복고주의라고 보는 것은 단견이 될 것이다. 이는 마치 서양의 중세극복의 논리인 르네상스가 단순한 복고주의가 아니라 개혁적 부흥사상으로 간주되는 것과 같다.

조선후기 실학자들은 성리학적 세계관을 극복하는 방법으로 서학을 채택하기보다는 유교의 근본정신을 돌아가자는 근거를 제시했고 그것은 어느정도 설득력을 가질 수 있어다.

3. 경세적 현실주의

1) 과학기술의 수용과 계몽의식

중국을 통하여 유입되는 서학과 청대 고증학의 영향과 자극을 통해서 일부 학자들은 의식이 확대되었고 새로운 자각이 일어나게 되어 새로운 학풍이 전개될 수 있는 여건이 형성되었다는 것은 하나의 추이라고 해야 할 것이다.

이는 비단 우리나라만이 아닌 소위 서세동점(西勢東漸)의 추세가 잠자고 있던 동아시아인들의 현실개혁에 대한 자각을 불러일으킬 수 있었다. 외세의 영향에 따른 이런 자각은 지식인으로 하여금 북벌론에서 청조문화의 수용론으로 전환을 가져오게 할 수 있었다.

주자학적 도그마와 결박으로부터 인간이성의 해방으로부터, 이것을 전제로 하여 비로소 분화 발전하여야 할 근대과학과 사상의 모체가 되는 것이며 우리는 그것을 실학사상 속에서 볼 수 있다.

조선후기 실학은 기존의 모순된 사회제도에 대해서 여러 영역의 비판을 통해 조정과 백성들을 계몽하는 학풍을 전개했다. 우선 농업사회에 있어서 토지제도의 모순을 비판하면서 대안을 제시하고 있다. 17, 18세기에 이르러 조선왕조의 전제와 세제가 문란해지고 대토지점유의 경향이 늘어남과 동시에 국가재정의 궁핍, 봉건적 징렴(徵斂)이 가중되었다.

조선후기실학은 봉건사회의 제현상에 대한 회의와 반항이기는 하였지만 역시 유교를 근거로 하는 집권 봉건사회의 테두리 안에서 나온 산물이었으며 또 사실상의 보수적 행동으로 그에 인종하였다. 그것은 주자학적 교화에 의해 견고해진 보수주의적 사고의 틀을 깨뜨리기에는 실학자들의 역량에 일정한 한계가 있었다는 의미이기도 하다.

2) 화이관의 변화

실학의 민족의식에서 두드러지는 특징으로는 첫째로, 전통적인 중국중심의 '화이(華夷)'적 질서하에서 형성되는 민족의식을 탈피하고 한민족 중심의 자각을 가진 경우이며, 둘째로 그러한 민족의 자각이 단지 민족감정으로 끝나지 않고 역사, 지리, 언어, 군사 등에 걸쳐 민족에 초점을 둔 지식체계의 형성으로 나타난 경우 등을 들 수 있다.

실학자들은 사대주의를 배격하고 나라의 자주성, 국방의 강화를 적극 주장하였다. 그들은 하늘로써 보면 화(華)와 이(夷)가 일반이요 내외의 구분이 있을 리가 없다. 다만 중화의 입장에서 보면 중화는 안이요, 동이(東夷)는 밖이 될 것이다. 이러한 탈중국적 자각은 조선후기 실학사상에 있어서 개화, 자강사상으로 나아갈 수 있었다.

서양인의 표류를 통해서 혹은 청나라를 매개로 한 세계지도의 신지식,

한역서와 서양의 신제품에 의한 서양 과학기술 등은 오랜 성리학적 중화중심의 세계인식에 일대 충격을 주었다. 이것은 이미 '화이(華夷)'의 명분론적 질서 가운데 중국을 중심으로 한 그 주변국의 일부로서의 조선을 보는 구래의 세계인식으로부터 세계속의 조선이라는 새로운 차원의 세계관으로의 전회였다.

특히 명나라에 집착하고 사대를 했던 점을 반성하여 당시의 숭정(崇禎) 년호를 비판하기도 하는데, 본국의 역사를 불신하고 언제나 중국의 역대기록에 의거하여 기록하였기 때문에 군국(郡國)과 산수의 명칭이 착잡하고 어려워졌다고 비판했다. 중국이라는 것은 대지중의 일부에 지나지 않는다고 보았기 때문에 종래의 중국중심의 세계관으로부터 탈피할 수 있었다.

4. 맺는말

조선후기실학의 특징에 대해서는 많은 논란과 토론이 있어 왔음에도 불구하고 이에 대한 개념을 정의하려는 것은 실학의 보편 타당성을 보다 확고히 함으로써 실학연구에 명료성을 확보하기 위해서이다.

조선후기실학은 다음과 같은 특징으로 정리할 수 있다.

첫째, 조선후기실학은 주자학적 실학과 유학적 실학이라는 점은 일치한다. 이는 주자학 자신의 노불(老佛)의 허학적 성격을 부정하고 스스로를 실학이라고 함으로써 유학의 정신이 실학이라는 사실에는 일치하고 있다.

둘째, 조선후기실학은 주자학이 본래의 실학정신을 상실하고 권위주의 혹은 교조주의로 경직화하는 것을 비판한다. 주자학은 조선후기에 이르러서 현실적 민생의 문제를 외면하고 대안을 제시하지 못하고 공리공론에 집착하고 허례허식에 치우침으로써 실학적 의미를 상실하였을 뿐만 아니라 현실의 문제를 해결하기 위해 주자학을 탈피하려는 학자들을 소위 '사문난적' 등으로 억압했다.

셋째, 탈주자학적 실학자들은 원시유학의 정신을 회복하려고 하였다. 사회의 모순과 비리를 극복하는 방식은 근본적 유학정신인 수기치인(修己治人)의 정신을 회복하여야 한다는 전진적 의미의 복고주의였다.

넷째, 과학과 기술의 수용에 긍정적인 관심을 가진다. 그들은 농업에 있어서의 기술향상은 물론 노동과 기술을 중시했다.

다섯째, 사대모화주의적 중국중심적 세계관을 탈피함으로써, 중국 중심의 사회에서 보다 넓은 세계를 자각하는 계기를 제공하여 후일 개화와 근대화의 정신으로 연결되었다.

II. 윤백호의 격물치지설(格物致知說)

1. 서 론

조선조의 유학이 시대에 뒤떨어진 사상으로 오해하고 있는 경우가 많다. 특히 격물치지설(格物致知說)과 같은 인식론적 주제는 진리탐구의 방법으로 주의 깊게 연구되어야 할 부분이라고 생각한다. 조선조의 주자학이 종교적 신앙화됨을 비판극복하고 수사학(洙泗學)적 고전해석을 통해 유교의 그 근본적 정신을 회복하는 것이 실학의 모색이다.

이른바 반(反) 주자학적 경향의 철학자 가운데 다산 정약용의 연구성과는 괄목할 만한 것이지만 다산 이전의 치열한 철학적 논쟁인 서계 박세당이나 백호 윤휴의 연구는 상대적으로 부족한 듯한 인상을 받으며, 그들이 입장에 대한 재정리가 필요하다.

두 사람은 당대에는 사문난적(斯文亂賊)으로 박해를 받았던 인물이어서 정당한 평가를 받는 입장이 못되었고, 학문적 성과 이전에 당파싸움이라는 부정적 이미지에 가리워진 사상가들이다.

다원주의적 민주사회를 이루려는 오늘의 현실에서는 맹목적으로 기존의 가치를 수용하지 않고 비판적 태도를 바탕으로 현실에 대응하려는 그들의 입장이 논의할 만한 가치를 갖게 된 것은 다행스러운 일이 아닐 수 없다.

2. 윤백호(尹白湖)의 사상사적 위치

1) 생애와 저술

윤백호(1617-1680)는 광해군 10년 부친 윤효전의 임소인 경주에서 태어났다. 자(字)는 희중(希仲)이요 명(名)은 휴라고 했다. 그는 미증유의 혼란기의 인물이다. 이괄의 난을 경험했고 호란을 겪으며 피난다니기 일쑤였다. 21세되던 해에 인조가 강화도에서 오랑캐라고 경원하던 청태종에게 무릎을 꿇는 수모를 당하던 시대였다. 이러한 난세가 그에게는 명리를 추구하는 과거시험보다는 순수한 독서에 전념하는 기회를 제공했던 것이다.

그의 나이 22세(1638)에 사단칠정(四端七情) · 인심도심(人心道心)설을 정리하여 심성론적 입장을 밝히고 있으며, 26세(1642) 때부터 계속해서 홍범(洪範), 주례(周禮), 중용(中庸)설을 정리하여 독서와 사색에 따른 업적을 세상에 알리고 그의 명성이 세간에 알려지게 된다.

『대학』에 대한 그의 사상은 40세 이후 한양의 쌍계동 하헌(夏軒)에 은거하면서 나온 것으로 대학 · 중용장구 보록서(補錄序) · 중용 대학 후설(後說) 그리고 대학고본 별록 등을 저술한다.

'천하의 책을 읽지 않음이 없었고, 천하의 이치를 연구하지 않음이 없었다.'[200]고 한다. 삼대 이래로 예악과 형정, 치란(治亂)과 득실을 모두 연구하여 뜻과 취지에 통달하였으며 천문과 지리 그리고 점술과 병법의 책에 이르기까지 연구하고 사색하였으며 그 의심되는 바가 있으면 토론하고 수정하고 고치는 것을 꺼려하지 않았다.

---

200) 『白湖全集』, 附錄 5. 年報. 현종 3년 壬寅 '天下之書 無不讀 天下之理 無不究.'

그가 벼슬을 역임한 것은 59세 때부터이며 출사 5개월만에 대사헌에 오르고 숙종 5년에는 우찬성에 제수되었지만 바로 그 다음해에 정치적 당파싸움에 말려들어 사문난적으로 사사(賜死)되었다.

2) 유학사적 위치

(1) 주자학 비판의 선구

백호를 반주자학자라고 입증할 자료는『백호집(白湖集)』이 아닌『송자대전(宋子大典)』이다. 주자학적 의리정신으로 모든 가치의 근거를 제시한 우암은 백호에 대한 매우 과격하고 끈질긴 비판을 시도하고 있고, 이는 정치성을 물론 학문적 자존심 대결의 양상을 보인다. 우암은 백호의 독서량과 비범한 통찰력에 대해 경이를 느꼈다.

> "희중은 젊은 나이에 스스로 깨닫고 학문에 뜻을 두어 마음을 세워 실천하는데 옛사람에게 빠지지 않고 독서강론하는데 주설(註說)에 구애되지 않았다. 그의 논설과 견해는 보통사람을 초월했다."[201]

일견 백호의 학적태도를 긍정하는 듯하지만 이런 태도는 점차 비난으로 변하여 불신을 나타내고 있다. 우암은 다음과 같이 비판한다.

'윤휴가 중용을 고쳐 주석했다고 하여 내가 가서 엄중히 책망하였더니 휴는 말하기를 경전의 오묘한 뜻을 어찌 주자만이 홀로 알고 우리들은 알 수 없는가' 라고 했다.[202] 주자를 신앙의 대상과 같이 섬기는 당시의

---

201)『宋子大典』권78.「答韓汝碩書」,'希仲妙年自悟 有志於學 立心制行 不泥古人 讀書講義 不拘註說 而言論見識 實有超詣過人者.'

202) 위의 책, 권10. 갑자년. '尹鑴之改註中庸也 宋謀往見嚴責則 鑴曰經傳奧義 豈朱子獨知而吾輩不知耶.'

상황에서 이러한 백호의 학문적 입장은 상당한 자신감의 표현이기도 했던 것이다. 윤휴는 다음과 같이 주자의 신성함과 절대성에 대해 의문을 가지고 있었다.

> "천하에 허다한 이치를 어찌 주자만 알고 나는 모르겠는가. 주자는 그만 덮어두고 오직 진리만을 연구해야 한다. 주자가 다시 살아온다면 나의 학설이 인정을 받지 못할 것이나 만약 공자, 맹자가 다시 살아온다면 나의 학설이 비로소 승리할 것이다."[203)]

송시열의 윤휴에 대한 비난은 근거있는 것이지만 실상 윤휴의 저술은 재야에 있을 적의 학문적 논구였다는 점에서 순수한 학문적 논쟁이 아닌 정치적 이해관계의 대립이었다는 의문을 남기고 있다.

윤휴 자신은 결코 주자를 모욕하거나 비판하는 것이 아니었고, 마치 아리스토텔레스가 그의 스승인 플라톤의 관념론을 비판했던 것이 플라톤이 가르친 비판정신이었던 것처럼 주자의 근본정신은 맹목적 답습이 아닌 비판적 탐구정신임을 강조했던 것이다.

> "옛사람의 언론에 대하여 전인(前人)과 다른 견해가 있다는 이유는 진실로 다름이 있어서가 아니라 그 말한 바에 의해 반복하는 뜻을 펴기 때문이다. 주자의 저술을 보면 그도 주해함에 있어서 썼다가 지우고 다시 쓰기를 반복한다. 자신의 의사에 합당하여 고치고 붕우나 문생에 의해 다시 고치기를 세상을 마칠 때까지 계속하였다."[204)]

책 내용을 맹목적으로 수용하고 책 밖의 전한 본래의 뜻을 잃으면 안

---

203) 정성철,『조선철학사』II. 이상과 현실, 1988. p.266.

204)『白湖全書』「附錄」2. 行狀 p.1891. '古人之言 固有與前人 異說者 然未嘗 苟異而已 惟其因其所言 而發其反復之義焉 嘗讀朱子書 其於註解 書而復削 削而復書 惑自會於意而改之 至於易簀而後已.'

된다는 것이며, 그러한 학문적 태도를 전승하는 것이 바른 문화계승이라고 보았던 것이다. 오늘날에는 이런 그의 입장 역시 주자학의 범주에 들어갈 법한 일이건만 당시의 상황에서 바로 이런 점은 그를 반대하는 이들에게 주자를 모욕하는 태도로 고발당했던 구실을 제공했다. 중요한 것은 주자학에 대한 그의 비판적 수용은 진실이며 그러한 점이 오늘날 철학적 의미로 주목받을 수 있는 점이다.

(2) 실학의 태도

주자를 위시한 선배학자들의 정통적 주석에 의존하는 것이야말로 참된 학문정신이라는 우암의 입장과 그것을 비판적으로 수용하는 백호의 입장에서 차이가 있다는 것은 주지의 사실이며, 한 걸음 더 나아가 백호는 퇴계 율곡의 이기론에 대해서도 비판함으로써 종래의 이기론에 대한 회의적 태도를 취하고 있다.

> "이기를 호발(互發)한다고 하여 선후로 나누는 것은 퇴계의 설인데 진실로 깨닫지 못했으며, 율곡의 이른바 선후가 없고 이합(離合)이 없다는 것이 참으로 변함없는 것이다."[205]

이것은 율곡의 주기론을 수용한 태도이다. 물론 그는 기발이승(氣發理乘)이라하지 않고 기화이승(氣化理乘)이라고 표현하며 이동기수(理動氣隋)라고도 한다. 유물론적 관점으로 백호의 견해를 수용한 이들은 기화이승(氣化理乘)설을 종래의 주리적 관념철학에 대한 투쟁이라고 본다.[206]

한국의 성리학은 조선조의 성립과 더불어 관학의 위치를 차지했고 특히

---

205) 위의 책. 권25.「雜著」"四端七情 人心道心說 '以互發而分先後 則退陶之說 誠有所未曉資 石潭之所謂無先後無離合者 誠不可易也."

206) 최봉익,『조선철학사개요』p.225. 한마당. 1989.

주리의 정주계 이론은 이언적(李彦迪), 이황(李愰)과 같은 대표적인 사림파 학자들의 헌신적 신봉에 의하여 관학으로서의 정통성을 확고히 하였다. 실학은 관학으로 경색화 교조화되어 가던 주자학의 약점을 극복하려했기 때문에 주기적이라고 주장한 윤사순 교수의 주장[207]에 따르자면 윤백호의 이기론은 실학적 태도에 속하며, 천관우 선생이 '실학파는 정면으로 주리(主理) 혹은 주기(主氣)의 이기설을 전개하고 있는 일이 많지만, 그 말류의 비생산적 논쟁에 대해서는 회의와 혐오를 표시하고 있는 수가 많다.'[208]라고 하는 기준으로 보아서도 그는 실학적 태도를 가진 인물이었다.

한편 원시유학정신을 통해 주자학을 극복하려는 그의 분명한 의지도 주목할만한 실학적 태도라 할 것이다. 그는『대학고본』을 별록하면서 정주의 신민을 교정하여 원래대로 '재친민(在親民)'이어야 한다고 주장하였다.

> "공자의 이른바 '수기이안백성(修己以安百姓)'하는 것이요, 맹자의 이른바 사람이 각기 그 어버이를 친애하며 그 어른을 공경하여 천하가 평화로운 것이 이것이다. 어떤이는 말하기를 대인(大人)의 도리는 어버이를 친애하고 백성에게 어질게 하여 중국으로 하여금 한사람을 위하고, 사해(四海)로 한 집안을 위하는 까닭에 친(親)이라고 하는 것이다."[209]

이처럼 그의 주자비판은 공맹의 정신으로 회귀하려는 의지이며 그의 가치관의 바탕이 된다. 또한 박학(博學)의 방법에 의한 진리인식 방법은

---

207) 윤사순,『한국유학논구』p.332. 현암사. 1980.

208) 천관수,『한국실학사상사』한국문화사대계 VI. 고려대학교 민족문화연구소. p.959. 1970.

209)『白湖全集』권37.「大學古本別祿」'孔子所謂修己以安百姓 孟子所謂各親其親 長其長 天下平是也. 或曰大人之道 親親而仁民 以中國爲一人 以四海爲一家 故謂之親.'

그의 생애와 저술에서 살펴보았던 것처럼 점술과 병법에 이르기까지 실로 다양한 탐구방식이어서 실학적 태도를 드러내고 있어서 경세치용적[210)]관심을 열거하지 않더라도 입증될 수 있는 것이다.

3. 격물치지설

1) 격물(格物)

철학에서 다루는 인식의 대상이란 광범위해서 사물(物)과 인사(事) 심지어 형이상학적 존재에 이르기까지 무궁무진한 것이지만 백호는 주자의 사(事)라는 해석(格物事物也)에 만족하지 않는다. 그는 명덕과 신민의 일이 바로 인식의 대상이라고 주장한다.[211)]

또한 물(物)이란 '물유본말(物有本末)'에서 그 의의를 찾을 수 있다는 것인데, 곧 물(物)에는 근본적인 것과 지엽적인 것이 있다는 것이다. 근본적인 것이란 다름 아닌 '명덕 신민지사(明德 新民之事)'이고 지엽적인 것은 그 밖의 일이라고 한다.

> "물(物)이란 자는 '물유본말(物有本末)'에서 나왔다. 체험함에 이미 근본이 있으니 편벽되고 속으로만 치우친 뜻에 힘씀은 만물을 두루 관찰하는 태도가 아니며 헛된 것에 마음에 치달으니 급선무라 할 수 없다."

본래의 유학에 있어서는 학(學)은 위기지학(爲己之學)이라고 했기 때문

---

210) 한우근, 「백호 윤휴 연구-특히 경세론을 중심하여-」, 『역사학보』 15, 16, 19집에는 윤휴의 정치 경제 병정에 관한 견해가 정리되었다.

211) 『白湖全書』 권37. 「大學古本別祿」 '物者明德新民之事.'

에 진정한 지식과 근본을 아는 지본(知本)의 일이다. 백호가 대상으로 물(物)함은 지엽적인 물(物)이 아닌 근본적인 명덕과 신민의 일들이라는 것이다. 이는 원시유학정신을 회복하려는 그의 입장을 잘 표현하고 있는 글이다. 격(格)에 대한 해석도 주자의 견해를 따르지 않는다.

> "격(格)은 정의(精意)하여 감통(感通)하는 것이다. 성(誠)과 경(敬)의 힘과 사변(思辨)의 공(功)이 물리(物理)로 하여금 마음에 감통하게 함이 마치 제사 지냄에 귀신에게 격(格)한다는 뜻이요, 시경에 나오는 '소격일주격(昭格日奏格)' 그리고 서경에 나오는 '격우어상제(格于於上帝)', 역경에 나오는 '왕격유가유묘(王格有家有廟)'는 모두가 다 성의 감통의 뜻이다."[212)]

바른 인식이란 다름 아닌 명덕 신민(明德 新民)의 일에 감통하는 것이다. 그는 관념론적 궁리로 격물을 해석하는 것을 반대하여 인식의 주관과 인식의 객체로 아(我)와 물(物)을 양분하여 고심하여 힘써 찾는 식의 외부사물에 대한 탐구가 아닌 것이다.

> "격(格)이란 물(物)과 더불어 양분되어 고심해서 찾는 폐단이 아니고 한가히 노닐며 물이 흐르듯 감통하여 깨닫는 것이다. 물(物)이란 능히 물(物)에 나아가서 나타난 것으로 나타나지 않은 것을 살펴서 이치를 관조하는 것이지 밖의 일에서 이치를 구하여 수고하는 무익한 실수가 아니다."[213)]

마치 효도의 이치를 책에서나 이론으로만 구하는 것이 아니라 몸소 실천함으로써 그 효도가 완성되고 격물(格物)했다고 할 수 있는 것과 같다. 감통이란 다분히 실천적인 의미가 들어있다.

---

212) 『白湖全書』 권37. 「大學古本別錄」. p.1502. '今按格 精意感通之謂.'

213) 『白湖全書』 권37. p.1519. '大學前篇大旨 按說 且謂之格則無與物爲二 苦心力索之弊 而有優遊浸灌 悟感通之妙也 謂之物則所以能卽物觀理 因顯察微 而又非有外事 求理而勞而無益之失焉.'

> "격(格)이란 것은 감통한다는 것이므로 진실로 성(誠)과 경(敬)으로 말한 것이지, 학문과 사변의 나눔으로 이름이 아니다. 어찌 능히 일에 나아가 물(物)을 봄에 능히 나타난 것을 밝히고 숨은 것을 관찰하여 정의(精意)와 신령함의 공에 이르겠는가?"[214)]

자기수행적 실천적인 성(誠)과 경(敬) 없이 명덕 신민의 일에 대해 알 수 없다는 것이다. 이는 분명한 수사학(洙泗學)적 유학정신에 대한 그의 입장 표명이다. 이처럼 주자의 사사물물의 이치를 궁구하는 입장을 거부하고 구체적인 명덕 신민의 일을 물(物)이라고 하는 백호의 이러한 대상이 결코 한정되고 협소한 대상만은 아니라고 한다. 예컨대, '그 당장 시급한 것은 위의와 심술의 법칙과 인륜과 왕정의 아름다움과 성현 학문의 기술과 고금 치란(治亂)의 역사와 현사(賢邪)와 의리(義利)의 구분과 시비의 길흉의 분별이 이것이다.'[215)]

명덕 신민(明德 新民)의 일이란 이처럼 광범위하고 다양한 영역의 탐구 대상이 됨을 알 수 있다.

2) 치지(致知)

명덕과 신민의 일에 깊이 이치를 통했다면 그것은 바른 지식에 이르른 것이다. 그 기존의 앎을 통해 뜻은 더욱 성실해지고 안정될 수 있다. 치지(致知)에 대한 백호의 견해는 주자의 추극(推極)과 같으니 곧 '치(致)는 그 앎을 가지고 추리해서 나가는 것이니 맹자가 말한 이른바 앎이란 모두

---

214) 『白湖全書』 권37. p.1519. '格者感通之謂 則固以誠敬而言也 然非學問思辨之交至 則又焉能卽事觀物 明顯察微 以精義入神之功乎.'

215) 『白湖全書』 권37. p.1525. '大學後說 其當務之急者 若威儀心術之則 人倫王政之懿 聖賢學問之術 古今治亂之跡 賢邪義利之別 是非吉凶之分 是也.'

확장하여 보충하는 것이며 정자가 말한 이른바 유추이다.'[216]하니 별다른 내용은 없다. 다만 지(知)에 대한 그의 견해는 양명의 양지(良知)의 개념과 유사한 해석을 보이고 있다. 우리가 고유하게 가진 판단력이나 양심에 곧 선천적인 이성의 존재를 전제하고 있다.

> "지(知)는 사리를 판단하는 마음의 자각이니 맹자가 말하는 시비지심(是非之心)인 사람이 모두 가진 것이고 사람의 양지(良知)는 생각하지 않고도 아는 것이다. 주자의 이른바 사람의 신이니 오묘한 이치들이 만물을 주재하는 소이와도 같다."[217]

경험을 통해 지식을 얻는 것이 아니라 원래 가진 인간의 양지(良知)에 의지해야 한다는 것이다. 그러므로 백호의 지는 왕양명의 양지에 가깝지 주자의 인식과는 일정한 거리가 있다.

다만 그는 양지에 이르기 위해서는 근사(近事)와 절문(切問)을 통한 체계적인 확충이지 가볍게 인식에 이른다거나 갑자기 깨달음을 얻는 것이 아니니, 단순한 유심론으로 혹은 경험론의 범주가 아니다. 그의 인식론은 선천적 이성에만 의지하여 사물의 법칙을 깨달으려는 관념적 인식론도 아니고, 오로지 접촉한 사물의 경험에만 의지하여 추리해 나가는 경험적 인식론도 아니며 명상을 통해 활연관통처에 이르는 선적(禪的)인 인식론도 아니며 일용사물의 근사(近思)와 절문(切問)을 통해 내면의 양지에 이르려는 독창적 입장이다.

---

216) 『白湖全書』 권 37. 「大學古本別錄」 p.1502. '致因其知而推極之 孟子所謂知皆廣而充之 程子所謂以類推也.'

217) 『白湖全書』 권37. 「大學古本別錄」 p.1502. '知者 心之知覺 辨於事理者 孟子所謂是非之心 人皆有之 人之良知所不慮而知者 朱子所謂人之神明 所以妙衆理而宰萬物也.'

3) 지본(知本)

원시유학의 인식론은 앎을 위한 앎은 무의미한 것으로 본다. 진정한 앎이란 반드시 윤리적 대상에 대한 바른 인식일 뿐이다. 이러한 인식의 본질은 지본(知本) 곧 근본을 아는 것이라 했다.

> "지본(知本)은 그 끝을 다스림을 안다는 것이며, 지지(知至)는 그 행위의 달성을 말하는 것이다. 대개 지본(知本)의 소재가 먼저 할 일이니 능히 그 덕을 밝히고 신민할 수 있는 것이다. 능히 지행(知行)의 차례를 알아 그 베풂을 잃지 않으니 사물에 감통하고 앎에 이르러 마침내 그 머물 바를 아는 것이다. 이것이 이른바 선후를 알아 도에 가깝다는 것이다. 반드시 근본을 돈독히 하고 끝을 받드니 수신으로부터 천하에까지 미친 연후에야 지본(知本)이라 할 수 있는 것이다."[218]

이처럼 인식의 본질은 근본을 아는 지본(知本)이라고 한다. 지식 그 자체로는 최고목표가 아니기 때문에 평천하(平天下)가 최상에 있으며 차례로, 치국(治國) · 제가(齊家) · 수신(修身) · 정심(正心) · 성의(誠意) · 치지(致知) · 격물(格物)의 순서로 이어진다고 볼 수 있다. 곧 격물이 최종목표가 아니라 평천하가 우선목표라는 점에 유의해야 할 것이다.

백호는 지지(知止)도 입지(立志)로 해석하여 이채를 띤다. '마땅히 머물 도리를 알고 반드시 이르고자 하니 이는 입지를 말한다. 지지(知止)하면 뜻이 안정된 방향이 있어서 다른 헷갈리는 유혹이 없으니 그 뒤에 안정이 있다.'[219]라고 하면서 인식의 본질은 지본(知本)이며 지지(知止)라는데 백

---

218) 『白湖全書』 p.1503. '知本知其末之治也 知至言其行之達也 蓋知本之所在 先事之則能明德 而可以新民矣 能知知行之序 而不失其施 則能物格知至 而終得其所止矣 此所謂知先後近道也 然必也敦本而擧末 自修身以及於天下然後可謂知本也.'

219) 『白湖全書』 p.1502. '知其當止之道 而必欲至是 立志之謂也.'

호의 태도가 원시유학적 정신에 가치의 기준을 두고 있음을 알 수 있다.

> "지지(知止)로써 지도(志道)의 일을 삼는 것이 무슨 일인가? 지(止)라는 것은 헷갈리지 않는다는 것이요 지지(止知)란 것은 이 이치를 알아서 거기에 머물고자 한다는 것이다. (…) 곧 부귀를 탐하지 않고 빈천에도 움직이지 않으며 위력에 굴하지 않는 것이다. 이것이 바로 지지(知止)이며 지도(志道)의 일이다."

그는 일부러 주자의 해석을 구구절절 비판한 것은 아니었다. 다만 본래의 경전의 의미를 들어내는 과정에서 때때로 수정하고 비판한 것일 뿐이므로 그의 취지는 반주자학이라는 표현보다는 원시유학의 회복이라는 말이 더 어울릴 것이다.

4. 인식의 방법

구체적으로 어떻게 인식에 이르는 가에 대해 백호는 다음과 같이 말한다.

> "대개 격물의 도는 둘이 있는데 하나는 방심을 거두어 조심하고 정제하고 장엄하고 고요하게 집중하여 본원의 마음으로 하여금 넓게 비추어 대상이 오면 앎에 이르는 것이고, 다른 하나는 세밀히 묻고 자세히 생각하여 끝까지 탐구하기를 오래도록 힘써서 신화(神化)에 들어가게 함이다. 이는 모두 사리에 감통하는 도리이다."[220]

첫 번째 방식은 경건한 태도를 취함으로써 사물의 이치를 관조하는 태

220) 『白湖全書』 pp.1517-1518. '大學前篇大旨按說 蓋格物之道有二 一則欲放操存齊莊靜一 而使本源昭曠 而物來知知 一則欲審問精思研幾極深 使眞積力久 而入於神化 此皆物理感通之道也.'

도이고 둘째방식은 논리적으로 치밀하게 탐구하는 과학자적 태도인데 그는 참된 인식은 치밀한 논리적 탐구만이 아닌 정서적인 삶의 태도가 우선해야 한다고 하기 때문에 이론적 방식을 초월한 것이라 할 수 있다. 이런 방식은 궁리(窮理)와 거경(居敬)을 위주하는 기존의 주자학적 방식과 유사하지만 물리(物理)에 감통한다는 점에서 훨씬 더 인간의 내면적 정서를 중요하게 여김으로써 현실감이 있다고 볼 수 있으며 일용사물에 바탕을 두고 있기 때문에 형이상학적(形而上學的)이 아닌 감각적인 면이 강조되는 것이다.

나아가서 그는 박학적 방식을 채용함으로써 실학적 태도를 보이고 있다. 이는 그의 독서와 격물치지의 대상이 철학은 물론 군사문제 심지어 점술에 이르기까지 다양했다는 사실에서뿐만 아니라 구체적으로 박학이라는 말을 사용하고 있다.

> "학을 통해서 모으고 문(問)을 통해 통달하고 사(思)를 통해 연역하고 변(辨)을 통해 결단하고 거기에 전독(專篤)의 힘과 오랜 노력을 가한 연후에 사 이치가 통하고 마음을 다할 수 있다."[221]

이는 중용의 성(誠)을 채용한 것으로 이론적 탐구를 강조하는 것인데 이러한 것들은 실천적 행위에 선행하는 지적 탐구작용이라 할 수 있다. 물론 지적 탐구로만 그치지 않고 바로 독행(篤行)을 강조한다는 점에 유의해야 한다.

그는 존덕성(尊德性)을 강조한다거나 도문학(道問學)만을 일방적으로 강조하지 않고 그 균형을 잃지 않으려하고 있는 것이다. 이는 주자학이나 양명학 어느 한쪽에 치우쳐 맹목적으로 학설을 수용하지 않고 자기의 독자적 사색의 결과를 주장하는 그의 진리탐구방식이기도 하다. 백호의

---

221) 『白湖全書』 p.1525. '大學後說 學以聚之 問以通之 思以繹之 辨以斷之 加之以篤之力 慇久之功 然後理可通心可盡也.'

방법론은 관념론적 궁리도 실재론적 경험주의도 아닌 인식의 대상 둘다를 적용하여 몸소 체득하는 것이다. 그러기에 굳이 강조하자면 현실 속의 경험과 감각을 중요시 한다고 할 수 있으니 내 마음속의 선천적 양지를 전제로 하는 인식이다.

5. 맺는말

조선조 500년간의 안정과 질서는 유교적 교화에 의해 가능했고, 이는 단순한 학문이 아닌 이데올로기라고 할 수 있었다. 이러한 통지 이데올로기에 대항하는 다원주의는 발을 붙이기 어려웠으며 오로지 관학으로서의 주자학적 논의만이 발전할 수 있었던 것은 주지의 사실이다. 시대의 추이는 변화를 요구하게 되는데 그 변화란 다름 아닌 임진·병자의 양대 전란이며, 명나라의 쇠망과 청나라의 등장이다.

백호 윤휴가 생존했던 시기는 전환기였으며 여기서 기존의 가치체계인 주자학 비판은 너무나 당연하게 나옴직한 시대조류였다. 더욱이 독서의 질과 양에서 빼어난 천재들이 주자학을 영원한 진리로 받아들이기에는 적절하지 않았을 것이다. 물론 윤휴나 박세당과 같은 지성인들이 순수한 학문이론만으로 박해받았던 것은 아니었고, 거기에는 권력에 얽힌 복잡한 체제적 모순도 있었다. 그럼에도 불구하고 당시 학자들이 남긴 문헌은 주자학을 신봉하려는 세력과 그것을 극복하려는 세력이 분명하다는 점이다.

윤휴는 반주자학의 범주에 들어감은 이제는 논란이 되지 않고 또 그러한 태도를 사문난적이라고 역적시하는 시기는 지났다. 오히려 우리는 진리 앞에 정직하게 독서하고 그 진의를 알고자 했던 그의 철학을 재조명해야 하는 것이다.

이제까지 살펴본 그의 격물치지론을 정리하면 다음과 같다.

① 물(物)은 명덕(明德) 신민(新民)의 일이다. 명덕은 도덕적 대상이요 신민은 정치경제등의 대상이다. 주자학의 물(物)해석 보다도 구체적이며 수기치인(修己治人)의 유학정신에 부응하는 태도이다.

② 격(格)은 정의(精意) 감통(感通)이다. 이는 논리적인 인식은 물론 정서적인 접근을 통해 사물의 본질을 인식하려는 태도이다. 주자학의 궁리보다도 현실적이며 감각적이어서 실학적 성향을 나타낸다.

③ 치지(致知)는 치양지(致良知)이다. 양명의 양지설과 유사하지만 경험 절문(切問) 근사(近思)의 체계적 방식을 초월한 돈오적 방식을 배제한다. 주자학의 추극(推極)을 수용하면서 양명의 양지(良知)를 종합한다. 지(知)의 궁극은 지본(知本)이며 지지(知止)이다. 다시말해서 실천함이 반드시 따를 때 지(知)라고 할 수 있다. 이는 근본적인 유학정신이다.

④ 인식의 방법은 성(誠)과 경(敬)이다. 성의 논리적 탐구방법인 박학(博學). 심문(審問). 신사(愼思).명변(明辨)하는 것이며 경은 내면의 반성을 통한 정서적 방법이다.

⑤ 이러한 그의 인식론은 조선후기 실학자들에게 주자학의 문제점을 깨닫게 하고 현실개혁을 위한 실학적 학문태도에 영향을 주었다고 본다.

III. 최석정의 훈민정음 역학적 원리 연구

1. 서 론

최석정(崔錫鼎,1646-1715)은 조선후기 숙종시기에 여덟 번이나 영의정으로 발탁된 걸출한 인물이다. 그의 조부는 최명길(崔鳴吉,1586-1647)이고 스승은 남구만(南九萬,1629-1711)이다.[222] 전형적인 소론(少論)의 학자라고 할 수 있다. 그의 시대는 서인이 집권하면서 서인 간에 노소로 분당이 되어 국정을 운영했다.

당시 주자학의 융성은 상대적으로 여타 유학의 유파의 연구를 더디게 했지만 최석정은 다양한 학문에 관심을 가졌고 그에 대한 성과를 남기고 있다. 그 가운데 훈민정음을 역학의 이론으로 해석한 것은 매우 특별한 것이며, 한글연구에 대한 중요한 연구이다.

최석정의 훈민정음 연구서인 『경세정운(經世正韻)』은 1678년(숙종 4년)에 저술했다.[223] 소옹(邵雍,1011-1077)의 『황극경세서(皇極經世書)』에서의 역학을 훈민정음에 적용한 것이다. 그의 이론속에는 지속적으로 역학적(易學的) 모형이 제시되어 있는데, 그 가운데 전반적인 원리는 『황극경세

222) 최석정, 「與尹仲麟書」, 『明谷集』,卷 13. 29면. '錫鼎之從學於藥泉南相公十年 其久平生情義實非淺尠.'

223) 2권으로 된 필사본으로 '훈민정음도설'이라고도 한다. 일본의 교토대학(京都大學) 가와이문고(河合文庫) 에 소장되어 있는 것을, 1960년대에 들어와 처음으로 국내학자들이 발견하여 영인했다. 최석정 저, 김지용 해제, 『經世訓民正音圖說』, (명문당, 2011).

서(皇極經世書)』[224]에서 근거한 것이며 이를 한글 성운으로 적용하고 있다. 물론 훈민정음의 창제원리를 역학적(易學的) 모형으로 설명한 것은 이미 훈민정음해례에 제시되어 있던 것이기는 하지만, 그는 이러한 기존의 이론을 바탕으로 자신의 사유와 의견을 덧붙여서 훈민정음 연구를 진척시켰다.

최석정의 『경세정운(經世正韻)』에 대한 최초의 연구는 이미 1960년대 이래로 학계에 소개되었다. 1960년대에 유창균의 「경세정운고(經世正韻攷)」[225]와 관련 논문이 발표되었고,[226] 1970년에 이숭녕은 『황극경세서』가 이조 후기 언어연구에 영향을 미쳤는데, 그 실례로서 서경덕과 최석정 그리고 신경준의 운학을 들었다.[227] 그는 이 운서(韻書)의 연구가 19세기에 소멸된 것에 대해 아쉬움을 표시했다. 1972년 김석득[228]의 연구가 이어졌으며, 1990년대 이후 배윤덕.심소희 등이 이 최석정의 훈민정음에 관한

---

224) 북송의 소옹(邵雍, 1011~1077) 의 저술이다. 『성리대전』에 실려 있어서 조선에서도 많은 독자가 있었다. 황극경세서(皇極經世書) 란 황극인 임금이 세상을 경영하는 글이란 뜻이다. 우주 운행의 법칙인 '원회운세'로서, 천지개벽의 틀이요, 천지 일원(一元) 수인 129,600년의 이수(理數)를 밝힌 것이다. 이에 대한 번역서로는 노양규 번역의 『황극경세서』(대원출판, 2002)가 있고, 해설서로는 高懷民 저, 곽신환 역의 『소강절의 선천역학』(예문서원, 2010)이 있다. 황극경세란 문자적 해석은 '지극히 큰 것을 皇이라 하고 지극히 중절한 것을 極이라 하며, 지극히 바른 것을 經이라 하고 지극히 변화하는 것을 世라고 한다.(至大之謂皇 至中之謂極 至正之謂經 至變之謂世.)'라고 설명한다(『皇極經世書』 권7의 8). 『性理大典(保景文化社, 1984) 에도 皇極經世書가 포함되어 있음.

225) 유창균, 「경세정운고(經世正韻攷)」, 『청구대학논문집』 5, (청구대학, 1962).

226) 김지용, 「훈민정음도설(經世訓民正音圖說)」, 『연세대학교인문과학』 19, (연세대학교 인문과학연구소, 1968).

227) 이숭녕, 「황극경세서의 이조후기 언어연구에서의 영향」, 『진단학보』(진단학회, 1970)

228) 김석득, 「경세훈민정음도설의 역리적 구조」, 『동방학지』, 13집(연세대학교 국학연구원, 1972).

언어학적 연구가 이어졌다.[229] 그러나 국문학과는 달리 역학적 원리에 대한 조명이 철학계에서는 다루어지지 않았다.

이 최석정의 경세정운연구는 한글연구가 단절된 시기에 과거의 음운학을 되살려 한글의 철학적 구성을 재음미한다는 점에서 의의가 있으며, 그것이 음양오행사상에 근거한 동양철학적 원리로 조명된다는 것임에도 그 역학적 원리가 재조명되지 못했다. 본 장에서는 한글의 자모를 역학적 구조로 해석한 그 근거를 재조명함으로써 한글의 역학적 원리를 밝히고자 한다. 그는 역학적 원리를 채용하고 중시하면서도 한글이 가진 주체적 의의를 찾으려고 했다. 이것이 후일 국학에 관심을 가진 조선후기 실학에 영향을 주었다고 할 수 있다.

2. 훈민정음과 오행(五行)의 원리

1) 오행의 원리

최석정이 한글이 오행의 원리와 관계가 있다고 주장한다. 아음, 설음, 순음, 치음, 후음은 다섯가지의 음이면서 동시에 오행과 연결되는 것이다. 최석정은 이를 '17성(聲) 분배 초성도'로 재구성하고 있다.

229) 배윤덕, 「최석정의 경세정운연구」, 『국어국문학』 114호(국어국문학회, 1995) 심소희, 「경세훈민정음도설연구」, 『중국문학』, 2012.

[십칠성분배초성도(十七聲分配初聲圖)]

		ㆆ挹	ㅈ即	ㅂ彆	ㄷ斗	ㄱ君
		ㅎ虛	ㅊ侵	ㅍ漂	ㅌ呑	ㅋ快
ㅿ穰	ㄹ閭	ㅇ欲	ㅅ戌	ㅁ彌	ㄴ那	ㆁ業
半齒音	半舌音	喉音	齒音	脣音	舌音	牙音
		羽	商	宮	徵	角
		水	金	土	火	木

그는 오행의 원리로 자음 17자를 설명한다.

> "임금께서 지으신 언문 28자는 곧 28개의 별의 상인 것이다. 초성 17자 아음(牙音)은 각(角)이며 동방이고 목(木)이다. 사물을 생기게 하므로 으뜸으로 삼는다. 설음(舌音)은 치(徵)이며 화(火)에 속하고 순음(脣音)은 궁(宮)이고 토(土)이다. 치음(齒音)은 상(商)이고 금에 속한다. 후음(喉音)은 우(羽)이며 수(水)에 속한다. 오행 상생의 순서이다. 중성(中聲) 11자는 태극과 양의와 팔괘의 모습이다."[230]

아음(牙音) 'ㄱ'은 혀뿌리가 목구멍을 막는 형상을 그린 것이고, 설음(舌音) 'ㄴ'은 혀가 웃 윗몸을 닿는 형상이며, 순음(脣音) 'ㅁ'은 입의 모양이고 치음(齒音) 'ㅅ'은 치아의 모양 그리고 후음(喉音) 'ㅇ'은 목구멍의 형상이라고 설명한다. 더불어서 이 다섯 음이 오행의 원리임도 부연설명하고 있다.

---

230) 최석정, 「經世正韻序說」, 『經世訓民正音』乾. '御製諺文二十八字 卽列宿之象也 初聲十七字 牙音角屬東方木象 物之始生 故爲首 舌音徵屬火 脣音宮屬土 齒音商屬金 喉音羽屬水 以五行相生之序 爲次中聲十一字 太極兩儀八卦之象也.'

무릇 사람의 소리도 오행의 근본이 되는 까닭에, 사시(四時)에 맞추어 어그러짐이 없고, 오음(五音)에 화합하여 틀리지 않는다. 목구멍(喉)은 깊고 젖어서 수(水)라고 할 것이다. 소리는 허하여 통한다. 시절로는 겨울이 되고 음으로는 우(羽)가 된다. 아(牙)는 착잡하고 길어서 목(木)이라고 할 것이다. 소리는 목구멍소리와 비슷해도 여물어서 나무가 물에서 나서 형태가 있는 것과 같다. 시절로는 봄이 되고, 음으로는 각(角)이 된다. 혀(舌)는 날카롭고 움직여서 화(火)라고 할 것이다. 소리는 구르고 날리어, 불이 그을리고 펴져 힘차게 솟아오름과 같다. 시절로는 여름이 되며, 음으로는 치(徵)가 된다. 이(齒)는 단단하고 끊어져서 금(金)이라고 할 것이다. 소리는 부스러지고 걸리어, 쇠의 가루가 다져져서 이루어짐과 같다. 시절로는 추(秋)가 되고, 음으로는 상(商)이 된다. 입술(脣)은 모나고 합하여 토(土)라고 할 것이다. 소리는 머금고 넓어서 땅이 만물을 기름이 넓고 큼과 같다. 시절로는 하계(季夏)가 되고 음으로는 궁이 된다.[231]

최석정은 이러한 훈민정음해례의 해석을 바탕으로 자음의 구성원리를 오행으로 해석하고 있다. 그가 분석한 자음(초성) 17자의 순서는 오행의 순서에 따라 15자를 분류하고 나머지 2자는 ㅿ을 반치음(半齒音)으로 그리고 ㄹ을 반설음(半舌音)으로 보고 있다. 최석정의 종성(끝소리, 받침)에 대한 이론 가운데 종래에 없었던 새로운 주장은 단종성(單終聲) 12와 이합종성 4를 합한 16종성을 주장하였던 것이며, 이 역시 오행의 원리가 그

231) 『훈민정음해례』, 24-26면. '夫人之有聲 本於五行, 故合諸四時而不悖 叶於五音而不戾 喉邃而潤 水也 聲虛而通 如水 (…) 之虛明而流通也 於時爲冬 於音爲羽 牙錯而長 木也 聲似喉而實 如木之生於水而有形也 於時爲春 於音爲角 舌銳而動 火也 聲轉而颺 如火之轉展而揚揚也 於時爲夏 於音爲徵 齒剛而斷 金也 聲屑而滯 如金之屑瑣而鍛成也 於時爲秋 於音爲商 脣方而合 土也 聲含而廣 如土之含畜萬物而廣大也 於是爲秋夏 於音爲宮.'

대로 적용되는 것이다.

> "아음(牙音, 목) ㆁ 읭(疑), ㄱ 억(億),
> 설음(舌音, 화) ㄴ 은(隱), ㄹ 을(乙), ㄷ 듹(得),
> 순음(脣音, 토) ㅁ 음(音), ㅂ 읍(邑),
> 치음(齒音, 금) ㅿ 이(而), ㅅ 사(思), ㅈ 질(叱),
> 후음(喉音, 수) ㅇ 의(矣), ㆆ 익(益)" [232]

여기에 이합종성으로 4자를 추가한다.

> "설아(舌牙) ㄺ 을억(乙億),
> 설순(舌脣) ㄼ 을읍(乙邑),
> 설치(舌齒) ㄽ 을사(乙思),
> 설후(舌喉) ㅀ 을익(乙益)." [233]

한글 28자 가운데 17자의 자음을 오행의 원리로 분석한 것은 이미 훈민정음 창제의 철학적 바탕이었다. 다만 최석정은 종성(받침)까지도 오행의 원리에 적용된다고 함으로써 종래의 설을 뒷받침하고 새롭게 오행의 의의를 공고히 했다. 이것은 그가 참고한 『황극경세서』와는 무관하게 기존의 오행설의 틀에 맞추어 한글의 역학적 의의를 재해석한 것이다. 세계를 음양오행으로 보는 시각은 중국철학적인 발상이지만, 이것을 한글의 창제원리 내지 철학적 원리로 해석한 것은 다름 아닌 한글의 우수성을 재조명한 것이다.

---

232) 최석정, 앞의 책, 「終聲十六」, 16면.
233) 최석정, 앞의 책, 「終聲十六」,1 6면.

3. 훈민정음의 역학적(易學的) 원리

1) 음양의 원리

기존의 훈민정음 해설서인『훈민정음해례(訓民正音解例)』에서는 중성(中聲)의 점이 위와 밖으로 붙는 것(ㅗ, ㅏ, ㅛ, ㅑ)은 양(陽)이요, 아래와 안으로 붙는 것(ㅜ, ㅑ, ㅠ, ㅕ)은 음(陰)이라 했으나, 최석정은 괘수로 따져 홀수(일기一奇; ㅗ, ㅏ, ㅜ, ㅓ)는 양괘요, 짝수(일우一耦; ㅛ, ㅑ, ㅠ, ㅕ)는 음괘라고 했다.

그는 한글모음 'ㆍ아(兒)'는 음양이 서로 교차하는 최초의 모음이며 여기에서 음양으로 나뉘어 동(動)으로서의 'ㅡ'와 정(靜)으로서의 'ㅣ'로 나뉜다. 다시 동(動)인 'ㅡ'가 'ㅏ아(阿)ㆍㅑ야(也)ㆍㅓ어(於)ㆍㅕ여(與)'로 그리고 정(靜)인 'ㅣ'는 'ㅗ오(烏)ㆍㅛ요(要)ㆍㅜ우(于)ㆍㅠ유(由)'로 확대된다. 이것은 한글 모음 11개가『황극경세서』의 원리에 바탕을 두고 있다고 한다. 한글 모음이 하늘과 땅, 음과 양, 동과 정, 강(剛)과 유(柔)의 우주적 상징들을 담은 체계라는 것을 설명한다. 이는 전에 없었던 역학적 원리를 구체적으로 나타낸 것으로 기존의 연구를 한걸음 더 나아간 것이다. 그는 이것을 그림으로 표현하는데, 그 도표는 소강절의 황극경세의 이론에 이미 있었던 것을 한글 자음 곧 중성의 설명에 응용한 것이다. 여기서 나오는 자음은 최초의 음인 아(ㆍ兒)를 제외한 10자는 현재 통용된 것이다.

[십일음취상팔괘도(十一音取象八卦圖)]

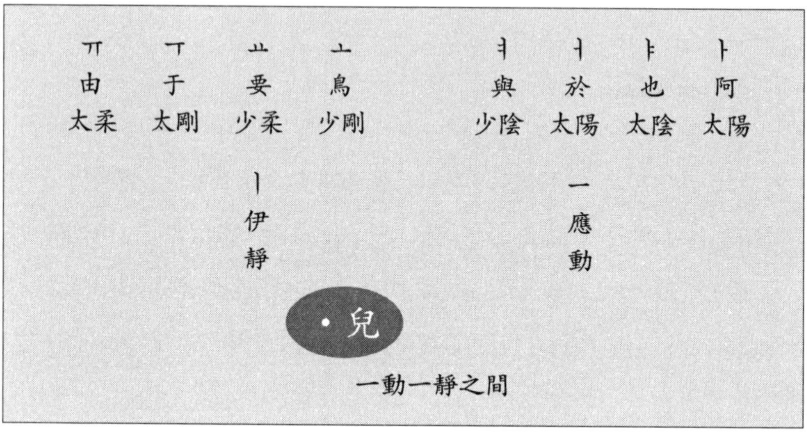

최석정에 의하면 이것은『황극경세서』의 '연역도'[234]를 한글모음의 구성원리로 적용한 것이다.『황극경세서』에 의하면 태양은 일(日)이 되고 태음은 월(月)이 되고, 소양은 성(星)이 되고 소음은 신(辰)이 된다. 일월성신은 하늘의 사상(四象)이다. 태유는 수(水)가 되고 태강은 화(火)가 되며, 소유는 토(土)가 되고 소강은 석(石)이 된다. 수화토석(水火土石)은 땅의 사상(四象)이다. 세상에 수 많은 사물들이 있지만 기본적으로 4가지의 범주로 해석하는 것이 특징이다.

태극에서 음양으로 음양에서 사상(四象)으로, 다시 사상에서 팔괘로 점차 분화되어 가는 양상은 역의 원리이면서 소옹의『황극경세서』에서 우주만물을 보는 하나의 틀이다. 바로 이 원리를 한글의 창제원리에 맞추어 해석한 것이다. 최석정의 11자 중성에 대한 분석은 기존의 이론보다 훨씬 정교한 것이다. 그는『황극경세서』의「경세연역도」의 틀을 중성 11자

234) 邵雍,「皇極經世書」2.『性理大全書』卷8.

의 형성과정과 같은 틀로 보았던 것이다. 그렇다면 소옹의 「경세연역도」에 그려진 음양의 원리란 무엇인가?

> "하늘은 동(動)에서 생하고 땅은 정(靜)에서 생겨난다. 일동(一動)과 일정(一靜)이 서로 교류하여 천지의 도가 다하게 된다. 동의 첫머리에서 양(陽)이 생겨나고 동의 극에 이르러 음이 생겨난다. 일음(一陰)과 일양(一陽)이 교류하여 하늘의 작용을 다하게 된다. 정의 첫머리에서 유(柔)가 생겨나고 정의 극점에서 강(剛)이 생겨난다. 일강(一剛)과 일유(一柔)가 교류하여 땅의 작용을 다하게 된다."[235]

[경세연역도(經世衍易圖)]

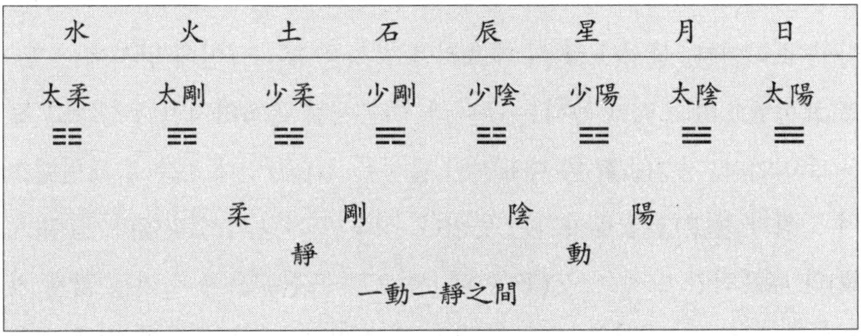

이렇듯 최석정은 한글의 모음이 철저히 음양의 원리에 따라 만들어진 것이며 특히 소옹의 황극경세의 원리와 관련된 것으로 본다. 소옹은 만물의 원리를 단지 음양뿐만 아니라 이 음양을 적용하여, 성음(聲音)과 율려(律呂), 청탁(淸濁)과 벽흡(闢翕) 등의 개념으로 사물을 분석한다. 이러

235) 소강절 지음, 노양균 역, 『皇極經世書』(대원출판, 2009) 112면. '天 生于動者也 地生于靜者也 一動一靜交而天地之道盡之矣 動之始則陽生焉 一陰一陽交而天之用盡之矣 靜之始則柔生焉 靜之極則剛生焉 一剛一柔交而地之用盡之矣.'

한 개념들이 훈민정음의 역학적 원리에 어떻게 적용되는지 살펴보기로 하자.

2) 성음(聲音)의 원리

『황극경세서』에서는 성(聲)과 음(音)을 구별한다. 성(聲)은 음양 가운데 양에 속하고 음(音)은 음(陰)에 속하므로 율려(律呂)와 천지의 이분법 가운데 성(聲)은 율천(律天)의 동적인 소리이며 음(音)은 여지(呂地)의 정적인 소리이다.

성(聲)은 사성으로 구분된다. 「훈민정음해례」는 평성(平聲)의 대표적인 발성은 '활(弓)'인데 그 소리가 평평하다는 뜻이다. 봄과 같이 편안하고 온화한 소리이다. 상성(上聲)의 대표적인 발성은 '돌(石)'인데 당시에는 '돌'로 표현했으며 소리가 높다는 뜻이다. 여름처럼 온화하지만 무성하고 높은 소리이다. 거성(去聲)의 대표적인 발성은 '칼(刀)'인데 '· 갈'로 표현했으며 소리가 높았다가 낮아지는 뜻이다. 성숙한 가을의 소리이다. 입성(入聲)의 대표적인 발성은 '붓(筆)'인데 '붇'으로 표현했으며 소리는 짧게 거두어들인다는 뜻이다. 겨울같이 은둔된 소리이다. 이 사성(四聲)에 대한 표기방법은 한글의 좌측에 점을 찍어 표기하는데 평성은 점이 없고 상성은 두 개의 점을 붙이고, 거성과 입성은 하나의 점을 찍어 표기한다.

최석정은 평성의 대표적인 소리는 평성은 천(天), 상성은 자(子), 거성은 성(聖), 입성은 철(哲)을 제시한다.[236] 한편 사음의 대표적인 소리는 개음은 국(國), 발음은 가(家), 수음은 풍(豊), 폐음은 예(豫)를 들었다.

최석정은 소옹의 『황극경세서』의 논리에 따라 다음과 같이 크게 정성

236) 최석정, 앞의 책, 18면.

(正聲)과 정음(正音)을 '훈민정음준황극경세사상체용지수도(訓民正音準皇極經世四象體用之數圖)'로 배치한다.[237)]

정성(正聲)과 정음(正音)으로 구분하여 정성(正聲)에는 일월성신의 범주에 맞추어 사성인 평상거입(平上去入)을 차례로 배치하였다. 그리고 8괘와 10간(干)에 맞추어 일성(一聲)에서 팔성(八聲)까지 분석하였다. 한편 정음(正音)에는 수화토석(水火土石)의 범주에 맞추어 사음인 개발수폐(開發收閉)를 차례로 배치하였다. 그리고 12간지로 일음(一音)에서 육음(六音)까지 분석하였다. 또한 성(聲)에는 청탁의 원리가 적용되고 음(音)은 벽흡(闢翕)의 원리가 적용되어 여러 소리가 구성된다고 하였다.

(1) 성(聲)에 있어서 청탁(淸濁)의 원리

성(聲)은 청탁의 원리로 이어진다. 이것은 음양의 변화와 성이 청탁으로 구분되는 이치인데 우선 일청(一淸, 陽) + 일청(一淸, 陽) = 이탁(二濁,陰)이 되는데 이것이 한글의 조어원리에 적용된다. 예를 들자면 "ㄱ(양) + ㄱ(양) = ㄲ(음), ㄷ(양) + ㄷ(양) = ㄸ(음)이 된다."는 것이다.[238)]

최석정은『황극경세서』의 음양원리인 청탁의 변화를 한글 자음에 적용하여 한글의 발음이 음양의 원리로 적용된다는 것을 증명하고 있다. 물론 이러한 사상은 이미 훈민정음해례에서도 언급했던 것이다. 최석정은 이러한 성(聲)이 청탁으로 조합되는 이론을 다음과 같이 정리하고 있다.

---

237) 최석정, 앞의 책. 20면.

238) 최석정, 앞의 책, 29-104면. 金錫得,「실학과 국어학의 전개-최석정과 신경준의 거리-」,『동방학지』16집(연세대학교 국학연구원, 1975.) 134면.

[성분청탁도(聲分淸濁圖)]

四濁	三淸	二濁	一淸
	ㅊ 侵	ㅉ 玆	ㅈ 卽
ㆁ 欲	ㆆ 挹	ㆅ 洪	ㅎ 虛
ㅿ 穰	ㄹ 閭	ㅆ 邪	ㅅ 戌

角 一淸 ㄱ	徵 一淸 ㄷ	宮 一淸 ㅂ	商 一淸 ㅈ	羽 一淸 ㅎ	半 一淸 ㅅ
角 二濁 ㄲ	徵 二濁 ㄸ	宮 二濁 ㅃ	商 二濁 ㅉ	羽 二濁 ㆅ	半 二濁 ㅆ
角 三淸 ㅋ	徵 三淸 ㅌ	宮 三淸 ㅍ	商 三淸 ㅊ	羽 三淸 ㆆ	半 三淸 ㄹ
角 四濁 ㆁ	徵 四濁 ㄴ	宮 四淸 ㅁ	商 四濁	羽 四濁 ㅇ	半 四濁 ㅿ [239]

자음 17성이 24성으로 확장되는 것이 청탁의 이론인 것이다.[240] 이것은 소강절의 이른바 정음의 이론에 바탕을 두 것이다. 한글의 종성이 오행에 맞추어져 음양 다시 말해 청탁으로 형성된 것을 최석정이 정리한 것이다. 이것은 최석정의 독자적인 추리력으로 만들어진 것이다. 여기에서 ㅅ은 원래 치음에 속한 것인데 반치음의 청으로 분류하고, ㅆ은 반치음의 탁(濁)으로 분류했다. 음양의 원리는 음양이 서로 나누어진 채로 있는 것이 아니라 서로 상호작용을 한다는 것을 의미한다.

239) 최석정, 앞의 책, 28면. 「聲音律呂唱和全數圖」.

240) 최석정, 앞의 책. 8면. 「聲分淸濁圖」 '一右正聲二十四一 按十七聲衍爲二十四 分爲淸濁卽邵氏所謂正音也.'

또한 그는 음양(청탁) 오행의 틀에서 한글 자음의 변화를 다음과 같이 정리한다.[241)]

「군서절충 광운삽십육자모(群書折衷 廣韻三十六字母)」

五聲	角	徵	羽	商	宮	半徵	半商
七調	牙	舌	脣	齒	喉	半舌	半齒
純淸	見 ㄱ	端地 ㄷ	幫 ㅂ 非 ㅸ	精照 ㅈ	影 ㆅ		
次淸	溪 ㅋ	透徹 ㅌ	滂 ㅍ 敷 ㆄ	淸穿 ㅊ	曉 ㅎ		
純濁	群 ㄲ	定澄 ㄸ	並 ㅃ 奉 ㅹ	從牀 ㅉ	匣 ㆅ		
不淸不濁	疑 ㆁ	泥 ㄴ	明 ㅁ 微 ㅱ	喩 ㅇ	來 ㄹ	日 ㅿ	
純淸			心審 ㅅ				
純濁			邪禪 ㅆ				

241) 최석정, 앞의 책, 12면. 「群書折衷 廣韻三十六字母」.

(2) 음(音)에 있어서 벽흡(闢翕)의 원리

벽흡(闢翕)은 음이 열리고 합치는 모습을 말한다. 한글의 모음인 11개의 중성은 거기서 그치는 것이 아니라 열리고 닫히는 벽흡(闢翕)의 원리에 따라 "ㅏ 아(阿), ㅘ 오아(烏阿), ㅗ 오(烏), ㅐ 아이(阿伊), ㅙ 오아이(烏阿伊), ㅚ 오이(烏伊), ㅑ 야(也), ㅒ 야이(也伊), ㅓ 어(於), ㅝ 우어(于於), ㅔ 어이(於伊), ㅞ 우어이(于於伊), ㅕ 여(與), ㅖ 여이(與伊)"와 조합된다. 이러한 원리는 다름 아닌 벽합(闢翕)의 원리를 응용한 것이다. 소옹의 황극경세의 이론을 한글에 적용하면 기본적인 모음들이 서로 조합하여 여러 소리를 표현하는 원리가 된다. 그는 이것을 음분벽흡도(音分闢翕圖)를 그려서 체계화시키고 있다. 만물을 설명하는 소옹의 이론을 한글조어의 원리로 적용한 것이다.

[음분벽흡도(音分闢翕圖)]

		四翕		三闢		二翕	一闢
ㅚ	ㆎ	ㅙ	ㅐ	ㅗ	ㆍ	ㅘ	ㅏ
ㆉ	ᆢㅣ	ㆈ	ㅒ	ㅛ	ᆢ	ㆇ	ㅑ
ㅟ	ㅓ	ㅞ	ㅔ	ㅜ	ㅡ	ㅝ	ㅓ
ㆌ	ㅚ	ㆋ	ㅖ	ㅠ	ㅓ	ㆊ	ㅕ

최석정은 '성음율려창화전수도(聲音律呂唱和全數圖)'에서 외팔섭(外八攝)을 1과(64괘중 28大過), 2장(64괘중 34 大壯), 3 태(泰, 64괘중 11), 4관(觀, 64괘중 20), 5해(解, 64괘중 40), 6정(井, 64괘중 48), 7박(剝, 64괘중 23), 8겸(謙, 64괘중 15), 내팔섭(內八攝)을 1예(豫, 64괘중 16), 2몽(蒙, 64괘중 4), 3이

(履, 64괘중 10), 4진(晉, 64괘중 35), 5이(頤, 64괘중 27), 6항(恒, 64괘중 32), 7복(復, 64괘중 24), 8임(臨, 64괘중 16)으로 분류한다.

그리고 외섭(外攝)인 1과에 내섭(內攝)인 1예(預)를 건(乾)으로 분류하고 여기서 일벽(一闢), 이흡(二翕), 삼벽(三闢), 사흡(四翕)으로 변화하도록 구성한다. 자음으로는 궁 · 상 · 각 · 치 · 우에 각각 일청(一淸), 이탁(二濁), 삼청(三淸), 사흡(四翕)을 적용하여 20개의 한글 초성[242]과 반일청(半一淸), 반이탁(半二濁), 반삼청(半三淸), 반사탁(半四濁)을 추가하여 성음에 있어서 벽흡(闢翕)과 청탁의 원리를 적용한다.

여기에 주역의 16괘에 중성인 모음을 배치시키고 그것을 팔괘와 팔음으로 대조시키면서 설명하고 있다. 이것은 태극과 양의에서 사상(四象)과 건(乾), 태(兌), 이(離), 진(震), 손(巽), 감(坎), 간(艮), 곤(坤)의 팔괘로 이어지는 역학을 통해 자연의 소리인 금(金), 석(石), 사(絲), 죽(竹), 포(匏), 토(土), 혁(革), 목(木)의 팔음을 대비하고 거기에 한글의 조합이 이루어지는 것이어서 황극경세에 입각한 한글의 역학적 원리를 보여주고 있다. 이를 도표로 보면 다음과 같다.

1. 過 · 預------乾의 闢翕----金音
   過 ㅏ ㅑ ㅓ ㅕ, ㅘ ㆇ ㅝ ㆊ　預 ㆍㆎ ㅡ ㅢ, ㅗ ㅛ ㅜ ㅠ
2. 壯 · 蒙------兌의 闢翕----石音 (終聲은 ㆁ을 사용)
   壯 ㅏ ㅑ ㅓ ㅕ, ㅘ ㆇ ㅝ ㆊ　蒙 ㆍㆎ ㅡ ㅢ, ㅗ ㅛ ㅜ ㅠ
3. 泰 · 履------離의 闢翕----絲音
   泰 ㅐ ㅒ ㅔ ㅖ, ㅙ ㆈ ㅞ ㆋ　履 ㆎ·ㅓ ㅢㅚ
4. 觀 · 晉------震의 闢翕----竹音 (終聲은 ㄴ을 사용)
   觀 ㅏ ㅑ ㅓ ㅕ, ㅘ ㆇ ㅝ ㆊ　晉 ㆍㆎ ㅡ ㅢ, ㅗ ㅛ ㅜ ㅠ

---

242) 角 ㄱㄲㅋ, 徵 ㄷㄸㅌㄴ, 宮 ㅂㅃㅍㅁ, 商 ㅈㅉㅊ, 羽 ㅎㅇ, 半 一淸 ㅅ, 半 二濁 ㅆ, 半 三淸 ㄹ, 半 四濁.

5. 解 · 頤-----巽의 闢翕----皰音

解 ㅐ ㅒ ㅔ ㅖ, ㅙ ᆧ ㅞ　頤 ᆟ ㅢ ᆖ. ㅚ ᆈ ㅟ ᆔ

6. 井 · 恒-----坎의 闢翕----土音 (終聲은 ㅇ을 사용)

井解 ㅐ ㅒ ㅔ ㅖ, ㅙ ᆧ ㅞ ᆒ　恒 ㆎ ᆟ ㅢ ᆖ. ㅚ ᆈ ㅟ ᆔ

7. 剝 · 復-----艮의 闢翕----革音 (終聲은 ㆁ 을 사용)

剝 ㅏ ㅑ ㅓ ㅕ　復 ㆎ ㅡ ㅢ

8. 謙 · 臨-----坤의 闢翕----木音 (終聲은 ㅁ을 사용)

謙 ㅏ ㅑ ㅓ ㅕ, ㅘ ᆄ ㅝ ᆑ　臨 ㆎ ㅡ ㅢ, ㅗ ㅛ ㅜ ㅠ

물론 여기에 채워지지 않는 음도 있지만 그의 성음(聲音), 율려(律呂), 창화(唱和)의 법칙은 오늘날과 표기하지 않는 음까지 표현하고 있다. 몇 가지 실례를 들자면 과(過)의 항에서 가(嘉)는 '갸'로 아(牙)는 아가 아니라 'ㅑ'로 표기한다. 차(茶)는 쨔, 파(巴)는 뱌, 마(麻)는 먀로 표기하여 오늘날에 비해 청음과 탁음을 더 분명히 구별하려고 하는 면이 있다. 관(觀)의 항에서 같은 지금은 모두 '간'으로 읽는 발음을 干(간), 姦(갼), 看(칸), 慳(캰)으로 표기하고 있다. 장(壯)의 항에서 '장'으로 읽는 것도 각기 臧(자), 莊(쟈), 將(져), 藏(짜), 牆(쪄)으로 표현한다.

최석정은 황극경세의 역학의 원리를 통해 한글이 얼마나 과학적인 성운(聲韻)인가를 설명하고 있다. 여기에서 우리는 그의 고전에 대한 이해가 무비판적이지 않고 대단히 창의적인 것임을 엿보는 것이며, 새로운 시대정신을 읽을 수 있는 것이다.

4. 맺는말

한글의 창제원리는 중국의 음양오행의 원리를 적용한 것이라는 것을 최석정의 저술에서는 밝히고 이를 증명하고 있다. 그러나 한글은 한걸음 더 나아가 초성, 중성, 종성의 체계로 초성을 하늘의 일, 종성을 땅의 일로 보고 중성을 사람의 일로 나누는 천지인의 조화의 원리를 창의적으로 세웠다. 이러한 세가지의 조합으로 세상의 모든 소리를 표기하려는 것이기 때문에 단순한 한자표기에 머물지 않고 한자에 없는 것들까지 표현할 수 있었다.

최석정은 세상의 사물을 관찰하는 소옹의 『황극경세서』의 역학적 원리가 훈민정음의 창제원리와 부합하는 것으로 보고, 태극 양의(兩儀) 팔괘와 벽흡(闢翕) 청탁 등의 원리를 통해 한글의 철학적 배경을 해석하고 있다.

그는 한글의 초성 17자는 『황극경세서』의 궁(宮), 상(商), 각(角), 치(徵), 우(羽)의 오음에 바탕을 둔 체계라고 본다. 오음에서 'ㄱ'과 같은 아음(牙音)은 다름 아닌 오행 가운데 목에 해당하고 'ㄴ'과 같은 설음(舌音)은 오행가운데 화에 해당하며, 'ㅂ'과 같은 순음(脣音)은 오행 가운데 토에 해당하고, 'ㅅ'과 같은 치음(齒音)은 오행가운데 금에 대당하며 'ㅇ'과 같은 후음(喉音)은 오행 가운데 수에 해당된다고 해석했다.

중성 곧 한글 모음 11자의 음은 태극, 양의, 사상, 팔괘의 범주에 속하는 것으로 소옹의 『황극경세서』의 범주에 있어서 각기 태극(·) 양의(ㅡ, ㅣ), 사상과 팔괘(ㅏ, ㅑ, ㅓ, ㅕ, ㅗ, ㅛ, ㅜ, ㅠ)의 기틀이 된다고 보았다.

성음에 있어서는 성(聲)은 청탁으로 작용하고, 음(音)은 벽흡(闢翕)의 원리로 조합되어 표기방법이 확대되어 가는 것이라고 분석했다. 한글 28자가 사물을 형용하는 소리를 표기할 때 이처럼 음양, 청탁, 벽흡의 상호

작용한다고 해석했다. 그는 소옹의 『황극경세서』를 세상을 해석하는 철학적 저술로 높이 평가하고 그 이론을 바탕으로 한글의 해석에 적용함으로써 창의적으로 훈민정음의 철학적 배경을 펼쳐보인 것이다.

이것은 한글의 성운(聲韻)의 원리가 만물을 설명할 수 있는 음양의 원리에 의해 생성된다는 것을 밝힌 것이며, 그 생성변화의 원리는 음양에서 사시사철을 뜻하는 사상으로 나아가고 하늘과 땅의 무궁한 변화를 설명하는 역학적 바탕 속에서 이루진 것을 밝힌 것으로, 중국에서는 이런 원리를 가지고서도 한자로 표기할 수 없는 것을 오히려 한글은 세상의 성(聲)과 음(音)을 표기할 수 있으므로, 한글의 우수성을 확인하는 이론인 것이다.

최석정은 기존의 학설을 절대불변의 진리로 보지 않았다. 그의 관심은 오래된 고전도 오류가 있다는 것을 인정했으며 그의 관심은 그러한 오랜 고전에 지금의 우리의 삶에 나의 삶에 무엇인가를 늘 물었던 점이다. 그의 경세정운(經世正韻)은 중국의 황극경세의 역학적 이론을 한글에 적용시킨 것이다. 이는 단순한 국어학의 이론이 아니라 한글의 우주자연을 표기하는 철학의 이론이다. 낡은 고전들이 비로소 그의 시대에 새로운 의미를 가지고 해석되었고 한글의 유용성과 이론을 새롭게 보게 했음은 주목할 만한 일이 아닐 수 없다.

IV. 다산(茶山) 정약용의 실학이 한국근대화에 미친 영향

1. 다산(茶山) 정약용의 시대

다산이 살던 시대는 백성들의 삶이 악화되어 지방에서 민란이 일어날 지경이었다. 그의 강진 유배 때에 이미 홍경래(洪景來, 1780-1810)난에 대한 소식을 접하였다. 당시의 농민생활이 민란 직전의 극한상황에 놓여 있음을 예리하게 관찰하고 있거니와, 이러한 현상은 조금도 개선되지 않고 관헌들의 탐학(貪虐)과 행패(行悖)는 날로 심해갈 뿐 민중들의 울분은 오직 그들의 분화구만을 찾는 실정이었던 것이다.[243)]

다산 당시의 부패상황을 흔히 삼정(三政)의 문란이라고 말하는데, 이때의 삼정이란 전정(田政), 군정(軍政), 환곡(還穀)을 말하는 것으로, 국가재정의 기초를 흔들어 버리는 동시에 사회불만의 요소도 그 안에서 배태되었던 것이다.

이미 죽은 사람에게 군포(軍布)를 지우는 백골징포(白骨徵布), 갓 태어난 아이에게도 군포를 지우는 황구첨정(黃口簽丁) 등이 있었고 환곡(還穀)은 애초에 춘궁기에 가난한 농민에게 국가의 미곡을 빌려주었다가 추수기에 10분의 1의 모곡(耗穀)을 거두어들여 여러 가지 원인으로 손실된 재정을 보완하는 진대제도(賑貸制度)로서 발생하였는데 이러한 제도가 오히려 농민의 삶을 억압하는 악폐로 변질되었다.

243) 李乙浩,『茶山經學思想硏究』, 乙酉文化社 p.4.

다산은 1862년의 임술민란에 이전부터 이것을 크게 우려하고 있었다. '지금 통치법제를 개혁하지 않는다면 나라가 망하고 말 것(今不改 其必亡國而後已)'이라는 절박한 심경을 가지고 있었다.

> "그윽이 생각하건대, 대체로 털끝 하나인들 병들지 않은 것이 없으니, 오늘에라도 개혁하지 않으면 반드시 나라가 망하고야 말 것이다. 이런데 어떻게 나라에 충성심이 있고 뜻있는 선비로서 팔짱을 끼고 방관할 수 있는 것이겠는가?"[244)]

국제적으로는 청조(淸朝)의 문화에 대해서 재인식하는 풍토로 변하고 있었다. 이미 연경(燕京)을 거쳐서 서구문화가 국내에 침투하였으니, 이는 당시 연경에 들어가는 관리들의 왕래에 주로 힘입은 바가 큰 것이다. 소위 북학론자들이 깊은 관심을 기울인 청조문화(淸朝文化)로 말하면 비단 그들의 문물제도의 면만이 아니라 실사구시(實事求是)의 고증학파(考證學派)와 아울러 서구적 자연과학사조까지를 의미하는 것이다.[245)]

천문(天文) · 역법(曆法) · 지리 · 의학 등 서양과학에 관한 한역서(漢驛書)와 세계지도 · 천리경 등 새로운 서양문물에 접한 한국학자들은 각기 나름대로 그것을 통하여 우주관 · 세계관이 확대되고 역사의식이 심화되고 저들의 실증적이고 합리주의적인 사유방식도 수용하게 되었던 것이다. 그리고 그것은 경세적(經世的) 실용적인 면에서 남다른 관심을 갖게 한 것이기도 했다.[246)]

다산은 청나라의 『고금도서집성(古今圖書集成)』「고공전(考工典)」에 수

---

244) 『經世遺表』 序文, "竊當思之 蓋一毛一髮 無非病耳 及今不改 其必亡國而後已 斯豈忠臣志士 所能袖手而傍觀者哉."

245) 李乙浩, 前揭書, pp.4-6.

246) 大宇學術叢書, 『丁茶山硏究의 現況』 民音社. p.13.

록되어 있는 테렌츠(Terrenz)의「기기도설(奇器圖說)」, 박제가(朴齊家, 1750-1815)의『북학의(北學議)』, 박지원(朴趾源, 1737-1805)의『열하일기(熱河日記)』, 연행사(燕行使)의 일원으로 북경을 왕래한 이경무(李敬懋. 1728-1799)의「금지급무 재어북학(今之急務, 在於北學)」이라는 견해에 자극받았던 것이다.[247] 다산은 마테오 리치(Matteo Ricci 利瑪竇, 1552-1610)가 저술한 세계지도『곤여만국(坤輿萬國)』, 천주교리서『천주실의(天主實義)』, 서양윤리서『교우론(校友論)』과 연행사(燕行使)를 통해서 서양의 예수회 선교사들에 의하여 저술된 각종 천주교리서와 과학기술서가 전래된 것들을 독서할 수 있었다.

이 청조(淸朝)의 문화를 북학이라고 하지만 이 가운데는 서교라고 하는 천주교의 사상도 포함되어 있었다. 다산이 18년간의 유배객이 된 것은 바로 천주교와 관련된 것이었다. 정조(正祖, 1752-1800) 서거후 신유사옥(辛酉邪獄, 1801)을 만나 다산의 가까운 지기인 이가환(李家煥, 1742-1801)·권철신(權哲身. 1736-1801)은 옥사하고 다산의 가족인 친형 정약종(丁若鍾, 1760-1801)·매형인 이승훈(李承薰, 1756-1801)은 참수를 당하고, 다른 친형인 정약전(丁若銓, 1758-1816)은 흑산도로 유배되었으며, 본인 정약용(丁若鏞, 1762-1836)은 강진으로 유배되어 18년의 긴 시간, 고난 속에서 학문에 몰입하여 그의 경학(經學)과 경세학(經世學)에 관한 방대한 저술을 남기게 되었다.

그러나 그의 연구는 천주교가 아닌 원시유학의 경전의 재해석이었으며 새로운 국가건설을 위한 그의 경세학(經世學)이었다. 이 두 가지 학문이 그의 실학의 진수이다.

---

247) 姜萬吉 外,『茶山學의 探究』民音社 p.70.

2. 다산의 실학사상

1) 이용후생(利用厚生)

중국을 통하여 유입되는 서학과 청대(淸代) 고증학의 영향과 자극을 통해서 일부 학자들간에 새로운 자각이 일어나게 되어 새로운 학풍을 일어날 수 있는 환경이 되었다. 이는 비단 우리나라뿐만 아니라, 중국과 일본에서도 서세동점(西勢東漸)으로부터 실학적 현실개혁의 방향으로 진행된 역사적 현상이었다.[248]

중국에서도 이미 명말(明末)에 이미 성리학을 비판하고 실학에 힘쓰지 않으면 안 된다는 자각이 일어난다. 특히 중국에 들어온 선교사들이 자연과학과 서구의 기술을 중국에 소개하였는데 그 대표적인 선교사는 마테오 리치(Matteo Ricci 利瑪竇)같은 인물이다. 이때 많은 유럽의 과학서들이 한역(漢譯)되었고 세계지도 등도 제작되었으며, 이를 통해 중국에 왕래하던 조선의 사신들도 서구과학에 주목하고 이를 조선에 유입하였다.

조선에는 이미 오랜 과학적 바탕이 있기는 있었지만 이는 천문(天文)이나 역학(曆學), 의학 등의 일부로서 유익한 기술은 보잘 것이 없는 열악한 상태였다. 더구나 학문의 진보는 없었다. 천문(天文), 역법(曆法), 지리, 의학 등 서양과학에 대한 한역서(漢譯書)와 세계지도, 천리경 등 새로운 서양문물에 접한 조선학자들은 각기 나름대로 그것을 통하여 우주관, 세계관이 확대되었으며 역사의식이 심화되고 서구인들의 실증적이고 합리적인 사유방식을 접하는 계기가 마련되었다. 이러한 변화는 다름 아닌 경세적(經世的) 실용적인 실학에 대한 관심이었다. 이는 기존의 권위주의적

248) 李曦載,「朝鮮後期實學의 特徵」,『民族文化藝術硏究論文集』, 參照.

봉건체제에 대한 도전임과 동시에 근대화의 기회이기도 했던 것이다.

서양의 기술과 청나라의 선진문명에 대해 가장 적극적으로 수용한 이들은 18세기 후반의 북학파라고 할 수 있다. 박지원, 박제가 등으로 대표되는 북학파 학자들은 청나라 문화 특히 그 기술문화를 시급히 받아들여 낙후된 국내 기술을 발달시켜야 생산력이 향상되며, 국가의 부를 이룰 수 있다고 주장했으며, 서양의 선교사를 국내에 초빙하여 젊은이들에게 서양의 기술을 습득케 해야 한다고 적극적으로 생각했다.

북학파의 박제가는 조선의 열악함을 자각하고 우리사회의 비효율성을 지적하면서 다음과 같이 말했다.

> "재물을 잘 다스리는 자는 위로는 천시(天時)를 잃지 않고, 아래로는 지리(地利)를 잃지 않고 중간으로서는 인사(人事)를 잃지 않는 법이다. 기구(器具)를 사용하는 것이 불편해서 타인이 하루에 하는 것을 나는 한 달 혹은 두 달에 한다면 이것은 천시(天時)를 잃는 것이다. 밭 갈고 씨 뿌리는 방법이 없이 허비가 많고 수확이 적으면 이것은 지리(地利)를 잃는 것이다. 장사해도 통하지를 못하고 놀고먹는 자가 날로 많아지면 이것은 인사(人事)를 잃는 것이다."[249]

박제가는 우리나라의 재래식 가옥의 불합리성을 개선하기 위해서 손수 벽돌을 제작하기도 했다. 이는 청나라 여행을 통해 그들의 벽돌이 주택, 창고, 성벽 등으로 다양하고 풍부하게 사용되는 것을 목격하고 이를 도입하여 우리 생활의 문화를 고치려고 시도했던 것이다.

무진장한 흙과 물과 나무를 두고도 이를 활용할 줄 몰라 반듯한 집이 없고 견고하지 못하고 불편한 것을 통탄하면서 개선하고자 했던 것이다.

---

249) 朴齊家,『北學議』「財賦論」"善理財者 上不失天 下不失地 中不失人 器用之不利 人可以一日 而或一月二月 是失天也 耕種之無法 費多而收少 是失地也 商賣不通 遊食日衆 是失人也."

정약용도 과학기술(技藝라고 말함)의 진보 발전을 강조하기를, 하늘이 지려(智慮)와 교사(巧思)가 있는 사람으로 하여금 기예(技藝)를 습득하여 자기의 생활을 자기가 하도록 했다. 기예(技藝)는 사람이 많이 모일수록 시간이 흐를수록 진보 발전하는데, 그것은 필연적 사세(事勢)다. 역사에서의 기예의 필연적 진보 발전의 법칙이 있다. 진보 발전의 담당주체는 성인이 아니라 일반 민중이다. 역사에서의 필연적 법칙으로서의 기예의 진보 발전은 민중의 자기생활을 하는 과정 곧, 일상적 생산활동 과정에서 전개된다.

> "지려(智慮)와 교사(巧思)가 있음으로써 그들로 하여금 기예(技藝)를 습득하여 스스로 자기의 생활을 영위하도록 한 것이다. 그러나 지려를 미루어 운용하는 것도 한계가 있고, 교묘한 생각으로 사리를 연구하는 것도 차서(次序)가 있다. 그러므로 아무리 성인(聖人)이라 하더라도 천 명이나 만 명의 사람이 함께 의논한 것을 당해낼 수 없고, 아무리 성인이라 하더라도 하루아침에 그 아름다운 덕(德)을 모조리 갖출 수는 없는 것이다. 그렇기 때문에 사람이 많이 모일수록 그 기예(技藝)가 정교하게 되고, 세대(世代)가 아래로 내려올수록 그 기예가 더욱 공교하게 되니, 이는 일의 추세가 그렇지 않을 수 없는 것이다."[250]

이와 같이 다산은 과학기술의 발전이 역사적 흐름이라고 갈파했다.

다산은 이용후생(利用厚生)의 방법을 배우는 것을 비단 청나라에 국한하지 않았다. 필요하다면 유구(琉球)나 왜인(倭人)한테도 배워야 한다고 말한다. 그는 문화의 정통성과 관계없이 우리에게 유익하다면 청나라이

250) 丁若鏞, 『增補與猶堂全書』 卷.11. 「技藝論」 "以氣有智慮巧思 使之習爲技藝 以自給也 而智慮之所推運有限 巧思之所穿鑿有漸 故雖聖人 不能當千萬人之所共議 雖聖人 不能一朝而盡其美 故人彌聚則技藝彌精 世彌降則其技藝彌工 此勢之所不得不然者也."

건 일본이건 어디에서나 배워야 한다고 주장한다. 다산의 이용후생(利用厚生)에 대한 관심은 벽돌, 기와 굽는 것에서부터 정교한 군함설계나 농기구의 제작, 기술향상을 위한 외국기술의 도입 등에 이르기까지 매우 다양했다.[251]

정약용은 당시 주요산업인 농업기술에 대해서 농기구가 편리하면 힘을 적게 들어도 곡식을 많이 수확할 수 있고, 직기가 편리하면 힘을 적게 들이고도 포백(布帛)이 풍족하며, 배와 수레의 시스템이 편리하면 힘을 적게 들여도 멀리 떨어진 곳의 물건과 재화들이 원활히 유통되어 정체됨이 없고, 무거운 것을 끄는 기술과 무거운 것을 드는 기술이 편리하게 되면 힘을 적게 들여도 축대나 제방이 견고해질 것이라고 하였다. 여기에서 그는 경제성과 효율성의 중요성을 말하고 부국강병의 요체가 과학기술에 있음을 갈파하는 실학자로서의 관점을 나타낸다.

다산은 31세 때인 1792년에는 정조의 특명에 의하여 수원성의 제도를 작성했다. 이때 다산은 윤경(尹耕, 1501-?)의 『보약(堡約)』과 유성룡(柳成龍, 1542-1607)의 『성설(城說)』에서 좋은 제도를 취하고 또한 『기기도설(奇器圖說)』을 참고하였다. 같은 해에 의학서인 『마과회통(痲科會通)』 12권을 저술했다.

주자학적 독선과 결박으로부터의 인간이성의 해방, 이것을 전제로 하여 비로소 근대적 과학정신이 길러졌던 것이다. 다산시대의 실학자들에게 있어서 백과전서적 지식은 당연히 그 후에 있어서 각 분야별로 분화발전하여 근대과학과 사상의 모체가 되었다.

251) 大宇學術叢書 『丁茶山硏究의 現況』 民音社, pp.100-101.

2) 민본주의

조선후기실학은 기존의 모순된 사회제도에 대해서 여러 영역의 비판을 통해 조정과 백성들을 계몽하는 학풍을 가지며 그 중심사상은 민본주의이다. 우선 농업사회에 있어서 토지제도의 모순을 비판하면서 대안을 제시한다. 조선왕조는 주로 토지에 의존하여 생산을 하는데, 17세기이후 18세기에 이르러서는 그 근간이 되는 전(田)· 세제(稅制)가 문란해지고 대토지 점유의 경향이 늘어남과 동시에 국가재정의 궁핍, 봉건적 징렴(徵斂)이 가중된다. 이러한 모순점을 알고 있는 이들은 우선 토지제도의 개혁을 주장하면서 후세에 이르러 토지제도가 무너지고 토지의 무제한적인 사유가 가능하게 됨으로써 부조리가 일어났음을 진단한다. 예컨대, 국민의 부역(賦役)이 절제가 없어졌고 빈부의 격차가 심화되었으며, 토지를 겸병하고 거기서 나오는 이익을 독점함으로써 양민들이 생활의 기반을 잃는 일이 허다하여, 인구가 감소하고 송사(訟事)가 빈번해지고 귀천의 분별이 없어지면서 분수가 없게 되고, 뇌물수수(賂物授受)가 횡행하여도 법대로 다스리지 못하기 때문에 인심이 동요하고 풍속이 각박해 졌다고 하면서 토지소유제를 비판했다.

실학자들은 민본주의를 바탕삼아 군권(君權) 중심의 사고에 대해 비판적인 태도를 취하였다. 성호(星湖) 이익(李瀷, 1681-1763)은 임금이 없어도 백성은 존재하지만 백성이 없으면 임금은 존재할 수 없다고 말했다. 백성의 은혜가 임금의 그것보다 중요한 것이다. 그런데 수많은 백성의 힘으로 한 사람의 임금을 받들어 항상 물자가 부족하게 하고, 혜택이 고루 돌아가지 못하게 할 수 없다고 하여 임금 중심이 아닌 백성중심의 입장을 전개했다.[252)]

다산의 민본주의는 이런 성호(星湖)의 사상을 계승하는 것이다. 성호의

252) 李瀷, 姜萬吉 譯『星湖僿說』三省出版社. 1981. p. 134.

가장 탁월한 계몽사조 가운데 하나는 봉건적 신분제의 모순을 과감하게 거론하는 점이다. 그는 조선사회의 근간이 되어온 양반제도와 문벌, 적서(嫡庶)의 차별, 노비제도 등 당시 사람으로서는 감히 거론하기 어려운 문제를 들고 개선을 촉구했다. 그는 국가에서 인재를 천대하므로 유능한 사람들이 퇴장하고 문벌제도를 숭상하기 때문에 서얼이나 중인의 차별이 있어서 그들의 자손은 백대를 지난다고 하더라도 좋은 벼슬을 할 수 없으며 또 서북 3도는 폐쇄된 지 이미 4백년이나 되었으며 노비의 법이 엄격하여 그 자손들은 평민과 같이 서지 못하니 전국 백성의 9할이 모두 원한과 울분에 쌓여있다고 당시의 현실을 개탄했다.[253]

다산은 성호의 민본주의를 더 심화시켜 군왕의 근원은 마을의 어른 이정(里正)에서 시작된 것이라고 보았다. 백성이 통치자를 위해 존재하는 것이 아니고 반대로 백성을 위하여 왕이 존재한다고 했다. 그는 천자란 선천적인 것이 아니라 「군중의 추대에 의한 것」이라는 것이다.

> "주변사람들이 모두 감복하여, 함께 그를 추대해 이정(里正)이라 하였다. 또 여러 마을 백성들이 마을에서 해결하지 못한 분쟁이 있자, 준수하고 유식한 사람에게 가서 바로잡았다. 이에 여러 마을 사람들이 모두 감복하여, 함께 그를 추대해 높여 당정(黨正)이라 하였다. 또 여러 고을 백성들이 고을에서 해결하지 못한 분쟁이 있자, 현명하고 덕이 있는 자에게 가서 바로 잡았다. 이에 여러 고을 사람들이 모두 감복하여, 그를 주장(州長)이라고 하였다. 다시 여러 주의 장들이 한 사람을 추대하여 국군(國君)이라 하였고, 여러 군주들이 한 사람을 추대하여 방백(方伯)이라 하였고, 사방의 방백들이 한 사람을 우두머리로 추대하여 황왕(皇王)이라 하였다. 결국 황왕이란 그 근본은 이정(里正)에서 시작되었으니, 백성을 위해 목민자가 있음이다."[254]

---

253) 『星湖僿說』 卷 4. 「治道門」 '決鬱'.

254) 丁若鏞, 『增補與猶堂全書』 卷.10. 「詩文集」 原牧 "四隣咸服 推而共尊之 里正 於是數里之民 以其里鬨莫之決 有叟焉俊而多識 就而正之 數里咸服 推而共尊之

이러한 다산의 이론은 다름 아닌 주권재민의 논리와 위민(爲民)의 기능을 수행하지 못할 때의 군주를 방벌(放伐)할 수 있는 사상을 말하고 있는 것이다.

3) 한국중심주의

실학자들의 민족의식에서 두드러진 특징이 있다. 전통적인 중국중심의 질서하에서 형성된 사대주의를 탈피하고 자민족 중심의 자각을 갖게 된 것이다. 이것이 한국에 대한 역사, 지리, 언어, 군사 등에 걸쳐 한국학을 진흥하는 지식체계의 형성으로 나타난다.

다산은 문학의 표현에 있어서도 문장상에 있어서 구태의연한 한당(漢唐)의 표현방식에 의존하기보다는 한국의 풍속에 맞는 표현을 모색한다. 그는 시작(詩作)에 있어서도 것이 가치 있는 시가 되려면 자기의 풍속을 읊어야 한다고 생각했는데 이러한 생각은 결국 중국을 상대화하고 중국중심의 세계관으로부터의 벗어나는 것을 의미하는 것이다. 이러한 경향은 다산 이전의 실학자들이 이미 공유하고 있는 것이었다.

실학자들은 당시 지배적인 중국중심의 사대주의를 배격하고 나라의 자주성, 국방의 강화를 적극 주장하였다. 기존의 중화사상에 대해 하늘로써 보면 중화와 이(夷)가 일반이요 내외의 구분이 있을 리가 없다고 보았다. 다만 중국의 입장에서는 중국이 세상의 중심이요 안이요, 동이(東夷)는 밖이요, 변방이 될 것이다. 그러나 이러한 고정관념은 잘못된 것이

名曰黨正 數黨之民 以其黨鬨莫之决 有叟焉賢而有德 就而正之 數黨咸服 名之曰州長 於是數州之長 推一人以爲長 名之曰國君 數國之君 推一人以爲長 名之曰方伯 四方之伯 推一人以爲宗 名之曰皇王 皇王之本 起於里正 牧爲民有也."

라고 외면했던 자국에 관한 연구를 하는 것이 새로운 실학적 자각이다.

한국에 대한 자각은 조선후기 실학사상이 한 때의 풍조로 그친 것이 아니라 계속해서 개화사상, 민족자강의 사상으로 진전하고 나아가서 근대화를 전제로 한 민족주의로 이어졌고 오늘날의 자주적 근대화 사상으로 이어지고 있는 것이다. 다산은 중국만이 세계의 중심이 될 수 없다고 하면서 과거의 사대모화사상을 비판하였다.

> "중국이라는 중(中)은 어디를 기준으로 하며, 동국(東國)이라는 동(東)은 어디를 기준으로 하여 동이(東夷)라고 하는지 모를 일이다. 대체로 해가 머리 위에 떴을 때를 오시(午時)로부터 해뜨는 시간과의 사이가 동일하다면, 곧 내가 서 있는 여기가 남과 북의 중간이라면 어느 곳을 막론하고 모두 중국이라고 해도 되는 것이다."[255)]

이러한 견해는 지리적으로 지구가 둥글기 때문에 어느 곳도 중심이 아닌 곳이 없다는 독특한 이론으로 인습적인 세계관을 벗어나 자주적 민족의식의 입장인 것이다.

위당(爲堂) 정인보(鄭寅普, 1891-1965)가 다산선생 한 사람에 대한 고구(考究)는 곧 조선사의 연구요, 조선 근대사상의 연구요, 조선 심혼(心魂)의 명의(名醫) 내지 전조선 흥쇠(興衰)·유멸(有滅)에 대한 연구라고 갈파한 것도 이해해야 한다. 안재홍(安在鴻, 1891-1965)이 다산을 「근대 국민주의의 선구자」, 「근대 자유주의의 거대한 개조」, 「일종의 국가적 사회주의를 방불」케 한다고 한 것도 그러한 문맥에서 이해해야 할 것이다.[256)]

---

255) 『與猶堂全書』 卷13. 「詩文集」 '送韓校致應使燕理序'. "其所謂中國者 吾不知其爲中 以所謂東國者 吾不知其爲東也 夫以日在頂上爲午 而午之距日 出入其時刻同焉 則知吾所立 得東西之中矣."

256) 大宇學術叢書 『丁茶山硏究의 現況』 民音社. p.26.

4) 미신타파

한국은 풍수지리설을 비롯한 많은 술수학(術數學)이 성행하는 사회였는데 실학자들은 이러한 속학의 비과학성을 비판했다. 박제가(朴齊家)는 풍수지리설의 허망성을 지적했다.

> "그것은 땅속에 흔히 있는 일이며 화복(禍福)과는 아무런 관련이 없으니 어두운 땅 속에서 어디인들 기류의 유동(遊動)과 물질의 변화 또는 지기(地氣)의 차고 더운데서 생기는 모든 변천이 일어나는데, 저 수장(水葬),화장(火葬), 조장(鳥葬)을 하는 나라에도 또한 사람이 있고 인민도 있고 제도도 있다. 그렇다면 수명의 장단과 부귀와 변천은 자연한 일이며 사람에게는 없을 수 없는 일로, 장사지내는 땅을 가지고 말할 것이 못된다."[257]

다산 역시 풍수지리설에 대해서는 맹렬히 비난하였다. 만약에 자신들이 길한 땅이라고 이야기하는 곳이 후손들에게 큰 복을 가져다 줄 것이라고 풍수술사들이 진정으로 믿는다면 몇푼의 돈을 받고 그곳을 남에게 알려주는 대신 자신들이 사용할 것이라는 점을 지적하기도 했다. 다산은 죽기 전 아들들에게 자신이 죽으면 지사(地師)에게 묻지 말고 집의 뒷동산에 매장하라고 유언할 정도로 풍수를 배척하였다.[258]

다산은 손목의 맥을 짚어 병을 치료하는 진맥법의 부정확성을 설파했고 얼굴모양을 보고 운명을 점치는 관상법을 배척했으며 갑자을축을 따져 길일을 택하는 것도 믿어서는 안된다고 역설하였다.

---

257) 朴齊家『北學議』「葬論」,"殊不知此地水之常事 而少無關於禍福, 夫泉壤冥漠之中, 遊氣之消息, 物化之蒸成, 亦何所不至. (…)夫水葬 · 火葬 · 鳥葬 · 懸葬國 亦有人類焉, 有君臣焉故壽夭 · 窮達 · 興亡 · 貧富者 天道之自然, 而人事之所必不無者, 非所論於葬地."

258) 金昌道,「現代 韓國行政의 理念과 改革方案에 대한 茶山學적 解析-丁若鏞의 國家改革思想을 中心으로-」, 韓國外國語大學 大學院, 行政學科 博士, p.180.

순음(純陰)이니 일양(一陽)이니, 여름이 서늘하고 겨울이 따뜻하다는 등의 말은 모두 술가(術家)의 케케묵은 말이니 믿을만한 것이 못된다고 했다. 또 날짜를 잡는 택일에 대해서는 더욱 거짓되고 혼란스러운 것이라 혹평했다. 이와 함께 하종(下種)할 때 붉은 실을 쓴다고 한 것은 술가(術家)로써 사람을 속이는 짓이라고 비난했다.[259)]

다산은 당시에 광범위하게 퍼져 있는 술수학으로서 도참설(圖讖說),풍수설(風水說), 신통술(神統術), 역술법(易術法) 등 대중들을 현혹하는 술법들에 대해 합리적이고 과학적인 학문과는 거리가 먼 허위적인 미신이라고 규정하였다. 그는 요순, 주공, 공자 같은 성인들도 앞일을 내다보지 못했다는 구체적 사례를 말하면서 성인의 도와 술수의 도가 다른 길임을 분명하게 밝히고 있다.

비록 문왕이나 주공이 오늘 세상에 태어나도 결코 복서(卜筮)를 사용해서 의문 나는 일을 점치지는 않았을 것이라고 단언하기까지 했다. 그는 또한 사람의 관상을 살핌으로써 그의 운명을 알 수 있다는 생각을 거부하고 관상이 운명을 결정하는 것이 아니라 오히려 습관이 관상을 바꾸는 것이라고 했다.

3. 다산의 실학사상의 한국근대화에 미친 영향

한국내에서 다산의 저서가 출간되기 시작한 것은 20세기로 접어들면서 민족의 자강을 강조하는 애국계몽운동이 일어나면서부터이다. 그것은 다산의 사상이 애국계몽운동의 핵심인 민족사상 및 자유민권사상의 내재적 거점으로 인식되었기 때문이다. 1880년대 이후에 다산의 사상과 비

259) 申東源, 儒醫의 길-丁若鏞의 醫學과 技術」,『茶山學』 20號, 2007. p.189.

슷한 견해들이 초기의 개화파에 의하여 재현되었다.

전통적인 중화주의적 명분론의 굴레를 벗어나 한국민족의 자주성에 눈을 뜨게 됨으로써 이제는 근대지향적인 사고로 전환하게 하는 사상적 전환을 모색한다. 실학이란 외세의 강제가 아니라 한국민족 스스로 자각하여 근대화를 모색하는 새싹이었다.

다산의 개혁사상이 동학도와 20세기 초 개화사상가들에게 크나큰 영향을 주었으며, 갑신정변(1884)과 동학혁명(1894)을 일으키게 되고 갑오개혁(1894)을 하는 맥락과 통한다. 뿐만 아니라 다산의 사상은 한국근대의 격변기 속에서 기층 민중으로부터 태동된 반봉건의 흐름과 변화의 거센 물결을 극복해야 하는 시대적 과제를 해결할 수 있는 이론이 되었다. 그의 사상과 철학에는 국민의 삶의 향상을 위한 각별한 사랑이 담겨 있다. 곧 민본에 입각한 민권과 평등사상이 저술 속 곳곳에 스며있는 것이다.

다산의 개혁사상은 대한민국 정부의 출범 이후 교육제도의 정비와 농지개혁에서, 1960년대의 박정희 정부에서는 국민 의식개혁과 능률성 제고라는 경제개발의 측면에서, 1980년대 광주민주화운동에서는 민권사상, 1990년대에서는 지방자치와 민주화를 통한 민권의 고양과 금융실명제, 고위 공직자 재산공개제 등 투명한 행정, 2000년대에서는 인권과 복지 등의 국가정책에 반영되어 있다.[260)]

이처럼 한국은 경제성장과 민주화는 어느 정도 이루었다. 그러나 현대 한국사회는 지나친 경제중심 그리고 기업과 관료의 유착, 기본원칙을 위반하는 편법, 비리 등이 여전히 존재하다. 다산과 같은 실학자들이 반대했음에도, 아직도 전근대적인 풍수를 비롯한 역학, 술수 등의 속학들이 최신의 첨단학문과 더불어 공존하고 있다.

---

260) 金昌道, 前揭書, P.214. 參照.

4장

불교사상

I. 반야(般若)사상의 현대적 의의

1. 서 론

반야사상은 대승불교의 핵심이라고 할 수 있다. 반야사상이 제시하는 무심의 사상과 불이(不二)의 논리, 그리고 공(空)사상은 현대사회의 여러 문제들에 대한 훌륭한 응답이 될 것으로 기대된다. 이처럼 대승불교에 있어서 반야사상이 차지하는 위치가 매우 중요함에도 이 분야의 국내연구는 다른 연구에 비해 상대적으로 낮은 수준에 머물고 있다.

선행연구들을 살펴보면 김인덕교수는 반야바라밀에 주목하여 1997년에 「반야바라밀행에 의한 세간중생제도」(『불교학보』, 1997)과 「반야바라밀과 보살의 제염원」(『한국불교학』, 1997)에서 실천수행의 원리로서 반야사상을 조명했다. 이 분야의 저술로는 김하우 교수의 논문집과 혜담 지상스님의 『반야불교신행론』(불광출판사, 1997)이 있는데, 반야바라밀의 신앙론과 반야론, 방편론으로 나누고 반야론에서 반야사상을 공과 본래청정 그리고 회향의 사상으로 파악하고 있다.

이봉순의 「대품반야경의 보살사상과 그 연원」(『한국불교학』, 1997)에서 주로 보살사상을 조명하고 서원, 실천수행, 수행 제위(諸位), 공사상, 회향 등을 치밀하게 소개하고 있다.

장애순(계환) 교수의 「반야사상의 동점(東漸)과 그 이해」(『한국불교학』 24집, 1998)에서는 반야경전의 역경과정 그리고 반야사상의 수용과 사회적 배경을 설명하고 더불어 반야공(般若空)에 대한 여러 학설을 소개하고 있다. 이 논문에서는 반야를 주로 공(空)사상으로 파악하고 있으며 중국의 노장철학과 비교하고 있다. 이러한 관점은 일본학계의 기무라 에이이치(木村英一), 마츠무루 다쿠미(松村巧), 하치야 구니오(蜂屋邦夫) 교수 등의 연구성과를 반영하고 있다.

한국불교학계에서 반야사상에 대한 논의는 이처럼 1997년 이후에 소개되기 시작하지만 후속 논문들이 이어지고 있지 않음을 알 수 있다. 필자는 선행논문들의 연구성과를 수용함과 동시에 반야사상의 논리를 무심이나 불이(不二)의 관점으로 확대하여 해석했다. 그리고 이를 현대에 닥친 여러 가지 문제해결에 도움을 줄 수 있는 논리로 응용할 수 있으며, 그 핵심은 개인에게 있어서 인간소외가 아닌 자기실현의 논리로 사회에 있어서는 평화와 생태적 의의를 가진 지구윤리적 의의를 가졌다고 가정하고 그 근거를 제시하고자 한다.

2. 반야사상의 본질

1) 무심의 지혜

불교를 공부하는 사람이라면 '반야' 라는 말을 모르는 사람이 없다.[261)]

---

261) 『中國佛教史』 卷1. 中國社會科學出版社, p.316. 이 책에서는 반야경의 중국에서 번역을 설명하고 있다. 『반야경』은 支婁迦讖이 번역한 『道行般若』 혹은 『小品般若』라고 칭하는 경전이 있고, 구마라즙(?-413) 이 왔을 때 이미 세개의 번역본이 있었다. 『道行』은 漢末에 번역했고, 두 번째 번역본은 삼국에서 나왔는데, 곧 지겸이 번역한 『大明度無極經』 『大品般若經』-『放光』『光贊』이라고 함은 286년과 291년에 구분되어 번역되었다. 『小品』에 비해 100여년 늦게 나왔다. 이로 인해 『道行般若』의 연구는 중국에 있어서 불교전파에 중요한 위치를 차지할 뿐만 아니라 玄學과 반야의 관계를 이해하는 데서도 중요하다. 『道行般若』에 관련해서 (현장이 번역한

『반야심경』 독송은 모든 법회의 필수절차이고, 한국인에게 『금강반야바라밀다심경』은 가장 인기 있는 경전이다. 육조 혜능 선사가 이 금강경 독송으로부터 깨달음을 얻었기 때문에 선불교의 바탕도 '반야'와 밀접히 연관되어 있다. 이처럼 많이 사용하는 반야바라밀은 육바라밀과 독립해서도 그 중요성이 있고, 다른 바라밀과 함께 병립해서 설명하기도 한다. 반야를 대신해서 지혜라고도 쓴다. 그런데 그냥 지혜라고만 해버리면 약간은 그 뜻이 달라진다. 좀 세속적인 의미로 오해될 수 있다.

반야를 지혜라고 번역할 수 있지만, 그럼에도 반야를 따로 사용하는 이유는 지혜가 상대적인 개념임에 비해 반야는 상대적인 것이 아니다. 말하자면 보살의 지혜와 성문이나 독각의 지혜는 같은 것이 아니다. 보살의 지혜는 열반에 이르게 하지만 성문이나 독각의 지혜는 그렇지 못한 것이다. 반야바라밀을 수행할 수 있는 것은 보살의 지혜인 것이지, 성문과 독각의 지혜는 그것을 수행할 수 없다.[262)]

물론 불교의 용어에서 지혜나 혜를 기피하지 않는다. 불교수행의 요체 가운데 삼독을 제거하기 위해 삼학을 제시하는데 이때는 반야라는 말이 아닌 '혜'로서 쓰인다. 정혜쌍수(定慧雙修)라는 말도 마찬가지다. 여기에서 '정(定)'은 바로 본체이고 '혜(慧)'는 바로 작용이다. '혜'는 '정'과 분리되지 않으며, '정'은 '혜'와 분리되지 않는다. '정'이란 선정을 의미하고 여기서 '혜'는 지혜인데 선정을 통해 얻은 고요하면서도 항상 깨어 있는 상태를 말한다. 반야의 지혜는 이성과 지성의 산물이기 보다는 선정에 의하여

『大般若經』의 4회에 해당,538권-555권) 번역본은 이후의 불교이론가들이 비판이 파다했다고 소개한다.

262) 『大般般若波羅蜜多經』 卷47. 「初分學觀品」 p.18.b.(大正藏 5卷) '舍利子 是菩薩摩訶薩智慧 能使一切有情趣涅槃 一切聲聞獨覺智慧不如是故 又舍利子 修行般若波羅蜜多一菩薩摩訶薩 於一日中所修智慧 一切聲聞獨覺智慧不能及故.'

얻어지는 것이므로, 반야의 입장에서는 이 선정의 체험이 재평가되고 나아가 선종에서의 조사선까지도 이 반야에 근거를 두게 된다.

그런데 반야는 의역이 아니라 음역이다. 반야의 사상은 불교이전의 우파니사드에서도 'prajna atman'라는 개념이 있으며 이는 '반야소성아(般若所成我)' 혹은 '혜소성아(慧所成我)'라고 하는 것으로 일종의 무분별의 지혜로 세속의 분별의 지혜개념이 아니다. 바라문교의 '환(幻)' 관념이나 '비유비무(非有非無)'와 같은 동시부정도 공사상과 유사하다. 뿐만 아니라 원시불교의 '무상(無常)' '무아(無我)' 그리고 '열반'과 반야사상은 연계된다.

중국에서는 이 반야를 '혜(慧)'·'명(明)'·'지혜(智慧)'[263]라고 번역했다. 법의 실다운 이치에 계합한 최상의 지혜인 것이며, 반야를 얻어야만 성불하기 때문에 모든 부처님의 스승 또는 어머니라고 일컬으며 또 이는 법의 여실한 이치에 계합한 평등·절대·무념·무분별일 뿐 아니라 반드시 상대 차별을 관조하여 중생을 교화하는 힘을 가지고 있는 것이다. 여기에 바라밀다는 '피안에 머무른 상태'를 의미한다. 궁극적인 것, 완성된 것과도 통하는 말이다. 따라서 그 두 낱말이 합성된 '반야바라밀다'는 지혜가 피안에 이른 것 또는 지혜의 완성이라는 뜻이 된다.[264] 바라밀다의 '도피안(到彼岸)'의 번역의 의미만으로 부족하다는 것이다.[265]

이와 같이 반야라는 어의는 지혜로 번역할 수 있지만 그 지혜는 완전

---

263) 『漢語大辭典』 지혜에서 지와 혜를 분석한다. '決斷曰智, 簡擇曰慧' '知俗諦曰智, 照眞諦曰慧' '照見名智, 解了曰慧' '知世諦者名之爲智, 照第一義者說以爲慧.'

264) 고익진, 『불교의 체계적 이해』 새터 p.78.

265) 권기종, 「보살의 삶에 의한 사회정의의 실현」 『21세기 문명과 불교』 동국대학교.P.337. 바라밀다는 '도피안'(到彼岸)이라고 한역되어짐으로, 피안에 도달하기 위한 수단으로 취급되어 왔다. 그러나 그 자체를 완성하자는 의미가 크다. 예컨대 보시와 보시바라밀다는다른 의미를 갖는 다는 것.

한 지혜이며, 더구나 지식은 아니다. 그리고 그 지혜는 어떤 대상에 대해 편견을 갖지 않는 '불이(不二)'의 특색을 가지고 있다.

2) 불이(不二)의 논리

반야사상의 의미 가운데 '불이(不二)'를 말하지 않을 수 없다. 반야는 환상을 거부하며 어떤 미망과 환상을 벗어난 의식이라고 할 수 있다. 그러므로 반야는 유와 무, 나와 남을 이원화하는 인식을 배제하는 불이사상이라고 할 수 있다.

> "색이 공과 다르지 않고, 공이 색과 다르지 않네, 색이 곧 공이며, 공이 곧 색이네. (…) 생도 없고, 멸도 없으며, 더러움도 없고 깨끗함도 없네, 늘어남도 없고 줄어듬도 없네"[266]

불자들이라면 애송하는 『반야심경』의 요체는 '불이(不二)'임을 알 수 있다. '불이(不異)' 역시 둘이 아닌 하나이며, '다르지 않음'을 이야기하는 것이다. 불이(不二)는 이원론의 고정된 관점을 인정하지 않는다. 세간과 출세간을 둘로 나누는 관점이 아닌 것이다. 불이의 근본사상은 일종의 부정이며 절대화 고정화로 처리하는 것을 부정한다. 사물이 '공(空)'하지만 동시에 일체의 절대적 '공(空)'을 배제한다. 공은 '묘유(妙有)'이거나 '가유(假有)'인 것이지 허무를 의미하지 않는다. 출세간은 세간과 관계되기 때문에 '불이(不二)'라고 하며 이것은 절대적인 '일(一)'과 다른 것이다.[267] 둘이 아니라고 하는 것은 대립되어 있지 않다는 것이다. 그러나 이것은 동

266) 『般若波羅蜜多心經』 p.848. (大正藏 8卷) '色不異空 · 空不異色 · 色卽是空 · 空卽是色 (…) 不生不滅 · 不垢不淨 · 不增不減.'

267) 姚衛群, 『佛教般若思想發展源流』, 北京大學 出版社 p.15.

일하다는 의미는 또한 아니다. 대립되어 있지도 않고 그러면서도 동시에 동일하지 않다는 것을 바로 '불이'라고 표현하는 것이다. 그러므로 이를 '무이(無二)' 혹은 '무별(無別)'로 달리 이름하기도 한다.

실천적 입장에서는 주·객관과 나와 너라는 대립개념을 초월한 고차원의 주체적 입장을 드러내는 것이 반야다. 이 반야의 전일적 인식에 의해 얻게 되는 진리를 진여라고 한다. 즉 개념적 사물에 의한 유별적(類別的) 인식을 초월한 직관의 내용이 반야라는 것이다.[268)]

> "선남자여, 모든 것의 진여는 하나도 아니고, 둘도 아니며 셋도 아니고 넷도 아니다. 선남자여, 모든 것의 진여와 여래의 진여가 하나이면서 둘이 아니다. 모든 것의 진여는 합해지지도 않고 흩어지지도 않는다. 오로지 하나의 상일 뿐인데 이른바 무상(無相)이다."[269)]

반야바라밀을 행한다고 할 때 그 실천원리는 사물을 차별하지 않고 보는 평등심이라고 할 수 있다. 이러한 평등심을 '불이(不二)' '무이(無二)' 혹은 '비이(非二)'라 할 수 있다. 반야바라밀을 깊이 실천할 때는 일체의 사물에 나(我)와 너(人)의 대립이 없고 본래 청정해지면 심지어 생사와 열반까지도 대립이 없는 평등의 경지로 갈 때 비로소 반야바라밀을 실천하는 것이다.[270)]

---

268) 윤성해, 『대승불교의 핵심』 우리출판사.

269) 『大般若波羅蜜多經』 卷309. 「初分常涕菩薩品」 제77-1. p.1068.a.(大正藏 5卷) '善男子 諸法眞如非一非二非三非四 善男子 諸法眞如如來眞如 一而非二 諸法眞如非合非散 唯一相所謂無相.'

270) 『大般若波羅蜜多經』 卷46. 「初分菩薩品」 제12-1. p.263.a.(大正藏 5卷) '諸菩薩摩訶薩修行般若波羅蜜多時 應以無二而爲方便覺一切法(…).於一切法無二無動是菩薩句義' 『大般若波羅蜜多經』 卷61. 「初分隨順品」 제17. p.344.a.(大正藏 5卷) '若大乘若般若波羅蜜多 其性無二無二分故' 『大般若波羅蜜多經』 卷401. 「譬喩品」 제11.p.60.a. (大正藏 5卷) '善現 諸菩薩摩訶薩修行般若波羅蜜多時 於一切法 以無二爲方便' 『大般若波羅蜜多經』 卷464. 「第二分菩薩行品」 제70. p.344.c.(大正藏

"선남자여, 여러 부처님이 오신 바가 없고 가도 가는 바가 없다. 왜냐하면 여러 법이 한결같아 부동한 까닭이다. 제법이 한결같음이 곧 여래이다. 선남자여 생기지도 않고 오지도 않으며 가지도 않는다. 생기지 않음이 여래이다. 실제는 오지도 않고 가지도 않으니, 실제는 곧 여래이다. 공은 오지도 않고 가지도 않으니, 공은 곧 여래이다. 단(斷)은 오지도 않고 가지도 않으니. 단(斷)은 곧 여래이다. 이(離)는 오지도 않고 가지도 않으니, 이(離)는 곧 여래이다. 멸은 오지도 않고 가지도 않으니 멸은 곧 여래이다. 허공성은 오지도 않고 가지도 않으니 허공성은 곧 여래이다. 선남자여 이러한 여러 현상을 떠나 여래가 있지 않으니 이것이 제법(諸法)의 한결같음이며. 여러 여래의 한결같음이므로 모두 일여(一如)이며 무이(無二)이며 무별(無別)이다."[271)]

지혜를 방해하는 탐욕과 집착으로부터 벗어나기 위해서는 대립적이고 극단적인 사유를 벗어나야 한다.

"범부는 분별하는 무명과 탐착하는 무명의 이원론에 빠진다. 없는 대상을 생각하고 분별함을 (스스로) 아지 못하고 보지 못한다. 명색에 탐착하고 무소유의 대상에 탐착한다. (빠져)나오지 못하고 믿지 못하고 머물지 못함을 (스스로) 아지 못하고 보지 못한다. 그래서 범부는 탐착으로 빠진다."[272)]

5卷) '諸菩薩摩訶薩行無二甚深般若波羅蜜多'『大般若波羅蜜多經』卷503.「第三分佛設利羅品」第7. p.562.b(大正藏 5卷) '何以故 甚深般若波羅蜜多與諸如來應正等覺平等無二無二分故'『大乘理趣六波羅蜜多經』권9.「般若波羅蜜品」第10-1. p.910.a.(大正藏 8卷) '能善聽聞 甚深般若波羅蜜多 知一切法無我無人本來淸淨生死涅槃平等無二.'

271)『小品般若波羅蜜多經』권10.「曇無竭品」제28. p.584.(大正藏 8卷) '善男子 諸佛無所從來 去無所至 何以故 諸法如不動故 諸法如卽是如來 善男子 無生無來 無去無生 卽是如來 實際無來無去 實際卽是如來 空無來無去 空卽是如來 斷無來無去 斷卽是如來 離無來無去 離卽是如來 滅無來無去 滅卽是如來 虛空性無來無去 虛空性卽是如來 善男子 離是諸法無有如來 是諸法如諸如來如 皆是一如無二無別.'

272)『小品般若波羅蜜多經』권1.「初品」제일 p.538.(大正藏 8卷) '凡夫分別無明 貪著無明 墮於二邊 不知不見 於無法中 憶想分別 貪著名色 因貪著故 於無所有法 不知不見 不出不信不住 是故墮在 凡夫貪著數中.'

보살이 공(空)해야 일체의 상황에 대해 '불이'의 경지에 처할 수 있는 것이다. 그리고 여기에는 쓸데없는 이론(戱論)을 벗어날 수 있다. 인간의 본성이 공(空)해서 대립도 차별도 없는데, 만약 이런 본성을 벗어나 '불이'에 처할 수 없다면 그것은 대립된 생각을 지을 수 있다.[273] 지혜를 방해하는 탐욕과 집착으로부터 벗어나기 위해서는 대립적이고 극단적인 사유를 벗어나야 한다. 특히 어느 한쪽의 편견이나 대립적 이원론에 빠지는 것은 지혜의 눈을 어둡게 하는 탐욕과 집착일 뿐이다.

이처럼 반야의 '불이(不二)'사상이라는 것은 보살정신의 바탕이 된다. 다시 말해서 보살이 중생을 위하여 많은 일을 하여도 내가 중생을 구제하였다는 생각을 가지는 것은 구제하는 사람과 받은 사람을 나누는 이원론인 것으로 '불이(不二)'의 입장에서 벗어난다. 그것은 벌써 '나'에 대한 애착에서 벗어나지 못한 것으로 되기 때문이다. 반야바라밀은 다른 바라밀로 연결된다. 예컨대 보시바라밀을 실천하는 사람은 나는 베풀어주는 사람이고 저 사람은 베품을 받는 사람이라는 생각을 가진다면 이것은 벌써 '나'에 대한 애착과 함께 '저사람'이라는 객관적 존재에 대한 집착으로부터 벗어나지 못한 것이다.

'불이(不二)' 아닌 차별적인 모습을 가진 모든 것은 꿈과 허깨비, 물거품, 그림자, 이슬과 번개처럼 덧없고 허무한 것이기 때문이라는 것은 온갖 번뇌의 근본으로 되는 '나'와 사물현상에 대한 애착을 없애고 온갖 차별적인 관념에서 벗어날 것을 강조하는 반야사상의 핵심이라고 할 것이다. 이 '불이(不二)'는 반야경에만 국한되는 것이 아님은 물론이다. 『유마경』처럼 본격적으로 '불이법문'을 강론하는 데 있어서 대립되는 개념을

273) 『大般若波羅蜜多經』 권473. 「第二分實際品」 제78-1. p.396.a.(大正藏 5卷) '本性空理 無二無別 非無二法 可於其中而作二想.'

분석할 때 허다한 상반된 짝이 있다.[274] 반야사상은 불이와 공에 바탕을 두지만 이것은 허무주의를 의미하는 것이 아니라 인연에 의해 생멸하는 연기법으로 이어진다. 다시 말하자면 연기의 바탕인 공사상으로 이어지는 것이다.

3) 공사상

공은 슈냐(sunya)의 번역어인데 공성(空性)인 슈냐타(sunyata)라는 용어를 사용하기도 한다. 그러나 이 공은 무를 의미하는 것이 아니다. 무란 허무를 의미하는 것이 아니라 무도 유도 아닌 연기와 관련된다. 왜냐하면 자성이 공하다는 것을 관조함으로 인해 모든 존재가 인연에 의해 생멸함을 깨닫기 때문이다. 그래서 반야경의 핵심이라고 할 수 있는『반야심경』에는 구체적으로 공(空)이라는 말을 사용한다. '오온이 공함을 보고, 일체 고액으로부터 벗어났다'라고 하고 색과 공이 불이임을 반복해서 설한다. 이 경지에서는 불생불멸 불구부정 부증불감의 깨닫는 것이다. 무소득의 경지에 이른다. 보살은 이 반야바라밀에 의하여 마음에 장애가 없고 공포도 없으며 잘못된 생각으로부터 자유롭고 구경열반에 이른다. 모든 부처님도 반야바라밀다에 의거해서 가장 높은 깨달음을 얻음을 설하고 있다.

> "영구히 무유(無有)법이 더불어 갖추어져 있다. 여러 일의 연기는 본래 깨끗하여 공이 된다. 사리불이여, 색이 공이 되면 색은 존재하지 않는다. 통양과

---

274) 生=滅, 我=我所, 受=不受, 垢=淨, 是動=是念, 一相=無相, 菩薩心=聲聞心, 善=不善, 罪=福, 有漏=無漏, 有爲=無爲, 世間=出世間, 生死=涅槃, 我=無我, 明=無明, 色=色空, 四種異=空種異 등등.

사상과 생사는 공을 인식하면 알음알이는 존재하지 않는다."[275]

공이야말로 보살이 실천해야 될 덕목이다. 공을 실천하면 소승인 성문이나 벽지불에 떨어지지 않는다. 심지어 공은 공경해야 될 부처님과 같은 것이며 진리이며 이를 실천할 때 공포의 마음이 없어진다.[276] 육바라밀이 공한 까닭에 보살이 공하고, 이 공한 경지에 있는 것이 반야바라밀의 중심에 있다고 한다.[277]

"세존이시여, 스스로의 상(相)이 공한 바라밀이 보살 마하살의 반야바라밀이다. 세존이시여, 스스로의 성품이 공한 바라밀이 이 보살마하살의 반야바라밀이다. 제법의 공바라밀, 무법(無法) 유법(有法)의 공바라밀이 일체공덕바라밀을 열고, 일체공덕바라밀을 성취한다. 바라밀을 파괴할 수 없으니 이것이 여러 보살과 마하살의 반야바라밀이다."[278]

상(相)이 없고 성(性)이 없는 것이 보살 마하살의 바라밀이라고 하는 핵심은 허무주의가 아니라 연기법과 관련되어 있다. 실체가 공이 아니라면 연기법은 성립할 수 없을 것이기에, 연기법은 반야 공사상과 관계가 있다.

"선남자여, 모든 여래의 몸도 이와 마찬가지이니 고정된 대상이 아닌 까닭에 정해진 곳에서 오지 않으며 또한 인연이 없으면 생겨나지 않으니 본래의

275) 「摩訶般若波羅蜜行空品」 第三之一. '所以者何 永無有法而與俱 緣起諸事本淨爲空 舍利弗 色則爲空則無有色 痛痒思想生死識空則無有識.'

276) 『光讚經』 卷4 「摩訶般若波羅蜜幻品」 第10.p.176.a.(大正藏 8卷) '空者則爲佛 法則空空者則法 是爲菩薩摩訶薩行般若波羅蜜不恐不怖.'

277) 『光讚經』 卷10. 「摩訶般若波羅蜜問品」.第25. p.211.b.(大正藏 8卷) '六波羅蜜空故菩薩空.是爲菩薩摩訶薩住般若波羅蜜中.'

278) 『摩訶般若波羅蜜經』 卷2. 「往生品」 第4.p.229c(大正藏 8卷) '世尊 自相空波羅蜜是菩薩摩訶薩般若波羅蜜 世尊 自性空波羅蜜 是菩薩摩訶薩般若波羅蜜 諸法空波羅蜜 無法有法空波羅蜜 開一切功德波羅蜜 成就一切功德波羅蜜 不可壞波羅蜜 是諸菩薩摩訶薩般若波羅蜜.'

> 훌륭한 수행이 인연이 되어 그 몸도 이 과보로 생긴 것이다. 온갖 인연이 모이면 존재하고 인연이 멸하면 없어지는 것이다. 선남자여 비유하자면 이것은 공후라는 악기의 소리와 같으니 다른 곳에서 오는 것도 아니고 가는 곳도 없다. 여러 인연이 어우러지되 줄이 있고 몸통이 있고 관목이 있어서 이것을 사람이 연주하면 이들이 서로 어우러져서 소리가 난다. 이 소리는 줄에서만 나는 것도 아니고 몸통에서만 나는 것도 아니고 관목에서만 나는 것도 아니고 사람의 손에서만 나는 것이 아니다. 이들 인연이 모두 어우러져서 소리가 나는 것이니, 정해진 곳에서 오지 않고 인연이 흩어지면 멸하며 일정한 곳으로 가지도 않는다. 선남자여, 모든 여래의 가고 오는 모양을 반드시 이와 같이 관찰할 것이며 모든 대상의 모양도 반드시 이와 같이 관찰할 일이다."[279]

반야의 공사상이 다름 아닌 연기법과 관계된다는 것을 적절한 비유를 들어 설명하고 있다. 악기에서 나오는 아름다운 선율이 일정한 것이 아니다. 그것은 인연에 의해 아름다운 소리가 날 수도 있고 나지 않을 수도 있는 것이니 어떤 음악이 고정되어 있는 것이 아니다. 그런데 그런 인연법을 모른 채 아름다운 선율은 본시 없다거나 고정된 것으로 보는 것도 적절한 언명이 되지 않는다. 단지 인연에 의해 생기고 인연에 의해 멸할 뿐이라는 점에서 반야의 공사상이 허무주의가 아니라 서로가 서로에 의지하는 '불이'의 연기법임을 알 수 있다.

따라서 이러한 반야의 공사상은 단지 반야사상이 대승불교의 가장 중

279) 『小品般若波羅蜜多經』 卷10.「曇無竭品」 제28.(大正藏 8卷) '善男子 諸如來身 亦復如是 無有定法 不從十方來 亦不無因而有 以本行報生 衆緣合則有 衆緣滅則無　善男子 譬如箜篌音聲 無所從來 去無所至 屬衆因緣 有絃有槽 有枇有人 以手鼓之 衆緣合則 有聲 而無所從來　衆緣散則 滅而無所至 善男子 諸如來身 亦復如是 屬衆因緣 無量福德之所成就 不從一因緣 一福德而生　亦不無因無緣而有 以衆緣合則有 而無所從來　衆緣散 則滅 而去無所至 善男子 應當如是 觀諸如來 來去之相 亦應如是 觀諸法相.'

요한 경전인『반야심경』이 불교의례시 불교를 대표하는 경전으로 독송되는 근거이기도 하고 불립문자의 선종에 있어서도 중시되는『금강경』의 핵심사상이 되고 있는 점 등으로 미루어 볼 때 단순한 철학적 교리에 머물지 않고 신행과 실천으로 이어진다.

3. 반야사상의 현대적 의의

1) 반야와 인간실존

(1) 진실한 인간존재로서의 보살

'나'라는 집착, '너'라는 집착 혹은 '중생'이라는 집착으로부터 벗어날 것을 요구하는 반야사상에서 참된 인간이란 무엇일까? 우리는 적어도 어떤 '나'나 '내 것'에 대한 집착으로 벗어난 상황을 고정관념으로부터 자유로워진 상태라고 할 수 있다. 그것은 말할 나위도 없이 보살의 경지이기 때문에 보살이야말로 반야사상에서 찾는 진실의 인간상이라고 말할 수 있다.

오늘날 인간소외의 문제는 심각하다. 인간자신이 세계의 주인이 되지 못하고 도구화되고 수단화되며 자신으로부터 소외되고 있다. 현대인들은 '아상'의 미망에 사로잡혀 있는 상황이라고 진단할 수 있을 것이다. 소외된 인간은 아직은 중생의 경지에 있다고 볼 수 있다. 우리는 흔히 현대는 돈과 물질적 삶이 중시되어 인간이 소외되고 있는 상황이라고 말한다. '서로가 서로에게 늑대'인 무한경쟁의 사회에서 자비심은 더욱 약화되고 인간의 가치는 오히려 하락해 가고 있는 실정이며, 인간성의 회복, 인간존엄의 재조명 그리고 주체적 실존이야말로 가장 다급한 문제가 아닐 수 없다고 말한다.

그렇다면 보살과 중생이란 전혀 다른 개념일까? 적어도 이에 대한 대답은 보살과 중생은 둘이 아닌 것이다. 중생이란 아직은 미망의 상태이고 집착으로부터의 벗어남과 깨달음이 이루어지지 않는 상태일 뿐이다.

그런데 반야사상은 어떻게 인간의 존엄을 말하는가? 우선 보살과 중생을 둘로 보지 않는 것이 반야의 불이사상임과 동시에 평등사상이라고 할 수 있다. 물론 이 인간실현은 그만한 수행의 과정을 필요로 한다.

반야라는 참 지혜는 모든 인간의 자성 가운데 공평히 있다. 누구나 다 참 지혜를 얻을 수 있으며 보살이 더 나아가 붓다가 될 수 있는 것이다. 붓다는 먼저 깨치고 보통 인간은 아직 깨치지 못한 시간상의 선후의 차이가 있을 뿐이다. 자성의 참 지혜는 붓다라고 해서 특별히 늘어남도 없고 중생이라고 해서 특별히 감소함이 없는 평등한 것이다.

> "평등한 자성 가운데는 피차의 구별이 없고, 뚜렷이 밝은 큰 거울은 친하고 성긴 차별이 끊겼다."[280]

사람마다 본래 보살의 지혜와 복덕이 갖추어져 있으며 모든 인간은 보살과 붓다의 성품이 잠재해 있다. 본래 가진 자유자재한 마음이 다름 아닌 지혜라 할 것이며, 이 지혜는 본래 누구나 다 구족한 것이다. 다만 망상과 집착에 사로잡혀, 거울 같이 청정하고 생사고락과 선악분별의 일체를 초월하여 자유자재한 지혜를 증득하지 못한 따름이다.

다만 저절로 보살이 될 수 없는 점에 유념해야 된다. 체험과 실천을 통하여 주제적으로 대상의 '있는 그대로'를 체득하는 자각이 강조된다. 반야의 자각을 통하여 인생의 근본적인 의혹이 해소되는 것이고, 인간과

---

280) 野雲,『自警文』'平等性中無彼此 大圓境上超親疎.'

만물의 진실을 꿰뚫어 볼 수 있다. 대승불교에서는 법의 주체적인 체험을 통하여 얻는 깨달음의 내용을 반야의 지혜로써 강조하였다.[281]

(2) 수행을 필요로 하는 인간존재

현실의 인간은 자기실현보다는 소외되어 있으며, 스스로 상품이 되고 스스로 물질이나 경쟁에 매몰되기 일쑤이다. 다시 말해서 탐 · 진 · 치의 상황으로 가기 쉽다. 이를 방지하기 위한 노력이 필요하다.

현대는 자성을 방치한 채 어리석음에 매몰되어 있는 경우가 많다. 그래서 수행이 필요한 것이다. 반야의 반대는 치심(癡心)이다. 또한 반야는 단순한 지식과는 다르다. 이것은 스스로 체험한 진리를 통찰하는 인식작용이다. 보통의 지식은 유위(有爲)를 대상으로 인식하는 작용이지만, 반야는 무위(無爲)를 대상으로 한다.[282]

> "모든 법을 꿈과 같이, 메아리같이, 환상같이, 불꽃같이, 그림자같이, 변화하는 것 같이 보라."[283]

보통의 지식에 의해 인식되는 것은 우선 외부의 사물이 절대적으로 존재한다고 하는 고정관념으로부터 인식한다. 그리고 주객을 나눈다. 자신의 존재와 대상을 나누므로 자타의 분별이 생기고 경쟁심이 생기며 집착과 소유의 해위로 이어질 수 있다. 여기에서는 해탈을 기대하기 어렵다. 인간소외의 어리석음의 전형은 망상이다. 우선 어리석은 생각이란 무엇보다 자기집착과 자기 과신 등을 들 수 있을 것이다.

---

281) 한국정신문화연구원, 『민족문화백과대사전』 pp.154-155.

282) 유위법은 생멸변화하는 사물이고 무위법은 열반과 같은 무인연, 불생멸 변화의 존재임.

283) 『磨訶般若波羅蜜經』 p.269. (大正藏 8卷) '知見一切法 如夢如響如幻如焰如影如化.'

"나라는 집착, 남이라는 집착, 중생이라는 집착, 오래 살려는 집착이 있다면 이는 보살이 아니다."[284)]

반야바라밀은 우리들의 삶에서 쉬임 없이 쇄도하는 '나'라는 집착심, 타인이라는 배타심, 중생이라는 고착심, 인생은 영원하다는 어리석음으로부터 늘 자유로워야 함을 강조한다. 반야의 입장을 견지하는 사람은 욕심으로부터 자유롭기 때문에 자연히 자비심으로 살 수 있게 된다. 그것이 바로 보살의 경지이며 욕심에 사로잡히지 않기 때문에 항상 만족이 있는 것은 당연한 것이다.

하지만 이런 경지를 유지하는 것은 말처럼 쉽지 않다. 언제나 인간의 삶에는 반야바라밀이 아닌 삼독이 오히려 기승을 부린다. 인간에게는 신체와 언어와 생각이 있고 언제나 이것에 의지하기 때문에 육바라밀과 정반대의 마음이 생긴다. 보시가 아닌 탐욕의 마음이, 지계가 아닌 파계의 마음이, 인욕이 아닌 분노의 마음이, 정진이 아닌 게으른 마음이, 선정이 아닌 어지러운 마음이, 그리고 반야가 아닌 어리석은 마음이 인간의 신체와 언어와 생각에서 나온다. 만약 이런 반야바라밀의 수행이 없다면 신체와 언어와 생각의 작용에 의해 인간은 표류하고 소외되는 것이다.[285)] 인간의 주체성을 회복하기 위해서는 반야바라밀을 비롯한 다섯 바라밀의 수행이 필요하다.

'반야바라밀'은 불교의 궁극 목표인 무상정등정각을 증득케 하고 일체법을 인지하는 제불의 일체지를 생겨나게 하는 역할을 하며, 또 일체선법이나 조도법등을 섭수하고 대승보살들의 모든 염원을 실현시켜 주는 역

---

284) 『金剛般若波羅蜜經』 p.749.(大正藏 8권) '我相人相衆生相壽者相 卽非菩薩.'

285) 『摩訶般若波羅蜜經』 卷2. p.226.(大正藏 8권) '若得身若得口若得意. 用是得身口意故. 能生慳心犯戒心瞋心懈心亂心愚心. 當知是菩薩行六波羅蜜時. 不能除身口意麤業.'

할을 감당하는 것이다. 그러나 가장 중요한 것은 자신의 삶을 찾은 주체성의 회복이야말로 중요한 것이다. 이런 자기실현을 위해서는 바라밀 수행이 필요하며, 이는 반야바라밀 하나만으로는 되지 않고, 다른 다섯 바라밀과 합동으로 해야 성과를 기대할 수 있다.

> "수보리여, 과거의 여러 붓다는 모두 육바라밀로부터 나왔고, 미래의 붓다도 육바라밀로부터 나올 것이며, 현재의 시방의 무량 아승지 세계의 붓다도 육바라밀에 의해 나온다. 또 삼세의 여러 붓다와 보살도 모두 육바라밀에 의해 나온다. 왜냐하면 여러 붓다가 육바라밀을 행하고 사섭법으로 중생을 섭취하니, 이른바 보시(布施) · 애어(愛語) · 이행(利行) · 동사(同事)로 아뇩다라삼막삼보리를 얻는다. 수보리여 이러한 까닭으로 마땅히 알라 육바라밀은 큰 스승이고 아버지이며 어머니이고 집이고 돌아갈 곳이며 고향이며 구원이며 구경의 도리이다. 육바라밀은 일체중생을 이익 되게 한다. 이런 까닭에 보살은 일체중생의 의심을 단절하고자 하며 응당 이 반야바라밀을 배워야 한다."[286)]

반야사상은 인간이 매몰되는 현대에서 허무주의가 아니라 인간의 아름다움을 밝히고 그를 수행하는 체계를 제시한다. 만약 반야사상이 현대적 의의를 갖는다면 그것은 보살과 중생을 둘로 보지 않는다는 점에서 찾을 수 있다. 만약에 보살의 경지가 보통 인간이 들어가기 어려운 초인적 존재라면 가정과 직장을 가진 현대인에게는 그림의 떡에 불과할 것이다. 그러나 세간과 출세간, 보살과 중생이 본래 둘이 아니고, 바라밀다의

286) 『小品般若波羅蜜經』 卷8. 「深心求菩提品」 제20, p.571. (大正藏 8권) '須菩提 過去諸佛 皆從六波羅蜜生 未來諸佛 皆從六波羅蜜生 現在十方無量阿僧祇世界諸佛皆從六波羅蜜生 又三世諸佛薩婆若 皆從六波羅蜜生 何以故 諸佛行六波羅蜜以四攝法 攝取衆生 所謂布施愛語利益同事 得阿耨多羅三藐三菩提 須菩提 是故當知 六波羅蜜 是大師 是父是母 是舍是歸 是洲是救 是究竟道 六波羅蜜利益一切衆生 是故菩薩欲斷一切衆生疑 應當學是般若波羅蜜.'

실천을 통해서 미망을 제거하면 누구나 보살의 지위에 오를 수 있는 것이다. 다시 말해서 반야사상은 현대인의 삶에 간단 없이 자극하는 욕망과 주변 환경을 극복하고 인간 본연의 삶인 보살의 삶으로 이끄는 육바라밀과 같은 구체적인 실천원리를 제시함으로써 인간성 회복에 치료제로 작용할 수 있다.

2) 반야의 지구윤리적 함의

(1) 다양성과 생명존중

세계가 좁아지고 지구촌화되면서 인류는 한편으로 풍요로움을 누리면서도 한편으로는 핵무기의 확산 혹은 테러와의 전쟁 또 환경오염이나 인간생명의 경시 등 지구적 위기를 실감한다. 여기에서 종교와 철학의 역할은 이러 위기를 해소하는 데 도움이 되기보다는 자민족의 가치, 자민족의 이해관계에 매몰되어 위기를 가중시키고 있는 실정이다. 이런 상황에서 제기된 것이 양심 있는 종교지도자들의 지구윤리의식이라고 할 수 있다.

> "인간은 한없이 고귀하며 그리고 조건 없이 보호되어야 한다. 그러나 우리와 함께 사는 동물이나 식물의 생명도 또한 보호하고 보존하고 보살펴야 할 가치가 있다. 인간의 존재처럼 우리는 미래세대를 위하여 또한 공기와 물 그리고 땅을 위해 책임을 가져야 한다. 자연과 우주에 대한 인간성의 우월은 펴지지 말아야 한다. 그러나 자연과 우주와의 조화하는 삶은 육성되어야 한다."[287)]

반야사상에서 보여주는 불이 · 연기법 · 공(空) 등에서 일관하고 있는 것

287) http://astro.temple.edu/~dialogue/Center/declarel.htm p.5.

은 '둘 아닌 하나(不二而一)'이다. 즉 깨친 눈으로 볼 때 이 세상에 존재하는 모든 것은 각기 떨어져 독자적으로 있는 것이 아니라 서로 뗄 수 없는 관계 속에 더불어 있으며 '하나'라는 것이다. 나와 이웃, 나와 모든 생명이 둘이 아니라는 자각이야말로 반야의 지혜인 것이다.

불교의 자비의 대상은 인간에 머무는 것이 아니라 일체의 생명에 다 해당하는 것이다. 알로 태어난 것들은 하늘을 나는 새나 물에 사는 고기들을 의미할 것이고, 태로 태어난 것들은 땅에 사는 동물들을 말할 것이고 습기에서나 변화해서 태어난 것들은 곤충들과 미생물들을 말할 것이니 배려해야 할 대상이 온 생명체들까지 미치는 것이다. 이처럼 반야의 목표는 나의 깨달음에 머무는 것이 아니라 온 생명체들까지 나와 둘이 아닌 것으로 본다는 점이다.

(2) 비폭력과 평화의 원리

현대의 문제는 그 '하나'의 자각이 아닌 자기중심으로 산다는 데에 있다. '하나'인 성품을 등질 때 나와 남이 대립되고 국가와 국가가 서로의 이익을 가지고 다툰다. 세계는 심각한 선악으로 나뉘어 둘로 분열되는 것이다. 철저히 자기중심적인 생각과 말과 행위가 뒤따르는 이런 방식은 다름 아닌 탐·진·치 삼독의 세계이다. 대립과 갈등이요 고(苦)의 악순환이 계속 확장되는 것이 현금의 '테러와의 전쟁'과 같은 부류의 긴장상태다. 반야사상은 증오심과 복수에 대해 분명한 반대를 하며 그것은 하나의 자기중심의 집착심을 버릴 것을 요구한다.

> "내가 옛날 가리왕에게 신체를 찢기고 폭력을 당했을 때, 나는 나라는 집착, 너라는 집착, 오래 산다는 집착, 중생이라는 집착이 없었다. 내가 옛적 가리왕에게 마디마디를 찢길 적에 만약 그런 집착의 상이 있었다면 응당 화가 났

을 것이다."[288)]

모든 폭력은 상대의 폭력에서 기인한다고 말한다. 자기의 입장은 언제나 평화이며 온당하다고 말한다. 그리고 자신의 폭력의 대상에 대해서는 악이며 부당하다고 서로 말한다. 그것이 자기중심적 집착이라고 할 것이다. 반야사상은 그런 자기중심의 집착으로부터 벗어날 것을 요구하면서 폭력에 대응하지 말 것을 가르치고 있는 것이다. 왜냐하면 폭력이란 상대에 대한 존중과 배려가 없을 때 발생하는 것으로 작게는 개인의 자기집착에서 기인하고 크게는 자기문화에 대한 우월성에서 시작한 이분법에 기초하기 때문이다. 오늘날 서구종교를 바탕으로 하는 배타적 이원론은 그들의 사랑과 자비의 본질을 자기중심적으로 해석함으로써 오히려 폭력을 정당화하는 모순을 낳고 있고, 불교의 경우에도 반야의 정신이 상실될 때 똑같은 이원론으로 빠져들 수 있다.

불이와 공을 기반으로 하는 반야사상은 자기중심의 집착으로부터 자유롭게 하기 때문에 항상 열린 자세를 견지하는 것이며, 이것이 다름 아닌 포용과 평화의 원리가 된다.

지구온난화와 같은 환경의 재난은 자연과 환경을 소외시키고 오직 인간만을 생각하는 가치관에서 나온 것이다. 그것은 인간과 인간의 관계에서 타인을 소외시키고 오직 자신만의 이익을 위하는 이기주의와 같은 맥락에서 문제가 있다.

반야사상은 자기중심을 벗어나, 너와 내가 아니 인간과 자연이 둘이면서 하나되는 곧 '이이일(二而一)' 혹은 '불이(不二)'의 조화의 원리라고 할

---

288) 『金剛般若波羅蜜經』 p.750.(大正藏 8권) '如我昔爲 歌利王 割截身體 · 我於爾時 無我相人相衆生相壽者相 · 何以故 我於往昔節節支解時 · 若有我相人相衆生相 壽者相 應生嗔恨.'

수 있다. 이런 관점이야말로 끝없는 인간의 욕망과 소비로 피폐해 가는 착취의 대상으로서의 자연과 환경을 지킬 수 있는 상생(相生)과 조화의 환경윤리의 논거가 될 수 있다.

4. 맺는말

불교는 현실의 인간분석을 통해서 늘 이상을 제시한다. 현실의 인간은 삼독에 늘 노출되어 있고 거기에 집착하고 몽상을 갖기 마련이다. '색즉시공 공즉시색'을 늘 독송하면서도 우리의 삶은 색이나 공 어느 한쪽으로 쏠리고 있다. 그런데 반야바라밀은 그런 망상과 집착과 이분법을 혹독하게 비판하고 늘 제거하려고 한다. 우리가 본시 구족한 인간본성인 자성을 왜곡시키고 소외된 욕망의 삶으로 이끌기 때문이다.

반야바라밀은 붓다의 지혜이다. 석가모니불께서 보리수 아래의 금강보좌에서 바르고 평등한 개달음(正等覺)을 증득했다. 누구이든 그런 깨달음을 정등각을 증득하려는 마음을 갖는다면 반드시 '반야바라밀'을 배워 실행해야 한다. 현대사회는 소위 지식정보화사회라고 하지만 그 지식은 '불이(不二)'의 경지가 아닌 알음알이적 지식이다. 자성이 공하다는 반야에 의지 않고 일시적인 것을 영구불변의 존재로 인식하려는 하며, 인간자신이 주인공이 아닌 다른 편견에 의존하는 비주체적 지혜로 반야의 지혜가 절실히 요구된다.

반야사상은 개인수행의 이론만에 머물지 않는다. 여기서의 텅빈 마음은 나라와 나라사이에 인간과 자연 사이에 적용됨으로서 평화와 상생의 논거가 될 수 있다. 그리고 그것이 선정과 반야를 통해 보시와 자비 그리고 평화로 연결되는 논거이기도 하다.

특히 환경문제의 경우 인간과 자연을 분리하여 자연을 정복의 대상으로 삼는다. 또한 생태계 전체의 상생이 아닌 인간중심의 논리로 대립적인 사고를 벗어나지 못하고 있다. 이런 사유방식은 모든 것들을 둘로 나누어 자신의 편견을 진리로 착각하고 자신과 다른 적을 가상하여 항상 긴장상태를 유지하려고 한다. 이러한 정복주의적 독단주의적 사유는 전쟁의 논리로 인류의 평화를 심대히 위협하는 것이 현재의 실상이다.

반야바라밀의 의의는 공과 불이의 논리로 동체자비의 정신으로 나아간다. 반야의 지혜에서는 하잘 것 없는 벌레까지도 공존의 대상으로 무시되지 않는다. 곧 반야사상의 의의는 실존적 개인적 문제뿐만 아니라 현대사회의 화해와 공존의 지혜로 활용할 수 있는 의의를 지닌 것이다.

II. 원효의 진속불이(眞俗不二) 사상과 재가불교의 위상

1. 서 론

오늘날 한국불교는 4부 대중 가운데 비구, 비구니를 중심으로 한 승가가 모든 승가를 대표할 뿐 우바새, 우바이의 재가자는 승가와는 별개로 보고 있다. 말하자면 승속이 엄격이 구분되어 진정한 불교수행은 마땅히 속가가 아닌 승가에서 찾아야 하는 것으로 되어 있다. 그리고 성속(聖俗)의 의미에 있어서 속(俗)은 속가나 속인의 언어에서 볼 수 있듯 불교수행을 하기 어려운, 마땅히 승가와는 구분되어야 하는 속물의 집단처럼 느껴지기도 한다. 이처럼 출가자 중심의 불교를 강조하는 한국불교에서 재가불교 혹은 거사불교의 위상이 불교의 정신과 일치하는지 반성할 필요가 있다고 생각한다.

원효대사 혹은 원효성사를 거사로 표기하는 것 조차도 외람스러운 일일 정도로, 원효는 위대한 스님으로 추앙받고 있는 것이 사실이다. 하지만 생각해 보자면 진속불이(眞俗不二)의 공사상을 이론적으로 정리했을 뿐만 아니라 대중과 함께 어울렸던 원효의 정신은 재가불교를 속(俗)의 영역으로 보지 않았다는 점에서 소성거사로 자처했던 원효를 재조명하는 것도 원효정신을 되찾는 데 도움이 될 것으로 본다.

더구나 재가불자인 유마거사의 의의를 설한 유마경의 정신을 해탈의 사상[289]으로 보고 이를 주석했던 점에서 그의 민중 속에 들어가 무애행을

289) 원효, 『涅槃宗要』한국불교전서1(이사 '한불'로 표기함) p.546, "(…) 如般若經等 智惠爲宗 維摩經等解脫爲宗 法花經者 一乘爲宗 大涅槃經妙果爲宗."

했던 것이 진속불이(眞俗不二) 곧 출가만이 아닌 재가의 중요성을 강조한 것임을 알아보고자 하는 것이 이 장의 목적이다.

2. 유마경에 대한 원효의 입장

많은 경전가운데 재가불자인 유마거사가 중심이 된 유마경은 재가불교의 가능성을 이야기하는 경전이다. 이 경전에서는 붓다의 십대제자를 비롯한 저명한 고승들은 유마거사의 진리에 대한 침묵으로부터 진정한 불이(不二)의 경지를 체득하게 된다는 내용이다. 이는 출가위주의 불교를 벗어나 재가에서도 얼마든지 수행이 가능하며 출가와 재가가 대립된 세계일 수 없음을 말한다.

원효의 회통사상은 재가불교의 위상을 결코 낮게 보지 않고 승속을 초월했다는 점에서 유마거사의 불이정신과 상통하고 있다.[290] 이 유마경에 대해 관심을 가지고 주석 작업을 한 인물은 원효가 최초이다. 원효를 이어 신라에서는 유마경 주석 작업이 지속적으로 진행되었다. 경흥(憬興; 생몰년대 미상)의 『무구칭경소(無垢稱經疏)』 6권 그리고 둔륜(遁倫; 생몰년대 미상)의 『유마경요간(維摩經料簡)』 1권도 있다고 하나 역시 현존하지는 않는다.[291] 이를 통해 우리는 신라의 중요한 불교학자들이 『유마경』에 대해 관심을 가지고 연구했음은 알 수 있다.

원효의 『유마경종요(維摩經宗要)』 1권과 『유마경약찬(維摩經略贊)』 7

290) 이희재, 「한국불교사에서 유마경의 위치」.

291) 義天, 『新編諸宗教藏總錄』 권1(대정장 55. 1170a 면. "宗要一卷 元曉述, 料簡一卷 遁倫述."

권이 『유마경소(維摩經疏)』가 그의 저술이지만, 현존하지는 않는다. 그러나 일본에서는 천평(天平) 7년 『유마경종요』를 서사했고,[292] 승보(勝寶) 5년(753)의 불서목록에 원효의 『유마경소(維摩經疏)』[293]도 있었다. 조선시대 세조 때 『유마경종요(維摩經宗要)』를 유구국(현재의 오키나와)에 보내주었다는 기록이 있는 것으로 보아 조선시대 초까지 이 저술은 남아있었다.[294]

또한 저술뿐만 아니라 생애에서 보여준 원효의 보살정신이란 유마거사의 보살행과 같은 맥락이라고 해야 할 것이다. 무애행은 다름 아닌 보살행이며 대중들과 고락을 함께하면서 깨달음에 이르게 하려는 유마경의 정신이다. 대중의 이익을 위해서 술집이나 도박장과 같은 계율에서 금지하는 장소에 출입이 가능하다는 점에서 궤를 같이 하는데 유마경의 내용을 보면 다음과 같다.

> "심지어 바둑과 장기 놀이하는 곳에 이르러서도 그것들을 가지고 사람들을 제도한다. (…)여러 도시를 노닐면서 중생들을 요익케 하여서, 바른 법을 다스리는데 들어가서는 모든 사람들을 구호하여 주고, 강론하는 곳에 들어가서는 대승의 법으로써 인도하여 주며, 여러 학당에 들어가서는 동몽(童蒙)들을 올바로 인도하여 일깨워 준다. 여러 음사(淫舍)에 들어가서는 음욕의

292) 福士慈념, 「일본에서의 원효연구 현상과 과제」 『한국종교사연구』 p.55.

293) 위의 논문, p. 56.

294) 『조선왕조실록』, 세조 43권. 13/08/14(정미) / 태평관에 있는 유구국 사신에게 물품을 하사하다 (…) 그때 보낸 불서는 『성도기(成道記)』 『법화경(法華經)』 『번역명의(飜譯名義)』 『기신론(起信論)』 『영가집(永嘉集)』 『대비심경(大悲心經)』 『원각경(圓覺經)』 『사교의(四教儀)』 『능엄의해(楞嚴義海)』 『도덕경(道德經)』 『법수(法數)』 『함허당원각경(涵虛堂圓覺經)』 『금강경(金剛經)』 『야부종경(冶父宗鏡)』 『능엄회해(楞嚴會解)』 『고봉화상선요(高峯和尚禪要)』 『진실주집(眞實珠集)』 『능엄경(楞嚴經)』 『벽암록(碧巖錄)』 『수륙문(水陸文)』 『유마힐경(維摩詰經)』 『금강경오가해(金剛經五家解)』 『능가경소(楞伽經疏)』 『아미타경소(阿彌陀經疏)』 『유마경종요(維摩經宗要)』 『법경론(法鏡論)』 『관무량(觀無量)』 『수경의기(壽經義記)』.

허물을 보여 주고, 여러 술집에 들어가서는 능히 자기의 뜻을 세운다."[295]

유마경은 고구려의 보덕에게서 전수한 정신이기도 하다. 고려시대 대각국사의 기록에 의하면 원효와 의상이 일찍이 보덕(普德)에게 도를 물었으며 『열반경』과 『유마경』 등을 배웠다고 한다.[296]

석굴암의 불상가운데서도 『유마경』의 문질품(問疾品)의 사실을 잘 묘사하고 있는 것이 병들어 웅크리고 있는 유마상이다. 신라에서 유마경이 불교의 주요사상으로 잘 받아들여지고 있었고 그것이 석굴암의 조각에 투영되어 있음을 알 수 있다. 석굴암의 본존상에 있는 10대 제자상은 유마경의 제자품에 나와 있는 제자와 일치하며, 상부의 감실에 중앙에 서로 마주보게 한 것이 문수보살과 유마거사의 문답장면이라는 것은 이 석굴암의 설계가 유마변상(維摩變相)인 셈이다.[297] 신라인들이 유마경의 사상을 익히 소화하여 석굴암에 표현했다는 것은 주목할 만한 것이다.

고려시대에서는 원효를 유마거사와 같은 수준의 인물로 묘사하기도 했다. 12세기 후반 임춘(林椿)은 낙산 서쪽에 있던 관음송을 직접 목격하고서 다음과 같은 기록을 남겼다.

曾聞居士老維摩	일찍 들었노라, 거사는 늙은 유마거사라고
飛錫凌空萬里過	지팡이 휘날려 허공을 건너 만리를 지나갔다.
已遣文殊來問疾	이미 문수를 보내어 문병했으니
不應無事出毘耶	일없이 비야리를 나오지는 않으리라[298]

295) 이영무 역해, 『유마경강설』, 「방편품」 93-94면. 월인출판사. 1989. (大正藏 卷14. 539上면).

296) 浮石芬皇曾問道 慨然長想未知還 (到盤龍山延福寺禮普德師 兩聖橫經曰(元曉義湘在講下親稟涅槃維摩等經) 대각국사문집 권17. p.8) 전미희, 「원효의 신분과 그의 활동」에서도 보덕의 영향을 받은 것이라고 추측함.

297) 최완수, 「석굴암, 중생의 해탈 염원 담긴 '대승불교의 꽃'」 한국경제, 2009.9.28.

298) 林椿, 『東行記』, 『西河集』 권5. 김상현, 위의 책, 번역 참조함.

원효의 유마경 관련저술은 현존하지 않은 것은 유감스런 일이지만, 원효사상 전체를 일관하는 회통 불이(不二)의 정신과 일맥이 통하는 내용으로 추측할 수 있다.

3. 소성거사(小性居士)로서의 원효

원효의 회통사상은 재가(在家)불교의 위상을 결코 낮게 보지 않고 승속을 초월했다는 점에서 유마거사의 불이정신과 상통하는 것으로 볼 수 있을 것이다. 원효는 요석공주와 결혼하여 설총(薛聰;650-740)을 낳았고, 스스로 소성거사(小性居士) 혹은 복성거사(卜性居士)[299]로 자처하고 대중들과 함께 어울리기 위해 무애행을 했다는 사실은 널리 알려진 사실이다. 그의 유마경의 주석서가 현존하지 않더라도 그의 생애에서 보여준 보살정신이란 유마거사의 보살행과 같은 맥락이라고 할 것이다. 원효의 별호는 '새부(塞部)'라고도 하였는데, 이에 대한 논란이 있지만 필자는 우바새를 이름한 것이라는 주장에 공감한다.[300]

> "성사는 그 바가지 모양대로 도구를 만들어, 화엄경의 '일체무애인(一切無碍人)이라야 단번에 생사를 벗어나리라'는 구절을 따서 무애(無碍)라 이름짓고 노래를 지어 세상에 퍼뜨렸다. 일찍이 그 도구를 가지고 방방곳곳에서 노래하고 춤추며 교화하고, 읊고 돌아왔으므로 가난뱅이 코흘리개 아이

---

299) 이규보, 『東國李相國集』 卷19. 「小性居士贊并書」 '剃而髡則元曉大師 髮而巾則小性居士'

300) 이에 관해서 김영태 교수는 원효의 한글 이름인 새벽이라고 해석하기도 하지만, 필자는 望月信亨의 우바새의 해석이 자연스럽다고 생각한다. 김영태, 「원효의 신라말 이름 '새부'에 대해서」 『불교사상사론』, 민족사, 145-157면. 望月信亨, 『起信論之研究』, 金尾文淵堂, 1922. 227면.

> 들까지도 모두 부처의 이름을 알게 되었고, '나무아미타불'을 부르게 되었으니, 법화(法化)가 컸던 결과였다."[301]

원효는 성사(聖師)의 모습이 아니라, 승복을 벗고 속복으로 바꿔 입었으며 머리를 길렀던 것이다. 또한 민중들과 어울렸고 춤추고 노래하며 전통적인 거룩한 스님의 상으로부터 벗어났다. 환속의 시점은 요석공주와의 결혼이후의 일 혹은 당나라 유학길에 얻은 깨달음 이후라고도 한다.[302] 필자는 깨달음보다는 세간에 널리 알려진 바와 같이 요석공주와 결혼하고 설총을 낳은 후로는 스스로 거사로 자처했다고 보는 것이 자연스럽다고 생각한다.

실제로 고려시대의 원효의 모습은 거사로 묘사되고 있었다. 김상현의 연구[303]에 의하면 고려시대까지 원효의 소상은 분황사와 흥륜사에도 봉안되어 있었다고 하며, 분황사의 원효상은 아들 설총이 조성해 모신 것으로 고려시대까지 전해지고 있었다고 한다.

8세기 후반 경에 일본에까지도 원효거사로 인식되고 있었던 예는 손자인 현손(玄孫) 설중업(薛仲業)이 780년(혜공왕 16년) 신라 사신으로 일본에 갔을 때의 기록은 다음과 같다.

> "세상에 전하는 말에 의하면, 일본국의 진인이 신라 사신 설 판관에게 준 시의 서문에 이르기를 일찍이 원효거사가 지은 금강삼매론을 본 적이 있으나, 그 사람을 보지 못했음을 심히 한스럽게 여겼는데, 듣자하니 신라국 사신

301) 『三國遺事』, 第五, '元曉不羈'. 一切無碍人이라는 말은 화엄경에서만 나오는 것이 아니라, 원효의 다른 저술에서도 등장한다. 예컨대 『本業經疏』, 卷下. 한불 p.519 "如經頌言 文殊法常爾 法王唯一法 一切無礙人 一道出生死也."

302) 『송고승전』 권4. 「皇龍寺元曉傳」 "嘗與湘法師入唐慕奘三藏慈恩之門 厥緣既差 息心遊往 無何發言狂悖 示跡乖疎 同居士入酒肆倡家."

303) 김상현, 앞의 책. p.34.

설(중업)이 바로 거사의 손자라고 하니, 비록 그의 조부는 보지 못하였으나 그의 손자를 만난 것을 기뻐하여 이에 시를 지어 그에게 준다."[304)]

유마거사상

석굴암의 유마거사상

이를 고려시대의 이규보가 이인로(李仁老)가 소장하고 있었던 소성거사진영(小性居士眞影)을 보고 찬(贊)을 지었다는 점에서도 확인할 수 있는데, 그 초상화는 석굴암의 유마거사상과 같은 두건을 쓰고 있었던 것으로 보인다.

剃而髡則 元曉大師　머리를 깎으면 원효대사
髮而巾則 小性居士　머리 길러 두건 쓰면 소성거사
雖現身千百 如指掌耳　몸을 백천으로 나투기를 손가락으로 손바닥 가르치듯 쉬이 하니

304) 世傳「日本」國眞人, 贈「新羅」使「薛」判官詩序云: "嘗覽「元曉」居士所著,『金剛三時論{金剛三昧論}』, 深恨不見其人, 聞「新羅」國使「薛」, 卽是居士之抱孫, 雖不見其祖, 而喜遇其孫, 乃作詩贈之."

此兩段作形 但一場戲　이 두 모습을 한 것 한바탕 연극일세.[305)]

또한 이규보가 전라북도 부안의 원효방을 방문했는데 그곳에서도 역시 원효상은 거사로 묘사되어 있었던 소성거사로 묘사하고 있다.

小性復生世　소성거사가 다시 세상에 온다면
敢不拜傴樞　감히 굽혀서 절하지 않으리.[306)]

오늘날 원효연구에 있어서의 인식은 성사(聖師)로서의 접근일 뿐이고, 스스로 민중 속에 들어가 동고동락했던 거사로서의 소성거사로서의 모습은 사라져 버렸음을 알 수 있다. 고려시대까지 남아있던 유마거사와 같은 두건을 쓴 원효상이 사라진 것처럼 원효의 모습은 편향되게 조명되고 있는 것의 상징이 아닐까.

현존하는 원효상과 공식적인 진영은 고려시대 대각국사 의천이래로 국사(國師) 성사(聖師)혹은 대사(大師)의 명칭으로 묘사될 뿐 거사로서의 초상조차 남아있지 않다. 필자가 확인한 바에 의하면 거사상의 경우 조명기 소장의 초상화만이 두건을 쓴 소성거사의 모습이다. 그리고 그것은 석굴암에 새겨진 두건 쓴 유마거사와 같은 모양이다.

왜 이렇게 철저히 소성거사상이 지워져 버린 것일까? 승가를 떠난 소성거사의 삶이 청정하기보다는 혹시 욕망의 삶에 경도된 파계로 보고 있기 때문이 아닌가 생각해 볼 수 있다. 만약 그렇다면 원효의 정신을 오해하는 매우 부당한 접근이며 왜곡이라고도 할 수 있다.

---

305) 이규보,『東國李相國集』권19.「小性居士贊並書」.
306) 이규보, 앞의 책, '題楞迦山元曉房.'

4. 진속불이(眞俗不二)의 사상

흔히 원효의 계율에 구애되지 않고 결혼하고 아들을 둔 것에 대해 무애행의 차원으로 본다. 그러나 무애행을 잘못 해석하면 아무것에도 걸리지 않는 실계(失戒) 혹은 파계로 볼 수 있다. 삼국유사에 의하면 재가불자인 엄장과 광덕이 결혼했으면서도 음행을 하지 않았으며 그들이 원효의 가르침을 충실히 실행했다는 것을 볼 때, 원효의 결혼을 파계로 보는 것은 분명 잘못된 것이라 볼 수 있다. 그것은 겉으로 인지했을 때 그렇게 보일 뿐이다.

문무왕대 광덕과 엄장이 『관무량수경』의 16관법[307] 등을 익혔다는 점에서 알 수 있다.[308] 즉 광덕이 결혼하였으면서도 10여 년간 항상 청정한 계를 지키면서 매일 밤 '단신정좌(端身正坐)'하고 소리 내어 아미타불을 부르거나 16관을 닦았는데 관이 익으면 밝은 달빛을 타고 그 위에서 가부좌를 하였다고 한다. 광덕의 친구인 엄장이 광덕의 부인에게 구애를 했다가 꾸짖음을 받은 후 원효에게 나아가 관법을 지도받았다는 점이 그 하나의 근거라고 할 수 있다.

원효는 철저히 상(相)에 머무르지 않았다. 그리고 거룩함에 집착하거나 애욕에 집착하는 상을 넘어 있었던 것이다. 이것이야말로 유마거사의 불이(不二)의 공사상과 같은 맥락인 것이라고 할 수 있으며 속세에서 중생과 함께 동고동락했지만 결코 속세에 애착하지 않았던 화광동진(和光同塵)의 자세라고 할 것이다.

"진(眞)도 아니며 속(俗)도 아니며, 유(有)도 아니고 공(空)도 아니다. 이것

307) 원효, 『遊心安樂道』 한불, p.579. 十六觀門勸衆生往生.

308) 『삼국유사』, 권5. 感通7. 廣德. 嚴莊.

을 제법의 실상이라고 이름한다."[309]

"비록 다시 범부과 성인의 본성이 둘이 아니다. 지혜로운 이는 이를 통달한 까닭이다. 마땅히 알라. 범부와 성인이 생사와 열반이 동일하지도 다르지도 않다. 유(有)도 아니며 무(無)도 아니며 들어옴도 들어오지 않음도 아니다. 나감도 아니고 나가지 않음도 아니다. 여러 부처님의 여기에 있다."[310]

원효에게 있어서 겉모습의 출가와 재가가 중요한 것이 아니라 내심의 청정함이 계율정신의 잣대가 되었다. 비록 출가했다 하더라도 탐심을 지닌 자는 출가의 의의가 없으며, 자칫 잘못하면 거룩하고 도도한 모습에 집착하여 남을 속일 수 있다. 오로지 한가히 머물면서 수행하는 것만을 중요시하고, 사람들 사이에 머물며 교화하지 않는 출가자 역시 불법을 파괴하는 죄를 범하는 것으로 분류하였다.

"이때 스스로 조금 들음으로 옳고 그름을 분별하지도 못하면서, 명리(名利)와 공경을 바라고 보고 아는 바를 따라 타인들로 하여금 듣고 알도록 하고 세인들을 현혹시켜 모두 성인이 아닌가 의심하도록 하여, 홀로 혼자 성인의 명성을 들어내고 다른 승려들을 누르지만 누구도 귀의하지 않음으로써 불법을 파괴하므로 중죄를 얻게 된다는 것이다."[311]

"어리석은 무리들이 모두 자기의 덕을 우러러 받들기를 바라고 이적이 없는 사람들을 억누른다. 이로 말미암아 안으로는 진리를 손상하고 밖으로 사람들을 혼란하게 하니 손상하고 어지럽히는 죄가 이보다 더 앞서는 것이 없다."[312]

---

309) 원효,『大慧度經宗要』韓佛, p.480 "非眞非俗非有非空如是乃名諸法實相."

310) 원효,『涅槃宗要』 한불, p.530."(…) 雖復凡聖其性無二 智者了達故 當知凡聖生死涅槃不一不異 非有非無非入非不入 非出非非不出 諸佛之意 唯在於此."

311) 원효,『菩薩戒本持犯要記』, 한불1. p.581."于時由自少聞不別邪正 又欲引致名利恭敬 隨所見識 令他聞知 耀諸世人 咸疑是聖 此由獨揚似聖之迹 普抑諸僧 爲無可歸 以破佛法 故得重罪."

312) 원효, 위의 책, p.582.

원효는 마음속의 동기를 선의 기준으로 보았다. 그것은 남에게 보일 수도 없는 것이며 표현되지 않는 자기양심에 대한 충실이라고 할 수 있다. 그러기에 위선과 자기를 속이는 행위야 말로 바람직하지 않은 것이었다.

> "세상에서 큰 행운이 많아 교만하고 해이한 시기에, 홀로 그 몸을 바르게 하고 위의에 잘못됨이 없으나 문득 자기는 높으며 남을 뛰어넘는다는 생각을 일으켜, 계를 완만하게 익히는 대중들을 멸시하고 헐뜯는다. 이 사람은 작은 선을 온전히 잘 지켰지만 크게 금하는 것을 허문 것이니 화를 굴려 화를 만드는 것이 이보다 더 심한 것이 없다."[313)]

어떤 상을 가지고 중생을 차별하며 자신을 높이는 그런 자세는 작은 선에 머문 것일 뿐 대승의 보살로서는 미흡한 것이라는 것이다. 그런 거룩함의 이면에는 명예욕이나 위선의 가능성이 있으며 집착심이 있는 것으로 취급했던 것이다.

원효의 대승보살정신은 중생과 함께하는 데 뜻을 두었다. 그것은 유마거사의 입장과 같은 것이며 살생이나 도둑질하지 말라는 계율을 어기더라도 화가 되지 않고 오히려 복이 되는 경우를 말하기도 했다. 특히 원효는 복이 되는 경우를 중생의 근기에 통달한 달기(達機)보살이 중생을 구제하기 위하여 계율을 어기는 어긴 경우에는 죄가 아니라 복이 된다고 해석하여 중생 제도를 그만큼 중시했음을 말해 주고 있다.[314)] 그는 대중교화를 위해서 전문적인 술어나 어려운 이론을 사용하기 보다는 간단한 염불, 게송, 노래와 춤 등으로 교화하였다. 이는 이타행이며 일체의 중생을 대상으로 하는 보살행이 된다. 어떠한 상황에도 구애받지 않고 자유

---

313) 최원식,『신라보살계사상사연구』, 민족사 p.90. 원효,『보살계본지법요기』, 한불1. p.582. "於世大運多慢緩時 獨正其身 威儀無缺 便起自高 湋池之心 慢毁乘急戒緩之衆 此人全其不善 以毁大禁 轉福爲禍 莫斯爲甚也."

314) 최원식,『신라보살계사상사연구』, 민족사. p.85.

자재했으므로 무애행이라 이름했다.

> "이 중생의 세계가 열반의 세계다. 이러므로 깊고 깊으니 마치 논의 설에서 말한 바와 같이 삼계의 모습이란 중생의 세계가 곧 열반의 세계이다. 중생의 세계를 떠나지 않음은 여래장이 있는 것과 것과 같다. 그래서 일불승의 사람이라고 이르는 것이다."[315)]

> "예토와 정토는 본래 일심이며 생사와 열반은 종국에는 차이가 없다. 그러나 차이가 없다는 깨달음을 얻기가 진실로 어렵고, 하나임을 미혹하는 꿈을 제거하기도 쉽지 않다."[316)]

속세인 중생계를 벗어나 있는 것이 아니라 중생계속에서 열반을 발견하려는 것, 사바세계를 벗어나 정토를 구하는 것이 아니라 사바세계속에서 정토를 실현하는 것이 진정한 원효의 뜻이라고 할 것이다. 그런 의미에서 승가와 재가를 둘로 나누어 보지 않고, 재가생활속에서도 지혜를 구하고 중생을 교화하는 것이야말로 보살의 사명이자 불교적 이론의 실천이었다.

5. 맺는말

역사의 기록에서도 원효는 거사나 재가자가 아닌 큰 스님으로 자리매김했다. 오늘날 원효는 한국불교를 대표하는 위대한 스님으로 추앙받고 있으며, 앞으로도 또한 그렇게 될 것으로 기대한다.

---

315) 원효,『法華宗要』, 한불 p.488. "所以廣大 此衆生界卽涅槃界 是故甚深 如論說言 三界相者 謂衆生界卽涅槃界 不離衆生界如有如來藏故 是謂能乘一佛乘人也."

316) 원효,『불설아미타경소』, 한불 1. pp.562-563.

그러나 원효의 원효다운 점은 대중과 먼 거리에 있는 성스러운 스님이 아니라 항상 천한 중생들을 멀리하지 않고 심지어 노래하고 춤추며 술 취하기도 한 대중과 함께 어울렸던 점에서 유마거사의 보살행과 일맥상통하는 점이 있다는 것이다. 이점에서 당시에도 원효는 때로는 계율을 잃고 파괴하는 괴팍한 일로 취급당하기도 했던 것이며, 그러나 그런 보수적인 입장에 괘념치 않고 소성거사로 자처하며 보살행을 했다. 고려시대까지도 원효의 모습은 유마거사와 같이 두건을 쓴 거사의 모습으로 남아 있었던 사실을 확인할 수 있다.

여러 문헌을 살펴본 바에 의하면 원효는 스스로 자신을 높이는 높은 상을 가지지 않았으며, 거사로 자처하는데 주저하지 않았다. 유마경을 해탈의 사상으로 보고 적극적으로 주석한 것에서 찾아 볼 수 있고, 무애행이나 중생과 함께하는 정신이 무집착의 공사상으로부터 유래한 것임을 알 수 있다.

신라에서는 수행력이 높은 재가불자들이 있었는데 이들은 재가(在家)라고 하더라도 애욕과 가정에 집착한 것이 아니라, 청정한 삶을 살아야 하며 수행을 게을리 하지 않는 것이다. 이런 재가 수행자들은 원효의 가르침을 따른 사람들이기도 했다.

이런 점에서 원효의 진속불이(眞俗不二)가 출가하여 계율을 지키고 위의를 차리는 데 핵심이 있는 것이 아니라, 무집착과 무소유 그리고 위선과 거짓을 벗어나 자기자신에게 진실하게 사는 것이야말로 더욱 소중한 것을 강조했다는 것이다. 출가이건 재가이건 중요한 것은 명리와 이기심 그리고 집착으로 벗어나 있어야 하며 중생과 함께 하는 자비심을 지녀야 한다는 것이다.

III. 진각국사 혜심의 생애와 사상사적 위치

1. 서 론

진각국사 혜심은 고려의 최씨 무신정권들이 집권하던 시기의 수선사의 지도자로 고려시대 사상에 있어서 대단히 중요한 위치를 차지하고 있다. 당시 개경이 중심이던 시기에 진각국사 혜심은 전라도 화순출신으로 활동범위는 오늘날의 호남과 경상남도의 일부에 국한되었지만 재세시에 이미 고려왕실의 귀의를 받았다. 그 자신은 한번도 개경에 나아가 본 적이 없었지만 당시의 국왕을 비롯해서 고려의 권력자들은 진각국사의 결사의 참여하였고 늘 스승으로서 대우했다.

그러나 수선사의 연구나 수선사를 중심으로 이루어진 연구는 보조국사 지눌을 중심으로 진행되어 오고 있으며, 그의 법맥을 이은 진각국사 혜심의 연구는 상대적으로 미흡한 편이다. 또한 최씨 무신정권의 귀의를 받았다는 점에서 권력지향적인 일종의 권승으로 다루기도 하며 정치사회적 배경에 주목하여 사상사적 위치를 정확히 가늠하지 못하고 있는 형편이다.

대체적으로 연구의 상황은 간화선을 고취한 인물로 조명하거나 최씨 무신정권과 밀착한 정교융합적 인물로 보는 경향이라고 할 수 있다.

이처럼 진각국사 혜심연구는 어느 한쪽으로 보는 관계로 입체적으로 그의 입장을 보지 못하고 있으며 또, 그가 입적한 월등사(月燈寺)나 그가 활약했던 호남과 영남일부의 사찰들에 대해 세밀한 연구는 미흡한 실정이다. 물론 이 연구는 사원에 관한 것은 아니다. 이 연구는 진각국사 혜심의 사상이 보조국사를 이어 간화선중심으로 되어 있다는 보는 기존의 연구와는 달리 그의 생애가 간화선을 중시했지만 대승불교경전에 바탕한 융합사상이라는 것을 논증하는데 목적이 있다.

2. 진각국사 혜심의 생애와 시대상황

진각국사 혜심은 1178년 전라도 화순에서 향공진사(鄕貢進士) 최완과 모친 배씨 사이에서 태어났는데 그의 출생지는 현재의 화순읍 한천(寒泉)(또는 跡泉) 부근이라고 한다. 이규보의 문집에 진각국사의 생애에 대한 기록이 있지만, 화순지방에서 내려온 전설을 살펴보고자 한다.

화순의 전설에 의하면 국사의 어머니 배씨는 배이방의 딸로 당시 투옥된 아버지를 위해 새벽에 미음을 쓰기 위해 차천(車泉)에 갔는데 거기에 겨울인데도 오이가 떠있어서 그것을 먹었다. 그 오이를 먹은 뒤 임신하였기 때문에 아이는 학사리의 정자나무 밑에 버렸다고 한다. 그러나 학들이 내려와 아이를 보호하므로 배이방 내외는 아이를 기르기로 했으며, 능주의 친척집에 다녀오면서 우연히 아이를 발견한 것처럼 가장하여 길렀다고 한다. 국사가 성장하면서 탁발 온 보조국사에 아이를 보고 속가에서 자라면 단명한다고 하여 일찍이 송광사에서 자랐다고 한다. 이런 연유로 화순 만연산의 성주암에는 보조 · 진각 두 국사의 진영이 한말까지도 보존되어 있었고, 진각국사를 버린 정자나무도 학사리 정자나무라고 했다고 한다.[317)]

---

317) 동아일보, 1932.7.1-7..2. 화순의 전설로 소개됨.

그러나 이런 이야기는 어디까지나 전설로 내려온 이야기일 뿐이며, 국사의 전기는 이규보의 비문에 자세히 들어나 있다.

국사의 속성은 최씨이며 부친은 최완(崔琬)이다. 어머니 배씨가 하늘(天門)이 열리고 또 세 번이나 벼락 맞는 꿈을 꾼 뒤에 임신하여 열두 달 만에 낳았는데, 태아가 마치 가사를 입은 듯 태의(胎衣)를 갖고 있었으며 이레를 지난 뒤에야 눈을 떴다고 한다. 부친 최완(崔琬)은 향공진사로 당시 지방에서 중앙의 고위직으로 신분상승이 가능한 위치에 있었으나 일찍이 세상을 떠났다. 국사의 속명은 식(寔)이며 자는 영을(永乙)이었다. 약관의 나이인 24세에 소과인 사마시(司馬試)에 응시 급제하고 개경의 태학에 입학하였다. 그러나 다음해 모친상으로 인해 귀향하여 외가의 형인 배광한(裵光漢)의 집에서 모친의 병을 간호하였다

세속적 명리를 구하지 않고, 25세에 수선사(오늘날의 송광사)출가하여 보조국사의 제자가 되었다. 이후 보조국사의 인가를 받고 법맥을 계승하는데 의발대신 부채를 받았으며 스승에게 다음과 같은 게송을 바쳤다고 한다.

> 옛날에는 스승의 손안에 있더니 (昔在師翁手裏)
> 오늘은 제자의 손안에 있구나 (今來弟子掌中)
> 만약에 들끓는 번뇌 일어나면 (若遇熱忙狂走)
> 시원한 바람 일으켜도 무방하리 (不妨打起淸風)

1210년(희종 6)에 보조국사 지눌이 입적하자 왕의 칙교를 받은 문도들에 의해 제2세 수선사의 법주로 추대되었다. 이로부터 약 24년간 수선사를 이끌면서 고려왕실과 최씨무신 정권의 귀의를 받는 고려왕실의 대선사(大禪師)로 추앙을 받는다.

혜심의 저술로는 『선문염송』 30권이 있다. 여기서는 중국 선승들의 공

안(公案)을 1125칙(則)(현재 1462칙은 후세에 추가됨)으로 이루어졌다. 이나 망라하고 여기에 많은 선객들의 시와 송(頌)까지 덧붙인 『선문(禪門)염송』을 편찬했다. 이 책은 나이 49세(1226년, 고종 13년)에 이루어진 것인데 이후 승과의 시험과목으로 『화엄경』과 동등한 지위에 있었고, 선교양종의 통일시대에 있어서는 화엄경 이상의 최고위를 점령하여 근대까지 이르렀다.

조선조에서도 세종 때 예조에서 규정된 선종.교종의 선시(選試) 과목에 선종에는 전등록과 선문염송, 교종에는 『화엄경』, 『십지론』이 필수과목으로 있었다.

진각국사는 집권층으로부터 개경으로 올라오라는 요청을 받았지만 그의 활동범위는 호남과 영남일부에 제한되어 있었다. 그럼에도 그는 승과의 선시(選試)를 거치지 않고 대선사(大禪師)로 왕실로부터 추대되었다.

세속의 나이 57세, 출가한 지 32년만인 1234년에 병이 들어 수선사에서 월등사(月燈寺)로 옮겨 그곳에서 입적하였다. 비록 병환 중이었지만 미소를 잃지 않고 참선하는 자세를 유지했다고 한다.

중생의 고통이 이르지 못하는 곳에 (衆苦不到處)
별도로 하나의 건곤이 있구나 (別有一乾坤)
또 거기가 어디인지를 묻는다면 (且問是何處)
크게 고요한 열반의 문이다 (大寂涅槃門)

왕실에서는 이규보에게 명하여 찬을 쓰게하고, 김효인(金孝印)에게 글씨를 쓰게 하여 월남사에 비석을 세웠다.

이듬해 수선사의 북쪽 광원암(廣遠庵)에 부도를 세웠는데 왕실에서는 부도탑의 이름을 원소지탑(圓炤之塔)이라 하였다. 또한 그의 탑비는 강진 월남사지에 있는데, 당대의 문호 이규보가 비문을 찬술하였으며, 김효인

(金孝印)이 글씨를 썼다. 비의 음기에는 승가의 제자들뿐만 아니라 재가의 최씨무신정권의 주요인물들이 열거되어 있어 혜심의 위상을 살필 수 있게 한다.

그가 활동하던 시기는 최충헌(崔忠獻, 1149-1219)이 무신정권을 이끌고 있었는데, 최충헌의 아들 최우(崔瑀, ?-1249)는 최충헌을 이어 무신정권을 이끌었다. 최우는 진각국사를 흠모하였고 그의 아들 형제를 수선사로 출가시켜 제자가 되게 하였다. 최만전(이후 崔沆, ?-1257)과 최만종 형제인데, 수선사에서 선사의 이력을 가지고 있지만 이후 속퇴하여 인심을 얻지 못했다. 그들의 아버지인 최우는 대장경 조판사업등 많은 불사를 도운 당대의 실력자였다.

무신정권 이전의 왕실과 밀착되어 있었던 기존의 불교는 배척을 받았고, 개경을 떠나 새로운 결사운동을 결의한 수선사는 무신정권이 의지하는 새로운 불교의 견인차 역할을 하고 있었다.

그러나 단지 무신정권의 지원에 의해서만 수선사가 존립할 수 있었던 것은 아니다. 거기에는 지방의 토호세력이나 독서층들이 선종과 같은 새로운 스타일의 불교에 대해 우호적이고 이미 후원세력으로 성립되어 있었기 때문에 무신정권 역시 이에 호응한 것이라고 볼 수도 있는 것이다. 채상식 교수는[318] 수선사가 성립되고 성장한 것은 지방사회의 향리층과 독서층이 지지한 것에서 찾을 수 있으며, 최우가 이들을 그의 지지세력으로 포섭하기 위한 의도에서 수선사와 밀착한 것으로 보아야 한다고 말한다.

318) 채상식, 「고려후기불교사연구」, 일조각. p.40.

진각국사 혜심의 진영, 18세기 조선의 작품으로 송광사의 국사전에 봉안됨

이러한 새로운 시대에 보조국사 지눌은 이전의 왕실과 권력과 밀착하여 귀족적 입장을 견지한 불교와는 달리 승가구성원의 직접적인 승풍을 진작코자 했다. 그것이 다름 아닌 수선사의 정혜결사운동이라고 할 수 있다. 이전의 불교가 밀교적인 공덕신앙 위주의 기복신앙이었다면 보조지눌이 지향하는 것은 마음수행을 강조하는 것으로 탈속적인 결사운동이라고 할 수 있다.

그리고 보조국사를 이은 진각국사의 수선사는 더욱 더 최씨정권의 원찰로서 기능을 갖게 된 것은 부인할 수 없는 역사적 사실이다. 그러나 최씨정권은 고려의 왕을 실각시킬 수는 있었지만 역성혁명을 한 것은 아니었기 때문에 당연히 왕을 정점으로 하는 고려왕실과의 관계가 이어짐으로써 왕실의 귀의를 받게 된 것은 당시의 하나의 당연한 추이였다.

그렇다면 지방의 독서층에서부터 왕실에 이르기까지 정혜결사와 선종적 경향의 새로운 불교가 광범위한 불교의 수행중심의 결사운동이었음을 알 수 있다.

3. 혜심의 회통사상

1) 한국 간화선의 태두

진각국사 혜심의 사상이 무엇인가를 거론할 때 하나의 선입관은 불립문자의 선종으로 특히 간화선의 사상을 들고 있다. 그도 그럴 것이 그가 편찬한『선문염송』이 우리나라의 화두선의 실참을 위한 교과서가 되었기 때문이다.

사실 그의 스승인 보조국사의 선사상은 간화선만을 강조한 것은 아니었다. 정혜쌍수(定慧雙修)라는 보조의 주장자체가 선종과 교종의 일치를 주장하는 것이지 선종수행만을 강조했던 것은 아니다.

혜심은 단지 서적만을 편찬한 것이 아니라, 실제의 삶에서도 사람들에게 화두를 들게 했고 그 자신도 늘 화두를 들어 선을 생활화했었다. 그는 세간과 출세간 선과 악, 유(有)와 무(無) 등 일체의 법을 한꺼번에 놓아 버리라고 한다. 그 다음에 항상 마음을 텅비워서 한 물건에도 집착하지 않고, 또 집착하지 않는다는 생각도 하지 말고 무심하면 도에 부합하며 자신의 본래 성품에 갖추어져 있는 공덕이 저절로 나타나 조금도 부족이 없을 것이라 하였다.

여기에서 집착하지 말고 '놓아라.'라는 말은 조주의 '방하착(放下着)'의 화두로 '무(無)'자[319] 와 더불어 늘 권유했던 화두이다. 최우에게 보낸 편지에서도 마찬가지로 집착을 벗어나 '방하착'하라는 내용을 권유하고 있음을 알 수 있다.

> "세상의 즐거움은 오래가기 않고 사람의 목숨은 무상하다는 것을 당연히 아셔야 합니다. 항상 꿈과 허깨비와 허공의 꽃과 같은데 왜 그것을 붙잡으며 괴로워 합니까, 득실시비를 일시에 놓아 버려야 합니다."

> "크게 놓아라. 크게 놓아라. 본래 한 물건도 없다. 본래 한 물건도 없다. 본래 한 물건도 없다. 하늘위에도 미륵불이 없고, 땅 아래에도 미륵불이 없다."[320]

'본래 한 물건도 없다(本來無一物).'라는 말은 육조 혜능에서 유래한 것이다. 선과 악을 구별하여 악을 배척하고 선을 닦는다는 입장과는 달리 본래 선과 악이 없다는 것으로 무심하면 그것이 바로 선이라는 입장이다. 보조국사는 이를 '심중무물(心中無物)'이라고 달리 표현하고 있는데 역시 마음에 어떤 집착을 두지 말라는 뜻이다. 이에 대해 혜심은 한 걸음 더 나아가 민중들의 신앙의 대상인 미륵불마저도 하늘과 땅에 없다라고 하여 철저히 무집착하여 무심의 경지에 이르도록 화두를 들어야 한다고 하는 것이다. 이는 단지 이론이 아니라 그 자신의 수행이며 또 승속을 막

319) 『狗子無佛性話揀病論』『한국불교전서』 6-69.

320) 『曹溪眞覺國師語錄』, 『한국불교전서』 동국대학교. 6-36. 示至剛上座, '大放下 大放下 本無一物 本無一物 天上無彌勒 地下無彌勒.'

론한 대중들에게 권유하는 그의 간화선인 것이다.

이러한 무심수행은 임금인 강종대왕에게 올리는 법어에도 마찬가지다.

> "안으로 무심하다면 밖에 일이 없습니다. 일 없는 일이 이것이 큰 일이며, 무심한 마음이 이것이 진실한 마음입니다. 이른바 무심이라는 것에서 무심은 무심도 없으며 무심이 다함도 없습니다. 이것이 진실로 무심입니다. 무사라는 것의 무사는 무사도 아니며 무사가 다함도 아닙니다. 이것이 진실로 무사입니다."[321)]

혜심은 분명 한국 간화선의 태두라고 할 정도로 중요한 선의 저술을 편찬했으며, 집착심 없는 마음을 유지하기 위해 화두를 실천수행했다. 그럼에도 그의 간화선을 융합사상이라고 한 것은 이 모든 것들이 문자로 기록되어 있다는 사실에서이다. 그의 간화선은 불립문자(不立文字)의 선이 아니라 여러 경전과 조사어록에 바탕한 것으로 후학의 길잡이가 되었다는 점에서 문자와 융합적인 선종이라고 할 수 있다.

2) 대승보살의 정신

진각국사의 혜심의 저술 가운데 『금강경』에 관한 것이 있다. 『금강반야바라밀경찬(金剛般若波羅蜜經贊)』[322)]으로 명명된 이 책에는 주로 금강경의 공덕을 이야기 한 것이다. 그런데 그는 서문에서 금강경의 금강이란 일체의 장애와 네가지 마악(魔惡)을 타파하는 도구라고 했다. 그것은 해탈을 방해하는 것인데 첫째는 번뇌의 마구니이며 둘째는 오음

---

321) 『曹溪眞覺國師語錄』 위의 책 6-24 「上康宗大王心要」 "內若無心 外卽無事 無事之事 是名大事 無心之心 是名眞心 所謂無心者 無心無無心 亦無無心盡 是眞無心 無事者 無事無無事 亦無無事盡 是眞無事."

322) 『한국불교전서』 6-67.

(색 · 수 · 상 · 행 · 식)의 마구니이며, 셋째는 죽음의 마구니고 넷째는 하늘의 마구니라고 한다.[323)]

그런데 이 책에서는 금강경의 공사상을 설하기 보다는 금강경을 독송한 공덕이 얼마나 수승한가를 여러 사례를 통해 소개하고 있다. 그 중요한 공덕 가운데 죽지 않고 오래 살았다는 영험이 많이 소개되는데, 예컨대 죽었다가 다시 살아난 것은 평소에 금강경 독송을 했다는 이야기며, 어떤 사람은 120세까지 살았으며 재난을 피했다는 이야기들이다. 말하자면 자연의 재해로부터 귀신의 재앙으로부터 또 전쟁의 참화로부터 보호받을 수 있다는 영험담을 주로 담고 있다.

이제까지 진각국사 혜심은 오로지 간화선만을 내세우고 그것만이 해탈의 길이라고 주장한 것으로 알고 있지만, 『금강반야바라밀경찬』에서는 경전을 독송하는 공덕이 얼마나 신령스러운지 그런 사례들을 수집해서 엮어 놓았다. 아마도 이런 종류의 서적은 경전의 연구나 화두의 실참에 앞서 누구가 쉽게 할 수 있는 독송을 통해 재난을 피하고 행복을 부르는 소박한 신앙이 무시할 수 없는 것임을 말해 주는 것이다. 물론 금강경의 진수가 기복신앙에 있지 않고 깨달음에 있다는 것을 잘 알고 있었지만,[324)] 동시에 하근기를 위한 방편을 위해 이러한 글도 모았다는 것은 그의 융합적 사상을 보여주는 것이라고 할 수 있다.

채상식[325)] 교수도 이에 대해 혜심의 사상에서는 선사상외에도 『법화경 보문품』, 『화엄경 보현행원품』, 『범서대장신주(梵書大藏神呪)』 등을 수용

---

323) 『金剛般若波羅蜜經贊』 『한국불교전서』 6-67. '金剛經破一切障四魔惡敢當 煩惱魔 五陰魔 死魔 天魔.'

324) 『曹溪眞覺國師語錄』 『한국불교전서』 6-18 檀越請轉金剛經示衆 '師擧一切諸佛及 諸佛阿耨多羅三藐三菩提 皆從此經出.'

325) 채상식, 앞의 책, p. 49.

하고 있는 태도를 발견할 수 있다고 하면서 그가 선사상만을 견지하였다기보다 넓은 의미에서 실천공덕신앙과 밀교적 요소도 수용하고 있었다고 주장한 바가 있다. 진각국사의 어록에도 이러한 타력신앙의 내용을 어렵지 않게 발견할 수 있으며, 관세음보살의 위신력을 이야기하고 있다.

> "중생이 곤액을 당하고 몸에 한량없는 고통을 받을 때 관세음보살의 신묘한 지혜의 힘이 능히 세간의 고통을 벗어나게 한다."[326)]

『유마경』에 대해서도 유마거사가 비야리성에 살면서 따로 어느 곳에서 가서 유마거사를 찾겠는가? 오직 유마거사를 정명(淨名)이라고 하는 것은 아니라 내가 또한 하늘의 성인이 되어 함께 짝을 이루는 것이다. 순수하게 구도의 마음을 실행하면 곧 관세음보살이 나타나고 언제나 대비(大悲)한 뜻을 움직이니 곧 미륵이 하생하고 모두 진리의 문을 깨닫는 길에 닿는다.[327)] 여기서는 맹목적인 타력신앙보다는 내가 유마거사가 되고 내가 관세음보살이 되고 또 미륵이 되는 중생을 제도하려는 그런 보살의 자비심이 필요하다고 부연하고 있다. 어느 사람에게는 맹목적인 독송과 염불이 필요하겠지만 또 어떤 사람들에게는 그 스스로 실천수행하는 보살행이 필요하다는 것이다.

> "화엄경의 게송에 말하기를 일체의 지혜를 구하고자 하면 위없는 깨달음을 속히 이루어야 한다. 응당 깨끗하고 아름다운 마음으로 보리의 행을 닦고 익혀야 한다."[328)]

---

326) 『曹溪眞覺國師語錄』『한국불교전서』 6-7 '衆生被困厄 無量苦逼身 觀音妙智力 能求世間苦'

327) 『曹溪眞覺國師語錄』『한국불교전서』 6-46. 答鄭尙書 邦甫.

328) 『曹溪眞覺國師語錄』『한국불교전서』 6-41. 答襄陽公 '所以華嚴經頌云 欲求一切智 速成無上覺 應以淨妙心 修習菩提行.'

특히 출가수행자는 자신 만을 위해 수행하는 것이 아니라 중생들의 이익을 위해 수행하는 보살이어야 한다고 강조하고 있다. 그의 사상이 간화선을 중심으로 전개되어도 출가의 정신이 단지 자신의 깨달음을 구하는데 머무는 것이 아니라 중생들에게 이익을 주고 한없는 자비심으로 생명을 사랑하고 다른 사람도 깨달음에 이르도록 해 주는 것이 진정 출가의 정신이라고 본다는 점에서 그의 사상은 대승보살사상에 투철한 것이다.

> "출가자란 자기 자신의 한 몸을 위하여 홀로 해탈을 구하는 것이 아니라, 일체중생의 번뇌를 끊게 해주고 계율을 어기는 자로 하여금 깨끗한 계율에 안주하도록 해주고, 능히 생사에 흘러 도는 자를 교화하여 해탈하도록 하며 네 한량없는 자비희사의 마음으로 생명있는 존재들을 널리 이롭게 하며, 중생으로 하여금 열반에 들게 하는 것이다. 이것이야 말로 출가인 것이다."[329]

어록에서는 화엄경도 적지 않게 인용되고 있는데, 그 내용은 반야 불이(不二)에 근거한 평등사상이 많다.

> "화엄경에 말하기를 보살의 세상을 마무리하는 법은 일체가 모두 꿈과 같아 어느 곳에 머무는 것도 아니고 머물지 않는 것도 아니다. (…) 이것은 마치 꿈속에서 여러 가지 다른 모습들을 본 것과 같다. 세상도 이와 같은 것이다. 꿈과 더불어 차이가 없다. 이와같이 모두 알게 되면, 꿈처럼 모두가 평등하다."[330]

---

329) 『曹溪眞覺國師語錄』『한국불교전서』 6-5. '夫出家者 非爲一身 獨求解脫 能斷一切衆生煩惱 能令毁禁者 安住淨戒 能化生死流轉者 令得解脫 能廣四量心 普利有情 能令衆生入大涅槃 是名出家.'

330) 『曹溪眞覺國師語錄』『한국불교전서』 6-15. 示衆 '華嚴經云 菩薩了世法 一切皆如夢 非處非無處 (…) 此如夢中見種種諸異相 世間亦如是 與夢無差別 衆生諸刹業 雜染及淸淨 如是悉了知 與夢皆平等.'

이런 보살의 마음과 평등 불이(不二)의 마음을 가진 자는 잘 살기도 하지만 그 깨달음으로 인해 죽을 때도 심경이 편안하다고 한다.

> "무릇 사람이 임종을 할 때, 오로지 오온이 공(空)함을 관찰하고 사대(四大)가 무아(無我)임을 관찰해야 한다. 진실한 마음을 상(相)이 없다. 가지도 오지도 않으며, 살아있어도 성품이 살아 있는 것이 아니고, 죽어서의 성품이 죽은 것도 아니다. 담담하고 자연스럽게 원적(圓寂)하니 그 심경은 똑같은 것이다."[331]

그는 간화선만을 강조한 것이 아니라 수많은 대승경전을 인용하여 보살행을 말하며, 그 공덕을 말하고 반야 불이(不二)의 평등을 설하는 것이다. 그러면서 번뇌망상을 제거하기 위해서 간화선이 필요하다는 것을 설하는 것이지, 오로지 간화선만이 대승불교의 진수라고 다른 사상을 배척했던 것이 아니다.

3) 유불(儒佛) 회통사상

진각국사 혜심은 고려시대 사마시(司馬試)에 합격할 정도의 유교적 소양을 일찍이 익혔기 때문에 유가를 통해 그의 교양이 먼저 형성되었다. 개경의 태학에 들어가 과거시험을 준비할 정도의 능력을 갖춘 그에게 있어서 유교는 애초부터 배척의 대상이 아니었다. 그러나 특별하게 유교의 저술을 남기지는 않고 단지 불교적 깨달음을 통해 유교의 세계가 불교의 세계와 다르지 않음을 말하고 있다.

20대에 개경의 태학에서 인연을 맺게 된 최홍윤은 수선사의 결사에도

---

331) 蜂屋邦夫『한국불교전서』6-28. 示希遠道人 '凡人臨終時 但觀五蘊皆空 四大無我 眞心無相 不去不來 生時性亦不生 死時性亦不死 湛然圓寂 心境一如.'

참여하는 등 진각국사의 생애에 있어서 중요한 인물인데 서로 주고 받은 편지 가운데 진각국사의 유불회통사상을 알 수 있는 단서가 있다.

> "제가 옛적 선생님의 문하에서 있었는데, 이제 선생님이 저의 결사의 모임에 참여하게 되었습니다. 선생님은 불교를 믿는 유생이시고, 저는 유교를 신봉하는 불자입니다. 서로 손님이 되고 주인이 되었습니다. 서로 스승과 제자를 번갈아 하니 예로부터 된 것이니 지금 시작된 것이 아닙니다."[332)]

여기서 중요한 말은 최홍윤은 불교를 믿는 유생이고 자신은 유교를 신봉하는 불자라는 말이다. 불교와 유교가 서로 배치되는 것이 아니라 공존하며 상호보완적인 관계가 될 수 있음을 말하는 것이다. 그런데 진각국사는 왜 그런가의 이유를 설명하면서 논어의 대목 중에 사무(四毋)의 가르침을 보면 왜 유불이 지향하는 바가 같음을 알 수 있다는 것이다. 그러면 참고로 논어에서 말하는 사무(四毋)를 살펴보자.

> "공자께서 끊어버린 일이 네 가지가 있으니, 자의대로 하는 일이 없었고, 기필코 하는 일이 없었고, 고집하는 일이 없었고, 자기를 내세우는 일이 없으셨다."[333)]

무의(毋意)란 어떤 선입견이나 고정관념과 같은 마음을 갖지 않는다는 것으로 공정한 태도라고 하겠다. 무필(毋必)은 반드시 기필코 하겠다는 강박관념이 없다는 뜻이다. 무고(毋固)는 고집스럽거나 완고하지 않다는 뜻이며, 마지막으로 무아(毋我)는 자기중심이 아니라는 뜻으로 해석한다.

혜심이 이해하는 유교는 주자학적 절대주의적 권위주의적 유교가 아니라 이처럼 자기를 비우고 배우려는 공자의 유교를 존중했던 것이다. 그

---

332) 『曹溪眞覺國師語錄』 『한국불교전서』 6-47. 答崔叅政 洪胤 '我昔居公門下 公今入我社中 公是佛之儒 我是儒之佛 互爲賓主 換作師資 自古而然 非今始爾.'

333) 『논어』, 「자한」 "子 絶四 毋意 · 毋必 · 毋固 · 毋我."

러면 진각국사의 어록의 말을 다시 한번 음미해 보자.

> "공자가 무의(毋意),무아(毋我), 무고(毋固)를 말했다. 무진거사는 이를 해석하여 말하기를 무의(毋意)라고 하는 것은 반드시 진실한 뜻이 존재하는 것이며, 무아(毋我)라는 것은 반드시 진실한 내가 주재하는 것이 있으며, 무고(毋固)라고 하는 것은 반드시 진실로 고집해야 할 것이 존재하는 것이다. 무필(毋必)은 반드시 진실로 필연적인 것을 수호할 것이 있는 것이다."[334)]

이 점은 간화선에서 무(無)와 같은 것이다. 번뇌망상을 제거하기 위해서 무(無)를 화두로 드는 것은 나를 버리는 것이 아니라 진정한 나를 찾기 위해서라는 것이다. 공자의 정신도 이와 같은 논리다. 도를 구하기 위한 것은 역시 나를 찾기 위해 비본질적인 것들을 제거하고 버려야 한다는 것이다.

진리를 구하는 자세는 자신을 비우고 배우는 자세가 기본이라는 점에서 공자의 구도의 정신과 제자와 더불어 논의하는 탐구의 정신에 대해 진각국사는 불교의 정신과 통하는 것으로 보았다. 더구나 어머니에 대한 효심과 나라에 대한 우국충정은 그에게 있어서는 상식이었으며 의문의 여지가 없는 가치였다. 다만, 권력에의 의지나 세속적 명리에 관심을 두지 않았기 때문에 그는 불교적 수행에 몰입했던 것이다.

그는 속세를 떠나 수행결사운동을 주도했지만, 그것이 세속과 단절된 은둔적 결사는 아니었다. 그는 많은 당시의 독서층들의 귀의와 참여속에서 이루어진 것이므로, 승과 속을 둘로 나누어 보지 않았으며, 선과 교를 나누지 않듯 당연히 유교와 불교의 가르침이 상통한다고 보았던 것이다.

---

334) 『曹溪眞覺國師語錄』『한국불교전서』 6-47. 孔子曰 毋意毋我毋固 無盡居士釋之曰 夫毋意則必有眞意者存焉 毋我則必有眞我者司焉 毋固則必有眞固者在焉 毋必則必有眞必者守焉.

4. 맺는말

진각국사의 혜심은 고려시대에 보조국사 지눌의 정혜결사를 이은 고승이다. 조계산의 깊은 산에 위치한 수선사(修禪社)는 고려불교의 쇄신을 결의한 수행결사의 도량이었다. 복잡한 개경을 떠나 깊은 조계산이 터를 잡아 선문을 이룬 것은 말할나위도 없이 수행중심의 불교로 가기위한 결의라고 할 수 있다.

보조국사의 법맥을 이은 진각국사 혜심은 최충헌에 이은 고려 무신정권의 귀의를 받아 승속을 막론하고 귀의하는 큰 도량을 이루었다. 강종(康宗)과 최우(崔瑀)를 비롯한 권력자들 문도들의 신뢰를 받았던 스님은 권력을 추종한 것은 아니었다. 그의 법문은 한결같이 이 세상은 한순간의 꿈과 같이 무상한 것이라는 가르침이고 탐 · 진 · 치를 벗어나서 언제나 무심의 경지에 있는 선정의 삶을 강조했다.

스승 보조국사는 일찍이 간화선을 중시하여 무심을 강조했는데, 무심이란 마음이 없다는 말이 아니라 마음에 잡념이 없다는 '심중무물(心中無物)'을 강조했다. 따라서 수선사의 결사정신을 이은 혜심스님은 중국의 간화선에 대해 종합정리하여 『선문염송』 30권을 편집하여 여러 가지 공안을 소개하였다.

무심무사(無心無事)를 중요시했지만, 약관의 나이에 사마시(司馬試)에 합격하여 국립대학인 태학(太學)에서 공부할 정도로 유교경서에도 해박했기 때문에 선을 수행하고 산중에 은둔했지만 대중과의 소통을 중요시했다. 그렇기 때문에 '불립문자(不立文字)'라는 선의 정신에 중심을 두면서도 당시의 독서층과 지도자들을 위하여 쉬임 없이 저술을 편찬발행했던 것이다.

오늘날 한국의 간화선의 전통은 고려후기 수선사(修禪社)의 간화선의 연장이라고 할 수 있다. 근래 한국의 선문화는 효봉스님을 비롯한 선승들이 조주의 '무(無)'를 화두로 수행했으며 역시 조주의 '방하착(放下着)'도 사량분별의 놓는 화두로 중시되어왔다. 이러한 수행은 진각국사의 가르침에서 지속적으로 강조되었던 화두였던 것이다.

혜심의 간화선은 마음에 복잡함을 두지 않는 무욕과 무심의 경지를 당연히 값진 마음가짐으로 보았지만, 그렇다고 해서 다른 수행방법을 배척하지는 않았다. 대승경전을 통해 자신의 이론을 전개하며 보살행도 출가자들이 행해야 할 덕목으로 보았다. 중생과 생명에 대한 무관심이 아니라 중생의 고통을 벗어나도록 해주는 것이 출가수행자의 당연한 자세라는 것이다.

그는 세속의 가치를 중시하는 유교와 같은 가르침도 배척하지 않았을 뿐만 아니라 공자가 추구한 도가 불도와 크게 다르지 않으며, 논어를 인용하여 공자의 학문의 정신은 무의(毋意), 무아(毋我), 무고(毋固) 그리고 무필(毋必)로 선의 가르침과 둘이 아니라고 보았다. 무의(毋意)란 어떤 의도를 갖지 않는다는 것이며, 무아(毋我)는 아상이 없다는 것이며, 무고(毋固)란 고착된 생각이 없다는 것이며, 무필(毋必)이란 반드시 어떻게 하여야 한다는 그런 얽매인 생각이 없다는 것을 인용하면서 이처럼 자신을 늘 비워서 늘 배움의 자세를 견지하는 것이 공자의 정신이자 또한 선의 정신이라고 갈파했던 것이다.

간화선을 몸소 삶 속에 실천하고 또 대중들에게 권장했던 선사(禪師)로서 간화선을 익혀 살지만, 다른 가르침을 배격하거나 공덕신앙을 무의미한 것으로 보지 않았던 것이다.

진각국사의 자취는 조선시대에 봉안된 국사전의 진영에서 그 원만한 자세를 볼 수 있고 행적을 기록한 비는 월출산 아래 800년 가까운 세월을 넘어서서 있으며 부도는 송광사의 광원암에 있다.

5장

도교사상

I. 유교와 노장철학

1. 서 론

조선시대에 한국에서는 유교만이 국가공인의 학문이었으며 다른 학문은 그다지 연구되지 못했다. 그렇지만 불교나 도교가 완전히 철폐되었던 것은 아니다. 공식적으로 이단시되었으면서도 민간에서는 불교적 혹은 도교적인 관습이 여전히 삶의 공간에서 그 위치를 차지하고 있었다.

노장철학은 도교의 철학적인 면이다. 노자의 『도덕경』과 장자의 『남화경』을 기본 텍스트로 하고 있다. 이것은 서당에서 읽혀지지는 않았고 과거시험의 과목도 아니면서도 면면히 독서층을 확보하고 있었다.

조선시대의 최고의 학자인 퇴계선생은 도교적 양생법을 실행했다고 하며, 율곡선생은 『순언』을 저술하여 『도덕경』에 대한 주석을 하기도 하였다. 유교에 비하자면 보잘 것 없는 것이지만 노장철학에 대한 연구도 진행되었음은 물론이다.

노장철학은 탈속적인 면이 있고, 상대적 가치를 인정하기 때문에 예(禮)를 통해 가정과 사회를 유지하려 했던 유교적 가치와 상충하였다. 동시에 상반된 가치관은 때때로 융화되는 면도 있었다. 예컨대 한 사람의 생애에서도 벼슬을 할 때는 유교적 예(禮)를 중시하지만 초야에 묻히거나 죽음에 이를 때는 '무위자연'의 도를 음미할 수도 있었던 것이다. 이 글에서는 몇 가지 주제에 대한 두 사상의 차이를 비교해 보고자 한다.

2. 도(道)

1) 유교의 상도(常道)

유교의 도는 윤리적인 도덕과 관련을 갖는다. 사회적으로는 '바른 이름'을 구축하는 것이다. 모든 사회구성원들이 자신의 명칭답게 내실을 가질때 건전한 사회가 될 수 있다고 한다. 임금이 임금다울 때, 신하가 신하다울 때, 아버지가 아버지다울 때, 자식이 자식다울 때 바른 사회가 이루어진다. 그러므로 임금의 마땅한 역할이 무엇인지를 아는 것이 도를 아는 것이고, 아버지의 마땅한 역할이 무엇인지를 아는 것이 다름 아닌 도를 아는 것이다. 무도한 사회는 그 이름과 역할이 뒤범벅이 되어버린 사회라고 할 수 있다.

이러한 도를 구축하기 위해서는 자연 그대로 방치해서는 안되고 적극적인 교육과 교화가 필요하다. 공자는 역사적으로 도의 전통이 단절 없이 내려왔으며 자신의 사명은 그러한 도의 전통을 계승하는 것이라고 생각했다.

> "이 도는 무슨 도인가? 이것이 내가 말하는 도이고, 앞에서 말한 도가나 불가의 도는 아니다. 요임금이 이것을 순임금에게 전했고, 순임금은 이것을 우임금에게 전했으며, 우임금은 이것을 탕왕에게 전했고, 탕왕은 이것을 문왕·무왕·주공에게 전했고,주공은 이것을 공자에게 전했고, 공자는 이것을 맹자에게 전했다. 맹자가 죽자 이것은 전해지지 않았다."(韓愈 '原道')

유교의 도는 가늠할 수 없는 신비한 것이 아니라 개인적이고 사회적인 도덕성을 말한다.

이것이 구체화될 때 인의예지와 같은 덕목이 나오는 것이다.

2) 노장철학의 비상도(非常道)

노장의 도는 도덕적 의미를 갖는 도는 아니다. 『도덕경』의 말머리에 '도를 도라고 하면 이미 도가 아니다(道可道 非常道)'라고 한다. 유교의 도는 옳고 그름에 대한 분명한 규정이 있는데 비해 노장철학에서는 개념을 통해서 규정된 도는 참된 생명을 잃고 제한된다고 본다.

사물의 관점에서 본다면 귀한 것과 천한 것, 큰 것과 작은 것, 옳은 것과 그른 것, 아름다운 것과 더러운 것 등의 상대적인 판단을 벗어날 수 없다. 그러나 도의 관점에선 본다면 아무런 차별이 없다는 것이다.

노장의 도는 공허하고 무위자연한 것이다. 말하자면 도는 아무것도 아니다. 아무것도 아닌 이것이야말로 없어서는 안 될 그 무엇이라고 한다. 그러므로 가늠할 수 없는 도이지 통속적인 개인적·사회적 도덕을 말하는 것이 아니다.

3. 현실

1) 유교의 현실참여

공자는 천하의 여러 지도자들에게 도를 설교하는 데 노력했다. 그가 역방한 나라는 위(衛), 진(陳), 채(蔡), 광(匡), 조(曹), 송(宋), 초(楚), 정(鄭) 등 대체로 양자강 이북의 모든 지역에 걸치고 있다.

그는 은자로서의 삶에 대해서는 부정적이었다. 그래서 그의 정치적 꿈이 이루어지지 않았지만 실망하지 않고 더욱 교육에 힘썼던 것이다.

> "돌아갈거나, 돌아갈거나, 내 고향 젊은이들, 모두 다 뜻은 크나 행함이 이를 따르지 못하는 미완성의 모습으로 남아있구나. 그들은 모두 비단 같은 소질을 갖고 있으나 그것을 어떻게 가꿔 닦아갈지를 모르고 있네. 이들을 교도함이 앞으로 내가 할 임무이리라."

이처럼 공자는 현실참여에 관심을 가졌고, 수기(修己)에 머물지 않고 치인(治人)이 병행되어야 함을 보여주었다.

조선시대에 우리나라의 유교의 학풍이 성리학의 이론적 탐구에만 편향되었을 때 현실적 참여를 주장한 실학자들의 자세도 다름 아닌 본래의 유교정신의 회복이었던 것에 주목할 필요가 있을 것이다.

2) 노장철학의 현실초월

자연적인 삶의 입장을 중시하는 노장의 철학에서는 국가사회조직은 인위적인 틀로 인식되었다. 그들은 그러한 구속들로부터 해방된 자유로운 인간의 모습을 꿈꾸었다. 말하자면 반문화주의이며 무정부주의이며 철저한 무위자연의 불간섭주의라고 하겠다.

> "태고적에는 위에 다스리는 사람이 있었어도 아래 백성은 그런 존재가 있는지조차 몰랐다. 그 다음 세상이 오자 백성은 어진 정치가를 사랑하고 기렸다. 그러다가 세상이 더 말세가 되자 백성은 강압적인 통치자를 두려워하기 시작했고, 마침내는 지배자들을 모멸하기에 이르렀다."(『도덕경』 17장)

노장에게 있어서는 어진사람도 귀한 물건도 오히려 자연스런 삶을 저해하는 것으로 배척되었다. 어린이와 같은 소박하고 순진한 삶만이 인간의 참모습이고 살기 좋은 세상으로 중시되었다.

4. 도덕

1) 유교의 예(禮)

예(禮) 즉 사회적 질서가 나라에 대해서 갖는 관계는 저울과 무게, 먹줄과 선, 자와 방형, 콤파스와 원이 갖는 관계와 같다. 정확한 저울은 무게를 속이지 않고, 먹줄은 선을 비틀어지게 하지 않고, 자와 콤파스는 각도와 둥근 선을 만들 수 있다. 이와 마찬가지로 예(禮)는 인간과 사회의 '당위'를 제시하여 삶의 원리를 제시하는 것이다.

공자가 세상을 바로하기 위해 강조한 것은 대의명분을 밝히고 비례적(非禮的)인 현실을 비판하고 시정하려는 것이었다. 그리고 예(禮)의 기본이 되는 것은 자신의 본성 속에 있는 인(仁)을 자각하고 그에 따르는 주체적인 자율성이었다.

예(禮)는 주체적 자각을 바탕으로 한 도덕성이지만, 일정한 형식을 존중한다. 특히 조선시대와 같은 왕조사회에서는 신분과 지위에 걸맞는 형식에 따르는 것이 중요한 사회적 예(禮)였음은 물론이다. 이것이 도를 넘어서 복식을 가지고 예에 관한 논쟁이 벌어지기조차 했다.

2) 노장철학의 허(虛)

노자는 예(禮)에 대해서 노골적으로 비판한다. 그는 다음과 같이 말한다.

> "도를 잃은 뒤에 덕이 생기고, 덕을 잃은 뒤에 인이 생기고, 인을 잃은 뒤에 의가 생기고, 의를 잃은 다음에 예(禮)가 생겼다. 대체로 예(禮)라는 것은 충(忠)과 신(信)이 엷어진 것으로 혼란의 근원이다."(『도덕경』38장)

도가 허물어지니까 인의가 나왔고, 지혜가 나오니까 거짓이 유발되었다. 친척간에 불화하니까 효자(孝慈)의 덕이 나오고, 국가가 혼란하니까 충신이 나왔다는 것이 노자의 발언이다. 바꾸어 말한다면 인의와 지혜와 효자라고 하는 것이 절대적으로 가치있는 것은 아니라는 의미이다.

'장자'에서는 가뭄이 들어 저수지 물이 말라, 살아남은 고기들끼리 물을 축여주는 우정이 아름다워도, 그보다 더 좋은 것은 가득찬 물속에 누가 옆에서 있는지도 모르고 사는 것이 더 의미있다고 한다.

세련된 문화보다는 원시적이고 소박한 자세가 진실하다는 것이다.

5. 맺는말

위에서 거론한 것은 편의상 구별해 본 것뿐이다. 공자가 현실참여를 주장했지만, 절대적으로 참여만을 주장했다고는 볼 수 없다.

> "간소한 밥을 먹고 물을 마신 뒤에 팔을 구부려 베개 삼아 옆으로 누으면 거기에는 즐거움이 있다. 부정한 수단에 의해서 부귀 영화를 누린다는 것은 나로서는 하늘에 떠도는 구름 조각이나 다름이 없다."

그렇지만 유교는 역시 한국을 비롯한 동아시아에서 현실의 통치원리로서 그 지위를 확고히 해왔다. 한편 노장철학은 세속적 조건에서 열등하고 열악한 삶을 사는 자들에게 안위와 청량제 역할을 했다.

이런 점에서 두 사상은 때때로 심각한 갈등관계에 있기도 했지만, 대체적으로는 현실에서는 유교적 가치가 삶의 좌표를 제시했고, 현실을 초월한 탈속의 세계에서는 노장철학의 가치가 대중들에게 세상을 보는 눈과 슬기를 주는 역할을 수행했다.

서양적 눈으로 볼 때는 두 사상이 함께 불이(不二)의 철학이다. 우주와 자연, 자연과 인간, 육체와 정신을 둘로 보지 않고 유대관계로 파악했다는 점이다.

II. 불교와 도교

1. 서 론

불교는 인도에서 발생하여 중국으로 와서 발전했고 우리나라에 들어오게 되었다. 인도와 중국은 서로 풍토가 다르기 때문에 불교는 중국의 풍토에 맞게 변했고 우리나라에 들어와서도 우리나라의 풍토에 맞게 변했다고 볼 수 있다.

이러한 상식적인 문제임에도 우리는 이러한 사실에 대해 주의 깊게 보지 않기 때문에 원래의 불교의 모습과 변한 불교와의 차이를 명확히 알 수 없게 된다.

이 글은 우선 불교가 초기에 중국에 전래될 당시 도교의 영향 아래서 이해되었다는 것을 살펴보고, 선(禪)의 내용도 인도적이기보다는 중국적 도교의 영향과 합치된 면이 있다는 점을 정리하고자 하며, 한국의 사찰이나 불사 가운데 들어 있는 민중도교적인 면을 살펴보고자 한다. 이러한 연구는 불교와 도교와의 혼선 가운데서, 도교와 다른 불교 그 자체의 본질이 무엇인가를 규명하는 데 보다 중요한 뜻이 있는 것이다.

2. 격의불교(格義佛敎)

불교가 수입되기 전에 중국인의 신앙은 불로장생(不老長生)을 기원하는 현세 중시의 도교적인 신앙이었고. 내세에 대한 신앙은 찾아보기 힘들었다. 따라서 불교를 처음 받아들일 때 왕실에서는 심오한 철학이나 계율과 명상에 대한 관심보다는 부처님의 영험을 통해 이 세상에서 복을 많이 받고 재앙을 물리친다는 의미로서 수입했던 것이다. 곧 최초로 불교를 수용한 후한의 환제가 끌렸던 것은 불교의 윤리적 측면이 아니었다. 그는 어디까지나 불교를 불로장생(不老長生)을 기원하는 황로(黃老)의 신앙과 같은 유로 보가 그 열렬한 신선적 욕망에 사로잡혀 있었기 때문에, 황로(黃老)를 제사함과 아울러 붓다에게도 역시 기원했던 것이다. 붓다는 양재초복(禳災招福)과 불로장생의 영험력을 가진 신으로서 신앙의 대상이 되었던 것이다. 불교를 전파하기 위하여 왔던 서역 사문은 주술의 영험을 지닌 신선적 수행자로서 존경받았고 불교는 어디까지나 현세적이며 공리적인 도교적 신앙의 형태로 후한의 사회에 수용되었던 것이다. 그리고 이처럼 황로신앙이나 불로장생술의 하나로서 수입되어진 불교는 후한 이후 그 세력을 점점 확대하였다.[335)]

> "불교가 전래된 때 불교와 유사한 것으로 말하자면 신선설 · 방술 · 참위설 · 황로신앙 및 장자의 사상 등이 있다. 따라서 불상은 신선의 모습이고, 승려는 방사(方士), 향 피우는 것과 근행은 방술의 한 가지이고 석가는 황제와 노자의 동류로서, 각기 당시의 사람에 따라 이해되고 해석되어 차이가 없었다. 더욱이 외물(外物)에 혼란됨이 없는 절대의 경지에 이르는 것을 주장한 장자의 설은 어느 정도는 불교교리의 이해에 유용하며, 불교는 도교사상과 유사한 것으로 받아들였던 것이 틀림없다. 후한의 명제(明帝)가 궁중에서 '황로 · 부도'를 합쳐서 제사드린 것은 그 증거라고 해도 좋을 것이다."[336)]

이처럼 불교는 도교적인 기존의 사상과 문화를 배경으로 중국에 퍼지

335) 鎌田茂雄, 정순일 역, 『중국불교사』 신서원. 1994. p.60.
336) 『講座 東洋思想 中國思想2』, 東京大學校出版會. pp.246-247.

게 되었으며 불경의 번역작업이 이루어진 이후에도 꾸준히 그러한 작업을 하였다. 이것을 다른 아닌 격의(格義, 뜻을 맞춤) 혹은 연류(連類) 불교라고 하는 것이다.

불교의 『반야경』이나 『유마경』의 공(空)사상이 노자나 장자의 무(無)의 사상과 유사한 것이라고 받아들였다. 여기서 외래종교의 교의가 중국에 수용될 수 있는 정신적 토양이 이미 육성되어 있었던 것이다. 불교가 처음 중국에 들어왔을 때 당시의 중국인은 불교의 철학을 듣고, 우선 그것을 중국 철학의 원래 있는 술어로 번역을 하였다. 연후에 비로소 이해할 수 있었다.

예컨대, 도교철학의 중심개념이며 예부터 중시되어 온 용어인 '도(道)'는 때때로 '가르침'이란 뜻의 '다르마(Dharma)'를 의미하기 위해 사용되었으며, 도교의 '진인(眞人)'으로 '완전히 교화된 사람'이란 뜻의 '아라한(Arhat)'을 번역하였다. '무위(無爲)'는 불교의 궁극적 해탈인 '열반(Nirvana)'을 번역하는 데 이용되었다.[337)]

이런 종류의 방법을 당시에 칭하기를 '연류(連類)' 또는 '격의(格義)'라고 하였다. 『고승전』에 말하기를,

> "불교의 대가인 혜원(慧遠)이 청중들에게 불교의 '실상의(實相義)'를 강의할 때 많은 시간을 허비했는데도 청중들은 들으면 들을수록 잘못 알았다. 혜원은 장자(莊子)의 도리를 써서 해석했는데 '장자의 연류(莊子義 連類)'를 인용하자 청중들은 명백히 이해하였다."[338)]

구마라집의 제자였던 승조(僧肇, 384-414)의 『불진공론(不眞空論)』에서 종래의 격의적 사상으로서 심무(心無), 즉색(卽色), 본무(本無)의 세 가지

337) Authur Wright, Buddhism in Chinese History, Stanford Univ. 1959.
338) 馮友蘭, 『中國哲學新編』, 人民出版社. p.213.

설을 제시하고 비로소 도교적인 면을 비판할 수 있었다.

여기에서 심무의(心無義)는 마음이 평정해진 경지가 공의 경지라고 하는 점에서는 옳지만, 만물을 실체적으로 파악하는 점에서는 잘못되어 있다고 지적한다. 그러나 후대에 중국불교의 주류가 되는 선(禪) 사상의 계통에 있어서 사상적 핵심의 하나가 되는 '무심(無心)'이나 '무사(無事)'와 질적으로 일맥상통된다고 하겠다.[339]

세속의 학문은 지식을 늘리고 소유하는 데 있지만 열반을 중시하는 불교와 지식을 버리려는 노장(老莊)의 설을 지식을 버린다는 데서 일치한다. 불교가 처음 전래되어 중국에 왔을 때는 하나의 외래종교였으며, 처음 접한 사람들은 불교가 중국인의 심리에 부합하도록 하였는데 곧 당시 성행한 청담(淸談)과 교섭하였던 점이다.

이러한 학풍을 현학(玄學)이라고도 하는데 이것은 위진시대의 새로운 학문으로 노장사상이 중심이다. 불교는 당시에는 중국의 비슷한 사상을 빌리지 않으면 안 되었는데, 이 비슷한 사상이 당시의 현학이다. 불교가 중국에 처음 전래되어 전법할 때에 현학에 접근하여 현학의 술어와 사상을 빌려서 설하였던 것이다. 현학의 학자도 동시에 불교의 영향을 받았음은 물론이다. 따라서 현학의 성격 중의 하나로 불교사상이 포함된 격의파 현학도 성립했던 것이다.

도교 또한 4세기 이후 불교의 요소를 도입하여 그 교리의 체계화와 종교적 체계를 정비하려고 힘썼다. 이것에 대해서 불교는 신선방술과 도교사상에 종속된 입장에서 탈피하여 중국불교로서의 독자적인 태도를 취하게 된다. 양자가 그런 방향을 취했기 때문에 필연적으로 양자의 사이에는 심한 논쟁이 일어났다. 그 중심논점의 하나가 되는 것에 노자의 화

---

339) 木村淸孝, 章輝玉 譯,『中國佛敎思想史』, 민족사. 1989. pp.27-28.

호설(化胡說)이 있다.

화호설은 『사기(史記)』의 「노자편」 가운데서 노자는 관문을 통해 서방에 가서 마지막은 모른다고 기록되어 있는 점을 들어서, 노자는 실은 죽은 것이 아니고 인도에 가서 석가가 되어 불교를 펼치고 그 지방의 사람들을 교화했던 까닭에 불교는 따지고 보면 노자의 가르침이라는 것이다.

종교단체로서의 조직적 교세가 없었던 도교가 조직과 의식을 갖춘 것도 불교의 수입에 따른 자극에서였다. 초기에는 불교와 도교의 갈등보다는 도교적 사유를 통해 불교를 이해하게 되었지만, 차츰 불교철학의 본질이 잘 소개되면서 이른바 화이관에 입각해서 갈등이 있었던 것이다. 하지만 후일의 중국의 풍토에서는 불교와 도교가 혼합된 경우가 많고 도교가 종교단체로서 성립하지 못했던 우리나라에서는 오히려 불교사상 속에서 도교의 흔적을 찾기도 한다.

어쨌거나 초기에 불교가 중국에 소개되어 포교될 수 있었던 것은 중국에 현학(玄學)이나 도교적 민간신앙이 존재했기 때문에 가능한 것이었다는 점이며, 이러한 초기불교가 격의불교인 것이다.

그 후 중국불교 가운데 특별하게 발전한 것이 선(禪)이라고 할 수 있는데, 다음은 간화선과 노장사상의 관계를 살펴보고자 한다.

3. 간화선과 노장사상

선은 우리나라나 중국불교에 있어서 매우 중요한 위치를 차지한다. 우리나라의 조계종은 선종이기를 주저하지 않는다. 선은 노장사상과 밀접한 관련을 맺고 있으며 심지어는 '노장사상이 불교화한 것'[340]에 지나지 않는 것이라는 주장도 있다.

특히 간화선의 경우는 사상적으로 노장과 관련된 것으로서 육조시대에 청담(淸談)의 전통을 근거로 공안(公案)이나 문답을 존중하는 풍습이 만들어 낸 것이라고도 주장한다.

역사적 고찰에 의하면 선의 공안문답은 인도풍조의 달마선계에서 기원된 것이 아니고 중국적 삼현(三玄) · 청담(淸談) 풍조를 타고 형성되어 온 지공(誌公) · 부대사(傅大士)의 반야선계에서 발생되었다고 한다.[341]

이 공안 화두의 기원은 본디 중국에 불교가 들어오기 전에 노 · 장 · 역(易)을 최상의 도학으로 숭상하던 삼현 학풍이 일세를 휩쓸며 세속적인 공명과 권리를 다 벗어던지고 예의와 도의도 무시하고 산수간에 방임하면서 고담준론을 일삼던 때이다. 그것을 청담학이라고 하였다.

불교계에는 동한(東漢) 말 『반야경』의 부분이 번역되면서 반야학을 연구하는 학자가 차츰 늘어가며 노장의 허무사상과 반야의 공사상이 혼화되어 불교에서 그 삼현학과 불교의 이론을 비교 대비하여 불교의 교리를 이해하게 하는 학풍이 생겼다는 것은 앞에서 설명한 바와 같다. 그것이 차츰 하나의 실천 운동으로서 전개되고 지공 · 부대사와 같은 이는 공의 진리를 체달하여 무애자재한 묘용을 보였다. 그것을 반야선이라고 한다.

340) 鎌田茂雄, 앞의책, p.36.

341) 이종익, 「공안 간화선의 원류고」, 『불교학보』. 2. p.72.

이것은 달마 이전의 중국에서 형성된 특이한 선풍으로서 남보다 특이한 모습을 취하며 그 언어 또한 상정(常情)으로 이해할 수 없는 격외담(格外談)을 하기 시작했던 것이다.[342)]

대체로 일반상식으로 이해할 수 없는 동문서답이나, 이런 풍습이 후세의 선의 공안문답으로 전개된 것이다. 이것이 오랫동안 세속적 상식·상도(常道)·상담(常談)·상행(常行)적 초세속적 언행을 일삼아 오던 삼현.청담 풍조가 마침내 선문답의 초상식, 초상행(超常行)의 형태로 나타난 것이다. 이처럼 공안문답의 발원에 대하여서는 중국적 역사풍토를 모르고는 그것을 이해할 방법이 없는 것이다.

선은 언어적 가르침을 거부하며, 논리를 폐기하고 '도덕성을 버리며', 그것은 '선한 행위'에 어떤 가치도 두지 않는다. 구제받을 수 있는 유일한 길은 그것에 대해 아무것도 하지 않는 것이다. 사실 선은 해탈이란 우리 자신의 원초적 본성에로 되돌아 가는 것이며, 어떤 다른 사람이 우리를 위해 그 일을 할 수 없는 것이며, 우리 자신이 그 일을 함으로써 아주 일상적이고 훌륭한 사람이 될 수 있다고 믿는다.

선에서는 주장하지만 노장사상에서 주장하지 못했던 것은 이 본성에로의 복귀가 어떤 마음의 태세를 갖춘다면 바뀌어질 수 없는 것으로 눈 깜짝할 사이에 발생한다는 점이다. 따라서 그것은 돌연한 깨달음을 중시한 돈오(頓悟)설인 것이다.

가령 육조 혜능의 문하 가운데 마조(馬祖)가 목표로 한 것은 평상심이 그래로 도라고 하는 것을 실천하는 것이었다. 이것은 무위자연으로 사는, 중국의 전통사상이고 노장사상에 근거를 둔 것으로서, 이 노장의 무위자연과 불교의 반야의 지혜가 완전히 결합하여 생겨난 것이라고 할 수

---

342) 이종익, 앞의 논문, p.78.

있는 것이다.

또한 도교에서의 도는 어떤 이름도 붙일 수 없고, 불가의 '진여' 또한 그 무엇으로도 기술될 수 없는 성질이다. 그것은 일(一)도 다(多)도 아니요, 그것은 또한 비일(非一)도 비다(非多)도 아니다. 중국인들은 이것을 '백비(百非)'라는 말로 표현해 내었다.

기원후 3-4세기에 유명한 도사들은 대개 불교의 승려들과 친교를 맺고 있었다. 그 학자들은 대개 불경에 정통해 있었고, 또 승려들도 도교의 저서에 특히『장자』를 깊이 이해하고 있었다.

그들이 함께 만났을 때는 청담(淸談)을 하였다. 그들의 화제가 비비(非非)에 관한 주제에 이르렀을 때는 말을 중단하고 미소로써 뜻이 서로 통하였다. 이러한 상황에서 우리는 선의 정신을 찾을 수 있다. 선은 불교의 한 종파이지만 불교와 도교의 철학을 가장 정교하고 미묘하게 결합한 것이다.[343)]

몇가지를 더 비교해 보면,

『도덕경』; '도는 하나를 낳고 하나는 둘을 낳으며 둘은 생을 낳는다. 그리고 셋은 이윽고 만물을 낳는다.'

『조사어록』; '모든 법은 하나로 돌아간다. 하나는 어디로 하는 것인가?'

『도덕경』; '나는 그 이름을 알 수 없으므로 그냥 도라고 했는데, 굳이 이름을 붙인다면 '그것을 크다' 라고 할 수 있다.'

『전등록(傳燈錄)』; '도는 본래 이름이 없고 다만 마음을 인하여 도라 이름하는 것이다. 마음이라는 이름이 만약 있다면 도 또한 없는 것이 아니겠지만 마음을 찾아보라. 마음을 찾을 수 없으니 도 도한 무엇에 의지하여 있겠는가? 마음이니 도니 하는 것들은 모두 허망하여 가식의 이름일 뿐이다.'

343) 馮友蘭, 정인재 역. 중국철학사』 형설출판사. p.275.

『도덕경』; '이것을 말하자면 모양없는 모양이요 물(物)이 없는 모양이라서 황홀하기만 하다. 그것을 맞이하려 해도 그 머리를 볼 수가 없으며, 그것의 뒤를 따르려 해도 그 뒤를 볼 수가 없다.'

『육조단경』; '마음의 크기가 너무 넓고 커서 마치 허공과 같다. 거기에는 가도 없고, 네모짐, 둥금, 큼, 적음도 없다. 또한 푸르고 노랗고 빨갛고 하얗고 한 색깔도 없으며, 성냄, 기뻐함도 없고, 옳고 그름의 시비곡절도 없을뿐더러 그 물건은 머리와 꼬리를 볼 수도 없다.'[344]

4. 한국불교 속에 들어 있는 도교적 요소

1) 조왕신앙

한국에서 도교단체가 있지 않았지만 오랜 민간신앙 가운데는 중국의 민중도교와 유사한 것이 많으며, 한국불교 속에는 그런 도교의 요소들이 혼입되어 있다.

무속화되고 기복화된 불교신앙은 보는 사람의 시각에 따라서 불교의 정법에서 일탈되고 속화된 것으로도 볼 수 있다. 그러나 가난과 고통과 갖가지 병과 불안에서 시달리는 민중들에게 불교의 현학적이고 고매한 교리는 쉽게 다가가지 못한다. 그들에게 당장 필요한 것은 그들의 아픔을 직접 보듬어 안고 어루만져주는 신앙적 요소이어야 한다.[345]

---

344) 이능화, 『백교회통』 강효종 역, 운주사. pp.23-29.

345) 주강현, 『마을로 간 미륵』 상, 대원정사. p.25. 이 책에서는 조선시대 불교신앙의 구심점은 불·보살이 아니라 신중 중심이었다고 주장한다. 제석, 칠성, 산신, 조왕 등이 또한 그것이다.

가장 손쉬운 도교적 요소의 예는 부엌의 조왕신상이라고 할 수 있을 것이다. 민간에서도 신앙되어져 오던 조왕신앙은 지금은 오래된 사원에서 찾아볼 수 있을 뿐이다. 이 조왕이란 다름 아닌 '부엌의 신'으로 도교의 위대한 신들 중 하나이다. 이 신은 운명의 감독자라는 이름 아래 인간의 선하고 악한 행위를 기록하고 하늘에 추천하여 생명의 길이를 결정하게 한다. 이 조왕신앙은 중국에서 3세기경부터 가정의 벽함에 모셔진 민간신앙이었는데, 오늘날 한국의 전통 불교사원에서 면면히 부엌신으로 숭배되고 있다.

2) 칠성신앙

한국의 불교사원 가운데 칠성각이 있는데, 이곳에서는 복을 빌고 자식들을 원하는 사람이 치성을 드리는 곳이다.

> "절의 승려가 불사를 행하고 법요를 시작할 때 칠성을 청하는 법이 있으니 치성광여래(熾盛光 如來)를 위로 하여 일광보살과 월광보살을 좌처로 삼고 북두대성 칠원성군(北斗大成 七元星君)을 우보(右輔)로 삼는다."[346)]

전남 화순에 소재한 운주사는 천불천탑으로 유명한 곳인데 산기슭에 흩어져 있는 일곱 개의 원형으로 된 암석은 칠성을 상징하는 것으로 민간인들의 칠성신앙이 불교사원에 혼입되어 있음을 알 수 있다.

조선시대에는 왕실에서도 칠성을 비롯한 자연신을 모신 소격서가 있었다. 성현(成俔)은 『용재총화』에서 소격서의 화상설치에 대해 '태일전(太一殿)에 칠성 제수(諸宿)를 모시고 삼청전에 옥황(玉皇), 노군(老君), 천존,

---

346) 이능화, 앞의 책. p.294.

제군을 모시고 나머지 단에 명부의 시왕(十王)을 모셨다.'고 한다. 이조실록에 김응기(金應箕)가 말하기를 '소격서 상단에 노자를 모시고, 중단에 성신을 모시고, 하단에 염라를 모셔놓았다.'고 하였다. 삼청전의 노군, 천존 제군은 당연히 상단이요, 태일전의 칠성제수는 당연히 중단이요, 나머지 제단의 사해용왕, 신장, 명부시와, 수부제신은 응당 하단에 모신다. 이런점에서 볼 때 칠성각, 명부전, 시왕전 등은 도교적인 신앙과 관련이 있음을 알 수 있다.

나라에서 기우제를 지낼 때 명통사(明通寺)라는 맹청(盲廳)에서 제를 거행하였는데, 맹승(盲僧)의 칭호는 선사(禪師)라고 하였다. 가뭄이 있으면 맹승을 시켜 비를 오게 해달라고 기도하게 하고 질병이 번지면 병을 낫게 해 달라고 기도하고 또는 맹인을 시켜 독경하고 축수도 하였다. 이때 경을 읽고 잡귀를 쫓는 데에 읽는 경은 『천수경』과 『팔양경(八陽經)』 혹은 『옥추경(玉椎經)』이었는데 이는 불교와 도교의 경전이 공존했다는 증거가 될 것이다.[347)]

3) 풍수지리

한국의 불교사원은 주로 산에 있는데, 이는 산이 도피처로서라기보다는 신성한 장소이기 때문이다. 이러한 산신신앙은 중국은 물론 한국에서도 고유한 전통으로 남아 있다. 중국의 경우에는 명산 영지(靈地)를 지정하여 오악(五嶽)이라고 불렀다.[348)]

---

347) 이능화, 『조선도교사』, 보성문화사. p.157. p.264.

348) 동악 태산, 남악 형산(衡山), 서악 화산(華山), 북악 항산(恒山), 중악 숭산(崇山)이다.

한국의 오악은 동악 금강산, 서악 묘향산, 남악 지리산, 북악 백두산이며 중악으로는 삼각산이다. 여기에 불교의 사원이 없는 곳이 없다. 불교는 조선의 배불정책에 의해 산속에 들어간 것이 아니라 그전부터 이미 산속에 있었으며 산을 신성시했다.

고려 인종은 즉위 9년(1131년) 8월에 서경의 임원궁(林原宮)에 팔성당(八聖堂)을 건립하여 팔선을 봉사했는데 팔선은 다음과 같다.

1. 호국 백두악 태백산인(護國 白頭嶽 太佰山人) 실덕 문수사리보살
2. 용위악 육통존자(龍圍嶽 六通尊者) 실덕 석가불
3. 월성천선(月城天仙) 실덕 대변천신(大辯天神)
4. 구려 평양선인(駒麗 平壤仙人) 실덕 연등불
5. 구려 목멱선인(駒麗 木覓仙人) 실덕 비사시불
6. 송악 진주거사(松嶽 震主居士) 실덕 금강색보살
7. 증성악신인(甑城嶽神人) 실덕 륵차천왕(勒叉天王)
8. 두악천녀(頭嶽天女) 실덕 부동우바이(不動優婆夷)

팔성당(八聖堂)의 건립은 묘청의 도참풍수설에 의해서 국내민안과 왕실의 기업(基業) 연방을 기원하기 위해서 이루어진 것인데, 여기 봉사된 '팔선(八仙)'의 이름은 중국도교적인 것이지만 그 실제는 한국적인 것으로서 여기에 고유의 산악신앙과 도교와의 합치현상을 볼 수 있다.[349] 뿐만 아니라 불교의 여러 부처님과 보살들이 같은 숭배의 대상으로 병기되어 신앙되고 있다는 점에서 불교와 도교의 일치를 볼 수 있다.

특히 산신신앙과 아울러 풍수지리설은 불교의 스님들에 의해 중시되었고 일종의 한국의 산신신앙의 변형형태라고 할 수 있다. 풍수도참에 조예

349) 都光淳, 『한국도교의 사적연구』 p.157.

가 깊은 사람으로서 신라시대에 원효(元曉), 의상(義湘), 도선(道詵) 등을 들 수 있으며, 고려시대에 허헌(虛軒)·지공(指空)·나옹(懶翁) 등 그리고 조선시대엔 무학(無學)·남사고(南師古)·위한조(魏漢祚)·이지함 등이 있다.

그 중에서도 도선(道詵)은 가장 유명한 사람으로서, 그의 『도선비기』는 세상에 널리 유행했다. 도선이야말로 우리나라 풍수지리설의 원조격인데. 그 사상적 배경이 불교의 밀교사상에 바탕한 것이라는 주장도 있다.[350]

선종의 전통이 풍수를 도외시하지 않았다고 하는 주장도 있다. 중국 선종의 사실상의 창립자인 혜능이 이미 보림사를 창건할 때 풍수지리를 좇았으며 백장(百丈) 회해(懷海)도 이미 풍수지리에 관심을 가졌다고 한다.[351] 도선에 의하면 산수와 지리는 장소에 따라서 쇠왕과 순역(順逆)이 있기 때문에 왕처(旺處)와 순처(順處)를 선택하는 내용으로 쇠왕설(衰旺說). 산천순역설(山川順逆說) 및 비보설(裨補說)을 주장했다. 한국에서는 산악신앙과 결부되어 음택 풍수설은 더욱 성행했다. 무학(無學)은 연경에 유학한 불승으로서 여말(麗末)에 고려의 멸망을 예언한 사람인데, 그는 한양천도에도 큰 역할을 했으며, 여말(麗末)에 왕사(王師)의 임명을 거절하고 이성계가 태조가 된 뒤에 국사로 임명되는 등 그의 선견지명은 놀랍고 예언은 늘 적중했다고 한다.[352]

---

350) 서윤길, 「도선의 지리설과 唐僧 一行禪師」, 『先覺國師 道詵의 新硏究』, 1988. 영암군. p.81. 여기서는 국토를 하나의 만다라로 보고 위치나 방위 또는 산천의 지세에 따라 알맞은 곳을 택하여 寺·塔·부도들을 세우고 그 곳에서 여러 보살에게 기원함으로써 본지불(本地佛) 인 대일여래와 그 밖에 여러 보살의 보살핌을 얻어 개인적으로나 국가적으로나 모든 재난을 즉시 없애 버리고 복리를 크게 늘릴 수 있게 한다.

351) 이능화, 『조선불교통사』 하. pp.252-253.

352) 都光淳, 앞의 책. p.152.

고려 태조 왕건은 누구보다도 도참풍수사상의 신봉자였다. 그의『훈요십조(訓要十條)』에 다음과 같이 말한다. '짐은 삼한 산천의 음우(陰佑)에 의해서 대업을 이룩했다.'라고 하는 동시에 '여러 사원은 모두 도선의 산수 순역(順逆)의 추첨(推占)에 의해서 개창했다.'는 말이 보인다. 그는 불교의 힘을 통해 고려왕조가 대업을 달성했다고 보고, 불교를 보호함은 물론 사원을 창건할 때는 함부로 하지 말고 풍수지리의 도리에 맞도록 건립함으로써 국가가 보전될 수 있다는 강한 믿음을 가지고 있었다. 이처럼 한국의 불교문화 속에서 민간신앙적이고 민중도교적인 요소가 흡수되어 있지만 주의 깊게 보지 않으면 그것을 분간하기란 힘든 것이다.

5. 맺는말

불교가 중국에 처음 수입되었을 때 노장사상의 영향을 받아서 그의 용어로 불교의 교리를 전했다고 할지라도 도교는 아니다. 중국의 선종이 노장적 청담(淸談)에 영향을 받아 성립되었다고 할지라도 선종이 노장사상은 아니다. 또한 한국에서 형성된 불교의 신앙이 도교적인 칠성신앙과 산신신앙 등을 흡수했다 할지라도 도교의 사상은 아니다.

그러나 도교적 세계관이 없었더라면 불교가 중국이나 한국에 토착화할 수 없었음은 명백하다. 불교는 궁극적으로 제행무상을 설함으로써 불로장생을 헛된 꿈으로 본다. 생사의 고통으로부터 해탈하는 것을 목적으로 하는 것이다. 그러나 중국에서는 아미타부처님을 무량수불(無量壽佛)이라고 번역한 것처럼 극락왕생해서 오래오래 살기를 원했으므로 중국불교는 그러한 불노장생을 향한 민중들의 소원을 수용했던 것이다.

민중도교의 윤리적인 선악의 문제에 대해서 중립적인 태도를 취하지만 불교의 경우에는 선종이라 할지라도 계율의 엄격한 실천을 요구한다. 자연과 더불어 술 마시고 청담을 나누는 것이 아닌 엄격한 청규(淸規) 속에서 수행한 것이 불교의 특징이라고 볼 수 있다.

III. 장자의 생애와 사상

1. 서 론

장자(B.C. 369-B.C. 286) 송나라의 몽(蒙, 지금의 河南省 商丘)에서 태어났다. 송나라는 이후 초(楚)나라에 속하게 되었다. 이름은 주(周)이며 자는 자휴(子休)다. 그는 옻나무 장원의 관리를 지내기도 했다. 도교에서는 남화진인(南華眞人)이라고 이름한다.

『장자』는 단일 저자의 일관된 사상체계를 보여주기 보다는 전국시대에서 한초에 이르는 시간에 걸친 다수의 저자들의 작품이다. 당나라의 현종은 이 책을 경으로 승격시켜 『남화진경(南華眞經)』이라 하였다. 진(晋)나라의 곽상은 33편으로 장자를 편집하였다. 내편인 7편은 장자의 철학을 충실하게 반영하고 있고, 외편 15편과 잡편 11편은 후대에 이루어졌다.

이 33편의 내용을 요약해 보면, 첫째 자기 생명을 온전히 보존할 것인가를 다루었고(양생주, 인간세), 둘째는 사회질서나 사회규범인 예를 비판하고(마제, 변무, 거협, 재유), 셋째는 양생과 수련 문제를 다루고(각의, 선성, 달생), 넷째는 자연을 다루며(천지, 천도, 천운), 다섯째는 상대적 세계관을 다루고 있다(소요유, 제물론, 추수).

1) 물아일체(物我一體)

기가 모여서 만물을 생성하며, 그것은 다시 흩어져서 하나의 기로 돌아간다. “하늘과 땅이라는 것은 만물의 부모다. 하늘의 양기와 땅의 음기가 합쳐지면 형체가 이루어지고, 흩어지면 처음의 무로 돌아간다.” 천지만물의 우리와 더불어 생성되었고, 만물은 나와 더불어 하나이다.

인간의 육신(飢骨毛血)을 모여 이루고 지각운동을 있게 하는 것이 기다. 그러므로 기가 있고 나서 형체가 있고 형체가 있는 뒤에 생명이 있다. 인간의 생명의 변화는 네 가지 단계가 있다고도 한다.

1) 사람은 애초에 기가 있지 아니하고 그 망물(芒物)의 사이에 감(感)하여 흐르다가 기가 된다. 2) 기가 모이고 형체가 된다. 3) 형체가 움직이고 생명이 된다. 4) 생명이 오래한, 즉 형체가 쇠약하고 기가 소모되어 또 죽는다(至樂). 이 네 가지 변화는 사람에게 부득불 있는 것이다. 하늘에 비교하자면 사시(四時)의 운행과 같은 것이다. 사람이 사시에 겨울이 없을 수 없는 것을 안다면 또한 죽음을 거부하는 것이 불가능함을 알 것이다.

2) 성심(成心)

고정된 곳에서 정서가 막혀 일가의 편견을 잡는 것을 이른다. 곧 자기가 옳다고 하는 마음이다. 사람들은 자기의 편견에 의지하여 시비표준을 삼는다면 표준이란 없는 것이다. 성심이란 이미 형성된 편향된 견해로 극복해야 되는 마음이다. 이러한 성심을 버리고 마음을 비운 상태에서 직관함으로써 도를 인식할 수 있다.

> “너에게 우선 시험 삼아 물어 보겠다. 사람들은 습한 곳에서 잠자면 허리 병을 얻어 몸이 마비되어 죽으나 미꾸라지도 그러한가? 사람이 나무에 올라가면 두려워 어쩔 줄 모르나 원숭이도 그러한가? . . . 원숭이를 수달이 암컷으로 삼고 고라니는 사슴과 교미하며, 미꾸라지는 물고기와 노닌다. 모장

(毛嬙)과 여희(麗姬)는 사람들이 보면 아름답게 여기나 고기가 그들을 보면 깊이 숨어 버리고 새가 그들을 보면 높이 날아가 버리고 고라니와 사슴이 그들을 보면 뒤도 돌아보지 않고 도망친다. 사람과 물고기와 새와 사슴 넷 가운데 어느 것이 천하의 정색(正色)을 안다는 말인가? 내 입장에서 보면 인의와 시비의 기준이 어지러우니 내가 어떻게 그것을 판단할 수 있겠는가?"[353]

3) 심재(心齋)와 좌망(坐忘)

심재란 이목과 마음을 버리고 기운의 성질이 자득하는 바에 따라 부합하여 허심으로 만물에 응하는 것이다. 일체의 감각적 지식과 이성적 지식을 부정하고 마음을 비워야 도를 알 수 있다.

좌망은 사지와 몸을 잊어버리고 귀와 눈의 작용을 없애고 형체를 떠나고 지식을 버려서 대통(大通)하는 도와 합치하는 것을 말한다. 심재가 마음을 무지무욕의 고요한 상태로 텅 비게 하여 일체의 대상에 빠짐없이 포용할 수 있는 하나의 기의 상태로 환원시키는 것에 대해 좌망은 모든 사물을 잊고 결국에는 자타와 내외가 없는 경지에 이르는 것이다.

"안회가 '저는 얻은 것이 있었습니다.'라고 말하였다. 공자는 '무엇을 얻었는가?'라고 물었다. 안회가 '인의(仁義)를 잊었습니다.'라고 대답했다. 공자는 '그러나 아직 충분하지는 않다.'라고 말했다. 안회는 다른 날 공자를 만났을 때 '얻은 것이 있습니다.'라고 말했다. '무엇인가?'라고 공자가 물었을 때 '예악(禮樂)을 잊었습니다.'라고 대답했다. 공자는 또 '아직 멀었다.'라고 했다. 안회는 다른 날 '얻은 것이 있습니다.'라고 했다. 공자는 '무엇을 얻었는가?'

353) 『莊子』, 「齊物論」 '且吾嘗試問乎女: 民溼寢則腰疾偏死, 鰍與魚遊, 毛嬙麗姬, 人之所美也: 魚見之深入,鳥見之決驟. 四者孰之天下之正色哉? 自我觀之, 仁義之端, 是非之塗,樊然殽亂, 吾惡能知其辯!'

> 라고 물으니 안회는 '좌망(坐忘)했습니다.'라고 했다.
> 그때 공자는 놀라서 묻기를 '무엇을 좌망(坐忘)이라고 하는가?'라고 물었다. 그때 안회는 '손발이나 몸을 잊고, 총명을 멀리하며, 형태를 벗어나며, 지식을 버리고 저 위대한 도(道)와 하나가 됨을 좌망이라고 합니다.'라고 했다.
> 그때 공자는 '하나가 되면 싫다 좋다하는 차별도 없으며, 변화하여 구애됨이 없다. 과연 너는 현자로다. 나도 너에게 배우고 싶다.'[354)]

> "나는 도를 닦게 하여 그를 가르치니 3일이 지나자 천지를 잊어버리게 되었고 . . . 7일이 지나자 만물을 잊어버리게 되었고 . . . 9일이 지나자 생사를 잊어버리게 되었으며, 이미 생사를 잊어버리게 된 뒤에는 아침 햇살이 문틈으로 비치는 것처럼 순식간에 마음이 밝아졌고, 이렇게 된 다음에 도를 볼 수 있었다."(대종사)

> "대체로 텅 비어 고요함(虛靜)과 편안하고 담담함과 적적하고 쓸쓸함(寂寞) 그리고 무위(無爲)의 네 가지는 천지의 표준이요 도덕의 극치라고 했다.

4) 제물(齊物)

장자는 상대주의적 관점의 입장에서 인간의식의 획일화된 가치 기준에 대항하여 다양성과 특수성을 논증한다. 저것과 이것, 삶과 죽음, 가능과 불가능, 옳음과 그름 등에 고립적으로 존재하는 것이 아니라 상호 연관되어 상대를 전제로 성립한다. 인간의 생사는 대립되는 두 가지가 아니라 근본적으로 하나의 영역 안에 있다. 살아 있음에 기쁘기도 하겠지만 죽음도 기꺼이 맞는 자세로 함께 가져야 한다.

대립하는 상대의 어느 한쪽에 섰을 때 그 대립은 종식되지 않기 때문에 둘을 다 긍정하지 않을 수 없다는 논리다. 그는 제자백가 가운데 유교

---

354) 『장자』, 「대종사」 '顔回曰 回益矣 仲尼曰何謂也. . . .'

와 묵가의 대립에 대해 시비를 초월한 명지(明智)에 서 있는 것을 선택한다.[355] 말하자면 어느 한쪽이 옳으면 다른 쪽은 그릇되게 되는 한 밝은 지혜가 아니라는 것이다.

5) 반유교적 사상

장자는 유학자들이 말하는 도덕적 가르침을 하잘 것 없는 것으로 무시했다. 그는 도는 만물 속에 내재해 있는 것이지 편향되게 머무는 것이 아니라고 말한다.

> "성스러움을 끊고 지혜를 버려라. 큰 도둑들이 그칠 것이다. 옥을 내던지고 구슬을 부숴 버려라. 작은 도둑들이 일어나지 않을 것이다. 부절을 태우고 옥쇄를 깨버려라. 民이 소박해 질 것이다. 뒷 박을 쪼개고 저울을 부러 뜨려라. 민이 다투지 않게 될 것이다. 세상의 성법(聖法)들을 없애버려라. 민이 비로소 함께 논의할 수 있게 될 것이다."(『장자』, 「거협」)

도와 덕은 함께 합쳐 말해야 의의가 깊지만, 우위에 있는 것은 도라고 할 수 있다. '도를 잃은 다음에 덕이니 네 가지(道-德-仁-義)는 각각 잃은 대소로 차례를 삼는다.'[356]

---

355) 『莊子』 「齊物論」 '故儒墨之是非. 以是其所非, 而非其所是, 欲是其所非, 而非其所是, 則莫若以明.'

356) 『장자』, 「知北遊」.

Ⅳ. 위백양(魏伯陽)의 사상

1. 위백양의 생애

동한시대(25-220)의 저장성 출신으로 자호는 운아자(雲牙子)이다. 그의 대표적인 저술인 『주역참동계』는 만고단경왕(萬古丹經王)이라고도 불릴 정도로 도가에서 중요한 위치를 차지한다. 그의 사상은 신선가의 연단술, 주역, 황로 세 가지를 융합한 것이다. 한대 이전의 음양가, 상수가, 도가, 선가 등의 사상도 종합되었다.

2. 위백양의 사상

1) 대역(大易)사상

위백양의 주역참동계는 도가에서는 단경(丹經) 가운데서도 으뜸으로 여긴다. 그런데 그의 역학은 의리역과 다른 상수역으로 자신은 대역(大易)이라는 말을 사용한다. 참동계라는 말은 세 가지의 사상이 융합되었다는 뜻인데 그 가운데 가장 중요한 것이 주역의 원리와 일치한다는 뜻을 가진다. 주역은 우주의 생성원리를 다루는데 이 원리를 인체의 양생원리에 적용한 것이 참동계이다. 우주가 음양의 화합으로 움직이듯 인체도 같은 이치가 적용된다. 그 氣의 움직임이 같다는 의미이다.

여기에서의 『주역』은 한역(漢易)의 상수학이다. 주역은 태극, 음양, 사상, 팔괘와 같은 숫자로 세계를 설명하는 것으로 기본은 팔괘로 구성된다.

☰	☱	☲	☳	☴	☵	☶	☷
강건	기쁨	밝음	운동	침투	험준	정지	유
건(乾)	태(兌)	이(離)	진(震)	손(巽)	감(坎)	간(艮)	곤(坤)
하늘(天)	연못(澤)	불(火)	번개(雷)	바람(風)	물(水)	산(山)	땅(地)

위백양은 자신의 체험을 바탕으로 인체의 미묘한 변화를 건(乾), 곤(坤), 감(坎), 리(離), 수(水), 화(火), 용(龍), 호(虎), 연(鉛), 홍(汞) 등의 상징으로 밝혀 놓았다. 건곤(乾坤)은 천지요 감리(坎離)는 일월이어서 건곤에 감리가 작용하여 64괘가 성립한다. 마치 천지에 일월이 작용하여 자연의 변화가 나타나는 것과 같다.

하루를 12시간으로 나누고 1년도 12개월도 나누었다. 여기에 주역의 원리가 적용된다. 11월은 복(復, ☷☳)으로 시간으로는 자시(子時)이다. 12월은 임(臨, ☷☱)으로 시간으로는 축시(丑時), 1월은 태(泰, ☷☰)로 시간으로는 인시(寅時), 2월은 대장(大壯, ☳☰)으로 시간으로는 묘시(卯時), 3월은 쾌(夬, ☱☰)로 시간은 진시(辰時), 4월은 건(乾, ☰☰)으로 시간은 사시(巳時), 5월은 구(姤, ☰☴)로 시간은 오시(午時), 6월은 둔(遯, ☰☶)으로 시간은 미시(未時), 7월은 비(否, ☰☷)로 시간은 신시(申時), 8월은 관(觀, ☴☷)으로 시간은 유시(酉時), 9월은 박(剝, ☶☷)으로 시간은 술시(戌時), 10월은 곤(坤, ☷☷)으로 시간으로는 해시(亥時)로 나눈다.

시간이 12단위로 변하듯 사람의 수행도 음양조화의 원리를 가지고 단련해야 한다.

음양은 천지 자연에 내포된 대립적이고 모순적인 성질을 상징한다. 건곤, 감리, 네 괘가 음양화육(陰陽化育)의 본체이며 내담수련의 관건이다. 팔괘의 건곤감리(乾坤坎離) 진손간태(辰巽艮兌)는 오행과 관련을 갖는다. 건(乾)은 금(金), 곤(坤)은 지(地), 간(艮)은 산(山)이니 토(土)이고, 손(巽)은 목(木)이다.

건(乾)---금(金)---폐(肺)---매운맛(辛)---백(白)
감(坎)---수(水)---신(腎)---짠맛(鹹)--흑(黑)
리(離)---화(火)---심(心)---쓴맛(苦)---적(赤)
곤(坤)---토(土)---비(脾)---단맛(甘)---황(黃)
[손(巽) ---목(木)---간(肝)---신맛(酸)---청(靑)]

음양은 해와 달이고, 감(坎)과 리(離)는 인체 내의 수기(水氣)와 화기(火氣)를 상징하는 것이다. 음양의 교류 수기와 화기의 교류를 수승화강(水昇火降)이라 하며, 여기에서 단(丹)이 형성된다. 심장은 상초(上焦)에 있는 화(火)에 속하고 신장은 하초(下焦)에 있는 수에 속하는데 심장의 따뜻한 기운이 신장으로 내려오고 신장의 차가운 기운이 상승하여 심장에 이르면 건강하다는 뜻이다. 이 수승화강을 상징하는 괘가 주역의 11번째 괘인 지천태(地天泰)이다. 기분 좋은 봄날처럼 태평한 것을 상징한다. 음이 위에 있고 양이 아래에 있어서 제 위치를 벗어난 것 같지만 서로 교류하고 있다는 화합의 의미이다. 반대로 천지비(天地否)는 땅은 땅대로 있고 하늘은 하늘대로 서로 소통이 되지 않은 답답한 상황을 상징한다.

인간은 음양의 두 기운을 가지고 태어났기 때문에 음양의 두 기운이 조화되지 않고 치우치면 질병을 유발한다. 신체의 건강은 두 기운이 막히지 않고 잘 순환하도록 하여 장생을 누릴 수 있음을 보여준다.

2) 내단(內丹)과 노화(爐火) 수련사상

내단사상은 수행을 통해 도를 체득하고 신선의 경지에 이른 것을 목적으로 한다. 내단의 중심원리는 호흡이다. 호흡은 숨을 내쉬는 呼와 숨을 들여마시는 吸으로 작용이 구분되는데 내쉬는 숨은 양에 속하고 들여마시는 흡은 음에 속한다. 심신을 편안하고 고요한 가운데 두고 호흡의 조절을 통해 정(精) · 기(氣) · 신(神)을 단련하여 단(丹)을 생성한다. 단을 통해 심신을 완전한 상태로 만든다.

내단의 단계는 1) 연정화기(煉精化氣)로 정을 단련하여 원기를 회복하는 것이고 2) 연기화신(煉氣化神) 원기를 변화시켜 원신으로 만드는 것이며 3) 연신환허(煉神還虛) 곧, 원신을 텅비움으로 변화시키는 것이며 4) 허공합도(虛空合道) 마음을 텅비워 도에 합치하는데 이르는 것이다.

호흡을 통해 수기(水氣)와 화기(火氣)를 잘 운영하여 수승화강(水昇火降)의 상태를 이루어 몸속의 단을 만든다. 주천(周天)이란 하늘에서 일월성신이 궤도를 돌며 운행하든 소우주인 인체내에서 수련으로 만든 진기는 경락을 따라 움직인다.

3) 황로(黃老)사상

위백양은 도덕경의 사상을 중시하였다. 내단 수련의 마지막 단계가 허공함도(虛空合道)라고 하고 함은 무위자연의 노자의 도로 돌아감을 의미한다. 도덕경의 '마음을 비우고 배를 채우라(虛其心, 實其腹)'에서 배를 채운다는 것은 단전에 기를 모은다는 수련의 상징이라고 볼 수 있다. 천인합일로 가기 위한 출발점은 고요한 마음이다. 청정무욕의 삶의 자세, 정좌(靜坐)를 통한 무념무상으로 좌망(坐忘)에 들어가는 것, 그리고 덕의 실천을 중시한다.

이희재

동국대학교(문학사)
고려대학교(교육학 석사)
원광대학교 대학원(철학박사) 수학
한국공자학회 회장 역임
중국 후단(復旦)대학 방문교수
국제유학연합회(북경) 이사
(현) 광주대학교 중국학과 교수

저서

『한국의 예와 윤리』, 『동아시아문화론』
『박세당-탈주자학적 실학의 선구』
『Myeangsim Bogam-A precious mirror of bright mind』 외 다수
그외 동양철학분야의 100여 편의 논문

동양사상의 이해

1판 1쇄 발행 _ 2014년 8월 30일
1판 2쇄 발행 _ 2016년 1월 30일

저　　자 · 이 희 재
발 행 인 · 정 현 걸
발　　행 · 신 아 사
인　　쇄 · 예지인쇄
출판등록 · 1956년 1월 5일 (제9-52호)
주　　소 · 서울특별시 은평구 통일로 59길 4 2F
전　　화 · (02)382-6411 · 팩스 (02)382-6401
홈페이지 · www.shinasa.co.kr
E-MAIL · shinasa@daum.net

ISBN: 978-89-8396-869-2 (93150)

정가 13,000원